Matteo Fiorini, Siegmund Günther

Erd- und Himmelsgloben

Ihre Geschichte und Konstruktion

Matteo Fiorini, Siegmund Günther

Erd- und Himmelsgloben
Ihre Geschichte und Konstruktion

ISBN/EAN: 9783743655218

Hergestellt in Europa, USA, Kanada, Australien, Japan

Cover: Foto ©ninafisch / pixelio.de

Weitere Bücher finden Sie auf **www.hansebooks.com**

Bachmann, Paul, Zahlentheorie. Versuch einer Gesammtdarstellung dieser Wissenschaft in ihren Haupttheilen. In 6 Theilen. II. Theil: Die analytische Zahlentheorie. [XVIII u. 494 S.] gr. 8. 1894. geh. n. ℳ 12.—

Sarbeÿ, Dr. E., methodisch geordnete Aufgabensammlung, mehr als 8000 Aufgaben enthaltend, über alle Teile der Elementar-Arithmetik, vorzugsweise für Gymnasien, Realgymnasien und Oberrealschulen. 21. Auflage. [XIV u. 330 S.] gr. 8. 1895. In dauerhaftem Einband ℳ 3.20.

arithmetische Aufgaben nebst Lehrbuch der Arithmetik, vorzugsweise für höhere Bürgerschulen, Realschulen, Progymnasien und Realprogymnasien. Neunte Auflage. [XI und 269 S.] gr. 8. 1895. In dauerhaftem Einbande n. ℳ 2.40.

———— zur Formation quadratischer Gleichungen. 2. Ausg. [VIII u. 390 S.] gr. 8. 1894. geh. n. ℳ 3.—

Biermann, Dr. Otto, o. ö. Professor an der Technischen Hochschule zu Brünn, Elemente der höheren Mathematik. Vorlesungen zur Vorbereitung des Studiums der Differentialrechnung, Algebra und Funktionentheorie. [XII u. 382 S.] gr. 8. 1895. geh. n. ℳ 10.—

Bôcher, Maxime, Dozent an der Harvard-Universität zu Cambridge, Mass., V. St. A., über die Reihenentwickelungen der Potentialtheorie. Mit einem Vorwort von Felix Klein. [VIII u. 258 S.] gr. 8. 1894. geh. n. ℳ 8.—

Breuer, Peter Joseph, Direktor des Progymnasiums zu Wipperfürth, die gemeinen Logarithmen. Zweite Auflage. [31 S.] qu. gr. 8. 1894. geh. n. ℳ —.60.

Cantor, Moritz, Vorlesungen über Geschichte der Mathematik. In 3 Bänden. I. Band. Von den ältesten Zeiten bis zum Jahre 1200 n. Chr. Mit 114 Figuren im Text und 1 lithogr. Tafel. 2., verb. Auflage. [VII u. 883 S.] gr. 8. 1894. geh. n. ℳ 22.—

———— ———— ———— III. Band. Von 1668 bis 1759. In 3 Abteilungen. I. Abt. Die Zeit von 1668 bis 1699. Mit 45 Figuren im Text. [251 S.] gr. 8. 1894. geh. n. ℳ 6.— (III, 2 folgt im Sept. 1895.)

Eberhard, Dr. V., Professor a. d. Universität zu Königsberg i. P., die Grundgebilde der ebenen Geometrie. In 2 Bänden. I. Band. Mit 5 Figurentafeln. [XLVIII u. 302 S.] gr. 8. 1895. geh. n. ℳ 14.—

über die Grundlagen und Ziele der Raumlehre. Separatabdruck aus der Vorrede zu „die Grundgebilde der Geometrie". [29 S.] gr. 8. 1895. geh. n. ℳ 1.60.

Föppl, Dr. A., Professor an der Universität Leipzig, Einführung in die Maxwell'sche Theorie der Elektricität. Mit einem einleitenden Abschnitte über das Rechnen mit Vectorgrössen in der Physik. Mit Figuren im Text. [XVI u. 413 S.] gr. 8. 1894. geh. n. ℳ 10.—

Ganter, Dr. H., Professor an der Kantonsschule zu Aarau, und Dr. F. Rudio, Professor am Polytechnikum in Zürich, die Elemente der analytischen Geometrie der Ebene. Zum Gebrauch an höheren Lehranstalten sowie zum Selbststudium dargestellt und mit zahlreichen Übungsbeispielen versehen. 2., verb. Aufl. [VIII u. 166 S.] gr. 8. 1894. geh. n. ℳ 2.40.

ERD- UND HIMMELSGLOBEN,

IHRE GESCHICHTE UND KONSTRUKTION.

NACH DEM ITALIENISCHEN

MATTEO FIORINIS

FREI BEARBEITET

VON

SIEGMUND GÜNTHER.

MIT 9 TEXTFIGUREN.

LEIPZIG,

DRUCK UND VERLAG VON B. G. TEUBNER.

1895.

Vorwort.

Die deutsche Litteratur besitzt eine grofse Fülle von Schriften, welche der Globuskunde gewidmet sind und die Verwertung der künstlichen Erd- und Himmelskugel im Dienste des geographischen und astronomischen Unterrichtes ausführlich behandeln. Dagegen erfährt man nirgends, wie die Oberfläche einer solchen Kugel hergestellt wird; es wird wohl gelegentlich erwähnt, dafs das fertige Gerüste mit den vorher bedruckten Streifen überzogen werde, aber die Anfertigung dieser Streifen selbst wird fast durchweg mit wenigen Worten abgethan. Ebenso mufs man das Material für die Entwicklungsgeschichte der Globen mühsam aus den verschiedensten historischen Werken zusammensuchen.

Als deshalb der Unterzeichnete Professor Fiorinis Abhandlung „Le sfere cosmografiche e specialmente le sfere terrestri" im „Bollettino della società geografica italiana" las, sagte er sich sofort, dafs etwas ähnliches bei uns nicht vorhanden sei, und es entstand bei ihm der Wunsch, die Ergebnisse des italienischen Forschers durch eine entsprechende Bearbeitung auch dem deutschen Publikum zugänglich zu machen. Der Name des Verfassers ist ja auch diesseits der Alpen bekannt genug; man kennt sein trefflliches Handbuch der Netzentwurfslehre und die vielen gehaltreichen Aufsätze, welche die erwähnte Vereinszeitschrift fast ununterbrochen aus seiner Feder bringt. Selbst ein so strenger Kritiker wie Arthur Breusing meinte ja, wenn einmal eine wirkliche Geschichte der Kartenprojektion geschrieben werden solle, so werde Herr Fiorini für diese gewaltige Aufgabe der richtige Mann sein.

Die eigenartige Verbindung der Theorie mit der Geschichte, welcher wir in allen den vorgenannten Veröffentlichungen begegnen, zeichnet nun auch die „Sfere cosmografiche" vorteilhaft aus. Man erkennt, dafs jeder Fortschritt dann eintrat, wenn die Bedingungen für ihn gegeben

a *

waren, wenn sich die vorhandenen Hilfsmittel als unzureichend zu erweisen begannen. Übrigens darf auch gleich hier nicht verschwiegen
werden, dafs Herr Fiorini hier einen Teil seiner neuesten selbständigen Untersuchungen über das jetzt bald vierhundert Jahre alte Problem der Streifenbegrenzung niedergelegt hat.

Die Erlaubnis zu freier deutscher Bearbeitung seiner Abhandlung
erteilte der Autor in bereitwilligster und liebenswürdigster Weise, und
insbesondere erklärte er sich damit einverstanden, dafs diese Bearbeitung eine absolut freie sein solle. Durch die Notwendigkeit, für ein
geographisches Organ zu schreiben, war dem Verfasser eine stellen-
weise lästige Ökonomie des Stoffes zur Pflicht gemacht worden; die
Himmelskugeln mufsten neben den Erdkugeln einigermafsen in den
Hintergrund treten, und auch bezüglich der mathematischen Ausführungen hatte möglichste Beschränkung platzzugreifen. Alle diese Rücksichten fielen bei der deutschen Ausgabe selbstverständlich fort, wie
dies schon durch den äufseren Umstand bekundet wird, dafs dieselbe
nahezu den doppelten Umfang des italienischen Originales besitzt. Der
Bearbeiter schaltete über den historischen Stoff ganz nach seinem Er-
messen und ist dafür — wie nicht minder für die völlig abweichende
Einteilung in siebzehn Kapitel — auch ganz allein verantwortlich.
Weggelassen wurde nur sehr weniges, wohl aber wurden bei den analytischen Ableitungen mehrfach die aus Rücksichten der Kürze unter-
drückten Zwischenglieder eingeschaltet.

Einer Mitteilung des Herrn Prof. Fiorini zufolge gedenkt derselbe später ein ausführlicheres Werk über die Globen zu veröffent-
lichen, welches sich teilweise auf die Resultate der von ihm an zahl-
reiche Bibliotheken und Archivverwaltungen gesandten Fragebogen
stützen soll. Wenn der Unterzeichnete gleichwohl die vorliegende ge-
drängtere Darstellung seinen Landsleuten zu vermitteln sich entschlofs,
so geschah dies in der Erwägung, dafs eine kleinere, aber doch nichts
wichtiges vermissen lassende Schrift dem Bedürfnisse weiterer Kreise
mehr als eine umfassende, nur an die eigentlichen Fachmänner sich
wendende Monographie entgegenkommen dürfte.

Zu Seite 127 haben wir eine Zusatzbemerkung zu machen. Der
von uns dort ausgesprochene Wunsch nämlich, dafs bald auch an
einen Marsglobus Hand angelegt werden möge, ist, wie wir vor kurzem
aus H. J. Klein's „Jahrbuch der Astronomie und Geophysik“ (5. Jahrgang, Leipzig 1895; soeben ausgegeben) ersahen, bereits erfüllt.
J. E. Keeler hat (Mem. of the R. Astr. Soc., Vol LI., S. 45 ff.) Schia-
parellis berühmte Marskarte auf eine Kugel übertragen und durch

Vergleichung dieses Marsglobus mit seinen Beobachtungen interessante Ergebnisse gewonnen.

Zum Schlusse kann der Unterzeichnete nicht umhin, seinem verehrten Fachgenossen, Hrn. Professor Dr. F. v. Wieser in Innsbruck, herzlichst zu danken für die liebenswürdige Art und Weise, mit welcher er ihn bei der Korrektur des vorliegenden Werkchens unterstützt hat. Letzteres dankt dem Genannten auch gar manche sachliche Bereicherung.

München, im Juni 1895.

Dr. S. Günther.

Inhaltsverzeichnis.

Kap. I. S. 1. Erdgloben im Altertum.

„ II. „ 7. Himmelsgloben im Altertum.

„ III. „ 13. Arabische Globen.

„ IV. „ 17. Globen des christlichen Mittelalters.

„ V. „ 23. Globen aus der Anfangsepoche der grofsen Entdeckungen.

„ VI. „ 32. Gravierte oder mit der Hand gezeichnete Globen aus den ersten Jahren des XVI. Jahrhunderts.

„ VII. „ 44. Die Zusammensetzung der Globushaut aus Segmenten.

„ VIII. „ 47. Segmentgloben aus den ersten Jahrzehnten des XVI. Jahrhunderts.

„ IX. „ 68. Weitere merkwürdige Globen aus dem XVI. Jahrhundert.

„ X. „ 71. Ältere Methoden zur Verzeichnung der Globusstreifen.

„ XI. „ 80. Bemerkenswerte Globen des XVII. Jahrhunderts.

„ XII. „ 86. Globusstreifen mit nicht-kreisförmiger Begrenzung.

„ XIII. „ 91. Die sinusoidale Begrenzung der Globusstreifen.

„ XIV. „ 99. Theoretische Studien über Streifenbegrenzung im XVIII. Jahrhundert.

„ XV. „ 105. Globentechnik im XVIII. Jahrhundert.

„ XVI. „ 113. Die Globen und ihre Konstruktion in neuerer und neuester Zeit.

„ XVII. „ 127. Mondgloben.

Kapitel I.

Erdgloben im Altertum.

In dem Mafse, wie die Zivilisation fortschritt, und wie Handel
und Verkehr sich ausdehnten, mufste auch die Notwendigkeit einer
Beschreibung der einzelnen Teile der Erdoberfläche gefühlt werden;
man begann Zeichnungen zu entwerfen, welche sowohl das Heimatland
als auch die Wohnsitze benachbarter Völker zur Anschauung brachten,
während später auch die Handelswege und neue geographische Entdeckungen auf diesen primitiven Karten Platz fanden. Man darf
wohl annehmen, dafs bereits bei den Ägyptern solche Darstellungen
im Gebrauche waren, und von den Griechen und Römern weifs
man es mit Bestimmtheit. Als ersten Geographen dürfen wir nach
Schmidt[1]) den Hecataeus, als ersten Kartographen den Anaximander bezeichnen.[2]) Wie derselbe seine Aufgabe gelöst, das läfst

---

1) M. C. P. Schmidt, Zur geographischen Litteratur der Griechen und
Römer, Berlin 1887, S. 13.

2) Hecataeus und Anaximander, welch letzterer nach M. Cantor (Vorlesungen über Geschichte der Mathematik, 1. Band, Leipzig 1894, S. 135) von
611 bis 547 v. Chr. — 545 ist vielleicht ein Druckfehler — gelebt hat, werden
beide als Schüler des Thales bezeichnet. Die Lebenszeit des Milesiers Thales,
der sich seine Bildung in Ägypten geholt haben soll (Allman, Greek Geometry
from Thales to Euclid, Galway 1889, S. 7 ff.), wurde durch Diels (Rheinisches
Museum für Philologie, (2) 31. Band, S. 10) auf die Zeit zwischen 624 und (ungefähr) 548 v. Chr. festgesetzt. Über Zeitalter und wirkliche Leistungen des
Hecataeus, der aber unter allen Umständen ein tüchtiger Geograph gewesen
sein mufs, läfst sich bestimmtes kaum mehr ermitteln (H. Berger, Geschichte
der wissenschaftlichen Erdkunde bei den Griechen, 1. Abteilung, Leipzig 1887,
S. 7, S. 64. Die u. a. von Kepler (Opera Omnia, ed. Frisch, 8. Band, Erlangen-
Frankfurt a. M. 1870, S. 289) geäufserte Ansicht, dafs Anaximander bereits
einen Globus konstruiert habe, ist natürlich unhistorisch; es kommt ihr kein
gröfserer Wert zu als der durch den Lexikographen Suidas in die Welt gesetzten
Fabel von einem Globus des Musaeus (s. Poppe, Ausführliche Geschichte der
Anwendung aller krummen Linien in mechanischen Künsten und in der Archi-
tektur, Nürnberg 1882, S. 65).

sich mit einiger Wahrscheinlichkeit den bekannten Worten des Herodot[1]) entnehmen, der über die kreisrunden Erdkarten, von denen es
zu seiner Zeit bereits eine ganze Anzahl gegeben haben muſs, seine
Glossen machte. Spätere kartographische Versuche werden uns von
Eudoxus[2]), von Dicaearch[3]), von Eratosthenes[4]) namhaft gemacht,
auf welch letzteren wohl auch der erste Versuch, die gekrümmte Erde
auf eine Ebene nach geometrischen Regeln zu projizieren, zurückzuführen sein dürfte.[5]) Hipparch, Marinus und Ptolemaeus folgten
ihm auf diesem Wege[6]), und zumal der letztgenannte ist als Erfinder
mehrerer sehr verwendbarer Projektionsmethoden zu rühmen.[7]) Letztere
wurden dann allerdings zunächst nicht weiter fortgebildet, und was

1) Herodot, lib. IV, cap. 36.
2) Alle Nachrichten über diesen hervorragendsten Geometer der archaischen
Zeit hat Künfsberg (Der Astronom, Mathematiker und Geograph Eudoxus
von Knidos, 1. Teil, Dinkelsbühl 1888; 2. Teil, ebenda 1889) gesammelt. Es unterliegt keinem Zweifel, daſs der Knidier (a. a. O., 1. Teil, S. 19) unter dem Titel „γῆς
περίοδος" ein gröſseres geographisches Werk geschrieben hat, wenn auch freilich
Brandes (Über das Zeitalter des Geographen Eudoxus und des Astronomen
Geminus, Leipzig 1866) diese Autorschaft bestreiten wollte. Seine Erdkarte
beruhte auf der Annahme, daſs die Länge der Ökumene sich zu deren Breite wie
2 zu 1 verhalte, während Democritus und Dicaearchus dieses Verhältnis
gleich 3 : 1 gesetzt haben sollen (Agathemerus, lib. I, cap. 1). Für einen von
Eudoxus geschaffenen Himmelsglobus suchte im XVII. Jahrhundert der französische Astronom Gassendi Gründe beizubringen (s. dessen Opera Omnia,
6. Band, Lyon 1658, S. 375).
3) Über die Karte des Dicaearch, welcher aus Messina in Sizilien stammte
und um 300 v. Chr. seine Blütezeit hatte, handelt des näheren Fiorini (Le projezioni delle carte geografiche, Bologna 1881, S. 344 ff.).
4) Vgl. hiezu H. Berger, Die geographischen Fragmente des Eratosthenes
neu gesammelt, geordnet und besprochen, Leipzig 1880; Gesch. d. wissensch. Erdk.,
3. Abteilung, S. 57 ff. Die groſsen Fortschritte, welche, namentlich durch
Alexanders Zug, die Länderkunde gemacht hatte, regten den Bibliothekar von
Alexandria (274—194 v. Chr.) an, auch kartographisch an Dicaearchs Vor-
arbeiten wieder anzuknüpfen.
5) Berger, Gesch. d. wissensch. Erdk., 3. Abteilung, S. 100 ff.
6) A. a. O., S. 147 ff.; 4. Abteilung, S. 120, S. 142 ff. Ferner geben Aufschlüsse hierüber: Berger, Die geographischen Fragmente des Hipparch,
Leipzig 1870; D'Avezac, Coup d'oeil historique sur la projection des cartes,
Bull. de la soc. de géographie, 1863, S. 274 ff. Speziell mit Marinus beschäftigt
sich Ukert (Rhein. Mus., (1) 6. Band, S. 194 ff.). Daſs der tyrische Geograph die
zu seiner Zeit bereits vorhandenen Netzentwürfe als für seine Zwecke nicht
brauchbar ansah, erfahren wir von Ptolemaeus.
7) S. Mollweide, Die Mappierungskunst des Ptolemaeus, (v. Zachs
Monatl. Korresp. z. Beförd. d. Erd- und Himmelskunde, 11. Band, S. 322 ff.).

insbesondere die Römer betrifft, so blieben dieselben bei derselben rohen Manier der Abbildung, wie dies die verschiedenen Administrations- und Reisekarten aus der Kaiserzeit zur genüge darthun.[1])

Inzwischen war die Kugelgestalt der Erde, von Einzelnen zuerst nur schüchtern geahnt, zur allgemein anerkannten wissenschaftlichen Thatsache geworden. Daß Thales diese These bereits verfochten habe, ist allerdings wenig wahrscheinlich, vielmehr ist anzunehmen, daß er, wie auch noch der von ihm entschieden beeinflusste Anaximander, die Erde für einen Zylinder gehalten und inmitten der hohlen Himmelskugel schwebend angenommen habe.[2]) Erst die pythagoreische Schule — ob Pythagoras selber, muß unentschieden bleiben, — übertrug das, was am Himmel erkannt worden war, auch auf die Erde, und Aristoteles suchte die pythagoreische Lehre, zu welcher er sich rückhaltlos bekannte, durch strenge Beweise — Schwerkraft, Erdschatten bei Mondfinsternissen, Veränderung des Horizontes und des sphärischen Bildes durch Lokomotion — zu stützen.[3]) Nachdem auch schon mit einigem Erfolge die Größe des Erdumfanges zu ermitteln versucht war, konnte der Gedanke nicht mehr ferne liegen, ein Abbild des Erdganzen, soweit man eben damit Bescheid wußte,

---

1) Es sei erinnert an die Wandkarte des Agrippa und an die späteren Itinerarien, von denen die „Peutingersche Tafel" große Berühmtheit erlangt hat (Fiorini, a. a. O., S. 346 ff.; Geographi latini minores, ed. A. Riese, Heilbronn 1878, S. VII ff., S. 1 ff.; Porena, Orbis Pictus d'Agrippa, Rom 1883).

2) Die Belege dafür, daß die älteren jonischen Naturphilosophen zwar die Sphärizität des Himmels, nicht aber auch zugleich diejenige der Erde gelehrt haben, sind in Diels' trefflicher Ausgabe der spätgriechischen Kompendiographen und Notizensammler enthalten (Doxographi Graeci, Berlin 1879). Die uns hier am meisten interessierenden Partien des großen Werkes findet man vereinigt in einer Schrift von Sartorius (Die Entwicklung der Astronomie bei den Griechen bis Anaxagoras und Empedocles, in besonderem Anschluß an Theophrast, Breslau 1883). Hauptsächlich ist es eine Stelle des Kirchenvaters Hippolyt, welche die Behauptung des Diogenes Laertius, daß Anaximander die Erde für kugelförmig gehalten habe, zu widerlegen scheint (a. a. O., S. 25 ff.).

3) Dafür, daß schon Pythagoras selbst den Fundamentalsatz der mathematischen Geographie ausgesprochen, und daß diese Erkenntnis nicht erst durch seine Nachfolger Philolaus und Parmenides gewonnen worden sei, spricht gar manches (Sartorius, S. 44 ff.; s. auch P. Tannery, Recherches sur l'histoire de l'astronomie ancienne, Paris 1893, Kapitel 5). Jedenfalls kann vor Aristoteles (De Coelo, lib. II, cap. 14) nicht von einer wissenschaftlichen Begründung der neuen Lehre die Rede sein, denn Plato begnügte sich im „Phädon", darauf hinzuweisen, daß, wenn die Erde einem Balle vergleichbar sei, sie ohne irgendwelche Unterstützung im Inneren der hohlen Weltkugel schweben müsse.

also ein Modell der Erdkugel herzustellen. Leider sind die uns hierüber erhaltenen Nachrichten sehr spärlich[1]), doch ist immerhin soviel sicher, daß der Grammatiker **Krates von Mallos**, ein Mitglied der stoischen Schule, zuerst einen Erdglobus angefertigt und in Pergamum zur Aufstellung gebracht hat.[2]) Derselbe war ein Zeitgenosse **Hipparchs.**

Ob **Strabo**, indem er gewisse bei der Konstruktion solcher Globen zu beobachtende Normen angibt, dabei gerade immer das pergamenische Vorbild vor Augen gehabt habe, müssen wir mit **Berger**[3]) für zweifelhaft erklären, und so gewähren uns lediglich ein paar Andeutungen des **Geminus** die Möglichkeit, uns von dem, was **Krates** anstrebte, eine Vorstellung machen zu können. Wir wissen nämlich, daß sich derselbe ein schematisches Bild von der Gestaltung der Erdoberfläche zurechtgelegt hatte, dessen Wesen unser Gewährsmann mit nachstehenden Worten kennzeichnet[4]): „Dadurch erhielt die Erde vier inselförmige Ökumenen, auf der einen meridional abgeschnittenen Halbkugel die unsrige und die der Antöken oder Gegenbewohner unter gleicher Länge und entgegengesetzter Breite, auf der anderen Halbkugel die Ökumene der Periöken oder Umwohner in unserer Breite, aber entgegengesetzter Länge, und die der Antipoden oder Gegenfüßler, uns nach Länge und Breite entgegengesetzt, und

---

1) **Strabo**, lib. II, cap. 116; **Geminus**, Isagoge in astronomiam, cap. 13 (Ausgabe im Uranologion des Petavius, Paris 1630, S. 23, S. 43); vgl. **Wachsmuth**, De Cratete Mallota, Leipzig 1860, S. 22 ff. und M. C. P. **Schmidt** (a. a. O., S. 3).

2) **Berger**, a. a. O., 3. Abteilung, S. 126 ff.; Ders., Entwicklung der Geographie der Erdkugel bei den Hellenen, Grenzboten, 39. Jahrgang, S. 408 ff. Auch im Pseudo-Plutarch (De facie in orbe lunae) wird von **Krates** gesprochen, und **Agathemerus** (Didotsche Ausgabe der Geographi graeci minores, 2. Band, S. 471) erwähnt, daß **Krates** den zu seiner Zeit bekannten Erdraum mit einem Halbkreise verglichen habe.

3) **Berger**, Gesch. d. wissensch. Erk., 3. Abteilung, S. 126.

4) Ebenda, 2. Abteilung, S. 135. — In eigentümlicher Weise faßt **Müllenhoff** (Deutsche Altertumskunde, 1. Band, Berlin 1895, S. 248; Ausgabe von **Rödiger**) des **Krates** Globus als Ausfluß einer bewußten Opposition gegen die demselben nicht sympathischen alexandrinischen Mathematiker auf. „Ein Erdglobus von kolossalen Dimensionen .. im Hofe des pergamenischen Museums war jedenfalls ein augenfälliges, auch jedermann verständlicheres und ansprechenderes Schaustück, als die rätselhaften Armillen und anderen Instrumente im Museum zu Alexandrien". Näheres über die Erdkugel des **Krates** sowie über die geographischen Ansichten, denen sie Ausdruck verleiht, enthält auch eine Schrift von R. **Friedrich** (Materialien zur Begriffsbestimmung des orbis terrarum, Leipzig 1887).

damit war der ganze Gedankeninhalt der alten pythagoreischen Anti-
podenlehre auf dem Wege gelehrter Spekulation zur Entfaltung gebracht". Man sieht, dafs ein solchen Anschauungen nachgebildeter
Globus nicht etwa dem Studium der Länderkunde dienen, sondern rein
schematisch eine vorgefafste Ansicht über die Verteilung des festen
und flüfsigen Elementes auf der Erdober-
fläche versinnlichen sollte.[1]) Unsere Fig. 1
dürfte ungefähr dem Schema des Krates
Mallotes entsprechen.

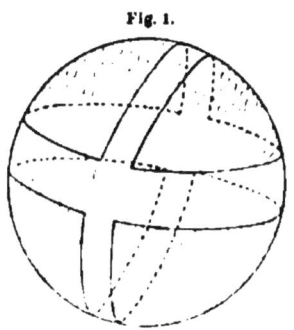

Fig. 1.

Ein Erdglobus in unserem modernen
Sinne war demgemäfs die symbolische
Darstellung nicht, mit welcher wir uns
soeben zu beschäftigen hatten. Von einer
solchen künstlichen Erdkugel, wie sie
heutzutage der Schulunterricht verwendet,
handelt im Alterthum eigentlich der einzige

---

1) Berger, a. a. O., 3. Abteilung, S. 129. „Erhalten hat sich das Bild der
vierfach geteilten Erdkugel, wenn auch nicht in der wissenschaftlichen Erdkunde,
so doch in den Kreisen allgemeiner, enzyklopädischer Bildung. Cleomedes,
Ampelius und Marcianus Capella bringen seine Grundzüge zur Sprache,
Nonnus und der Panegyriker Eumenius erwähnen seiner mit aller Bestimmtheit, und dafs die Ornamente des bekannten Reichsapfels, zwei sich kreuzende
Ringe, oft nur ein äquatorialer Ring, auf welchem die Hälfte eines meridionalen
steht, den beiden Ozeangürteln des Macrobius ihren Ursprung verdanken, ist
ein nahe liegender Gedanke". Die mit dieser ganzen Auffassung in naher Beziehung stehende Gezeitentheorie des Macrobius (Somnium Scipionis, lib. II,
cap. 9) hat noch auf das deutsche Mittelalter ihren Einflufs geübt (s. Günther,
Adam von Bremen, der erste deutsche Geograph, Prag 1894, S. 62). A. E. v. Nordenskiölds treffliches Tafelwerk (Facsimile-Atlas to the Early History of Carto-
graphy, Stockholm 1889), auf das uns der Gang unserer Darstellung noch zum
öfteren zurückführen wird, führt u. a. auf Blatt XXXI eine sehr interessante Weltkarte zu „Macrobii in Somnium Scipionis Expositio" vor, welche 1483 in Brescia
entstand und zeigt, wie man sich das dreiteilige Australland — Perusta; Temperata,
Antipodum, Nobis Incognita; Frigida — von dem eigentlichen Afrika, dem natürlich
nur eine ganz unbedeutende Erstreckung in meridionaler Richtung zuerkannt werden konnte, durch einen „Alveus Oceani", nach beiden Seiten offen, getrennt dachte.
Hiezu äufsert sich auch K. Miller (die Weltkarte des Beatus, 776 n. Chr., Stuttgart 1895, S. 28). „Man dachte sich Afrika nicht bis zum Äquator reichend oder
wenigstens nicht bewohnbar bis zum Äquator; unter dem Äquator Meer und dann
wieder jenseits der unbewohnbaren und undurchdringlichen heifsen Zone bewohn-
bares Land. Am klarsten veranschaulicht dies die Karte von Lambert ...
Pomponius Mela nennt die Bewohner Antichthonen; ihre Lage sei wegen der
dazwischen liegenden heifsen Zone uns unbekannt. Plinius und nach ihm

Strabo.[1]) Er verlangte gewaltige Dimensionen, und das ist wohl zu begreifen, denn das, was man damals wirklich von der Erde kannte, war erschreckend wenig gegenüber dem vollständig unbekannten, und wenn man also nicht einen sehr grofsen Radius wählte, so nahm sich die Ökumene neben den grofsen, leer gelassenen Flächen gar zu winzig aus. Dafs auch der pergamenische Globus, als vielleicht einziges bekanntes Exemplar, den gewünschten Durchmesser von 10 Fufs besessen habe, sind wir, wie oben erwähnt, in keiner Weise anzunehmen gezwungen; ja man möchte im Gegenteile eher glauben, dafs Strabo den Globus des Malloten ungenügend befunden und eben deshalb ein Veranschaulichungsmittel von respektabler Gröfse gefordert habe.[2])

Mit Strabo ist Ptolemaeus, dessen streng mathematische Denkweise ihn die exakte Erdkunde recht eigentlich begründen liefs, der Konstruktion des Erdglobus näher getreten[3]), und man darf aus seinen Worten wohl schliefsen, dafs ihm selbst ein solcher zur Verfügung gestanden habe. Ausdrücklich stellt er die Gröfse der Kugel, die er also nicht in solch gigantischen Abmessungen sich dachte, in das Belieben des Einzelnen. Dagegen ist er der erste, welcher die Notwendigkeit hervorhob, auf die Kugelfläche das Netz der Parallelkreise und Meridiane aufzutragen und jeden zu verzeichnenden Ort durch seine beiden geographischen Koordinaten zu fixieren. Zu dem

---

Solinus sagen, man habe lange Zeit die Insel Taprobane (Ceylon) für den anderen Erdkreis gehalten, nämlich für die Antichthonen. Die Karte von St. Sever läfst eine solche Verwechselung von Taprobane mit der Gegenerde sehr begreiflich erscheinen. Die Annahme wirklicher Gegenfüfsler, welche wir bei den Griechen (Pythagoreer, Eratosthenes, Krates, Posidonius, Geminus, Strabo, aufserdem bei Marcianus Capella) finden, ist natürlich nur möglich bei der Annahme der Kugelgestalt der Erde."

1) Strabo, lib. II, cap. 116. Nach kurzer Beschreibung der Hypothese des Krates heifst es weiter: „Ἀλλ' ἐπειδὴ μεγάλης δεῖ σφαίρας, ὥστε πολλοστημόριον αὐτῆς ὑπάρχον τὸ λεχθὲν τμῆμα ἱκανὸν γίνεσθαι δέξασθαι σαφῶς τὰ προσήκοντα μέρη τῆς οἰκουμένης, καὶ τὴν οἰκείαν παρασχεῖν ὄψιν τοῖς ἐπιβλέπουσι, τῷ μὲν δυναμένῳ κατασκευάσασθαι τηλικαύτην οὕτω ποιεῖν βέλτιον· ἔστω δὲ μὴ μείω δέκα ποδῶν ἔχουσα τὴν διάμετρον· τῷ δὲ μὴ δυναμένῳ τηλικαύτην ἢ μὴ πολλῷ ταύτης ἐνδεεστέραν ἐν ἐπιπέδῳ καταγραπτέον πίνακι τοὐλάχιστον ἑπτὰ ποδῶν."

2) Man mufs bedenken, dafs ja inzwischen auch die anfänglich nur sehr oberflächlichen Vorstellungen der Erde durch die Messungen eines Eratosthenes und Posidonius, vielleicht auch eines Dionysodorus (Plinius, Hist. Nat., lib. II, cap. 112), eine beträchtliche Verschärfung erfahren hatten. Man wufste jetzt, wie grofs die Erdoberfläche ungefähr sein mufste, und überzeugte sich, dafs man einstweilen nur mit einem minimalen Teile derselben bekannt war.

3) Ptolemaeus, Geographia, lib. I, cap. 22.

Ende brachte er eine Vorrichtung an, deren auch in der Gegenwart keiner unserer besseren Schulgloben entbehren darf, nämlich einen um die beiden Pole drehbaren Meridianring, unter dem sich der im übrigen um die Erdachse bewegliche Globus frei weg drehen läfst. Auf das technische bei der Herstellung einer künstlichen Erdkugel wird von Ptolemaeus nicht eingegangen, aber wir wissen, wie das nächste Kapitel zeigen wird, doch ganz gut, wie sich die Griechen dabei verhalten haben.

Kapitel II.

Himmelsgloben im Altertum.

Während die antiken Schriftsteller, von Erdgloben uns nichts weiter als eben das bisher mitgeteilte berichten, fehlt es uns keineswegs an Nachrichten über Himmelskugeln, sei es dafs dieselben solide Kugeln, sei es dafs dieselben sogenannte Armillarsphären waren.[1] Nur die ersteren sollen uns, dem Zwecke unserer Schrift gemäfs, an diesem Orte beschäftigen. Von dem sagenhaften Himmelsglobus des Atlas[2] sehen wir aus nahe liegenden Gründen ab, und auch der dem Eudoxus zugeschriebene[3] kann nicht Gegenstand der Besprechung sein, weil eben über ihn nichts weiter als eine vereinzelte Notiz vorliegt. Dafs um 300 v. Chr. solche Globen bereits vorhanden waren, scheint durch ein in Neapel aufbewahrtes Denkmal dieser Art konstatiert zu werden[4], während

---

1) Eine Armillarsphäre war lediglich eine Komposition der wichtigsten Himmelskreise, die durch Metallringe dargestellt und so in einander gesteckt waren, dafs sie sich ohne Hindernis gegenseitig drehen und verstellen liefsen. Ein solches Instrument konnte ebensogut in den Dienst der Beobachtungstechnik, wie in den der Unterrichtspraxis gestellt werden, und zwar pflegte man für letzteren Zweck im Inneren der Ringkugel, zu dieser konzentrisch, ein kleines Abbild der kugelförmigen Erde, versehen mit den entsprechenden Kreisen, anzubringen. Bis zu welch hoher Vollendung ein solches Lehrmittel gesteigert werden kann, lehrt uns der prächtige „Projektionsglobus" von Fr. Adami (Verhandlungen der Gesellschaft deutscher Naturforscher und Ärzte, 65. Versammlung zu Nürnberg, 2. Teil, Leipzig 1893, S. 216).

2) Diodorus Siculus, lib. III, cap. 60.

3) Wolf, Geschichte der Astronomie, München 1877, S. 193.

4) Das Kunstwerk, welches hier gemeint ist, befand sich früher zu Rom im Palazzo Farnese und gelangte von da, zusammen mit anderen Schätzen archäo-

dafür, dafs schon Thales eine Sternsphäre konstruiert habe, nur eben
die Vermutung spricht. Man kann dafür, wie für den angeblichen
Globus des Archimedes, zunächst nur Cicero als Zeugen anrufen[1]),
denn aus ihm haben höchst wahrscheinlich die sonst noch zu zitierenden Lactantius und Claudianus geschöpft.[2]) Schiek, der sich mit

---

logischer Natur, nach Neapel in das Museo Partenopeo. Ein 1,65 m hoher Atlas
trägt, auf das eine Knie niedergesunken, auf der Schulter eine Himmelskugel,
von der ein Hauptkreis 2 m in Umfang hält. Aus der Lage der einzelnen Sternbilder zu den Durchschnittspunkten der Ekliptik und des Äquators zog Heis
(*Atlas coelestis novus*, Berlin 1872, Vorrede) den Schlufs, dafs derjenige, der das
Firmament in solcher Anordnung sah, um die angegebene Zeit gelebt haben
müsse. Bekanntlich kann man, da man die sogenannte Präzessionskonstante sehr
genau kennt, auch solche Bestimmungen mit ziemlicher Schärfe ausführen; es
kann das sogar manuell geschehen mit Hilfe des sehr zweckmäfsig eingerichteten
„Präzessionsglobus" von K. Huas (s. die in Note 1) genannten Verhandlungen,
2. Teil, S. 287 ff.). Bianchini hat eine Arbeit über den erwähnten Globus im
Manuskripte nachgelassen („Globus Farnesianus, et in eo rudimenta astronomiae,
cronologiae et historiae aetatis heroicae a Graecis ad nos transmissa"), welches
von Scipio Maffei (Verona illustrata con giunte note o correzioni inedite dell'
autore, 3. Band, Mailand 1825, S. 457) zitiert wird und sich vielleicht in der
Kapitelbibliothek des Domes von Verona befindet. Eine Abbildung des farnesischen
Atlas nebst eingehender Beschreibung hat man ferner von G. B. Passeri (Atlas
Farnesianus marmoreus insigne vetustatis monumentum, Florenz 1750; 3. Band
von Goris Thesaurus gemmarum antiquarum astriferarum). Nach Passeri (a.a.O.,
S. 59) sind 42 Sternbilder auf der Sphäre des Atlas vermerkt, und es fehlen also
fünf, darunter die beiden Bären, indessen ist dieser scheinbare Defekt lediglich
auf eine Beschädigung zurückzuführen, welche der Marmor im Laufe der Jahre
erlitten hat.

1) Cicero, De Re publica, lib. I, cap. 14. Dem Sulpicius Gallus, jenem
sternkundigen Kriegsmanne, der durch seine Vorhersage einer Finsternis den
Römern ihren Sieg bei Pydna so wesentlich erleichterte, wird folgendes nacherzählt: „*Dicebat Gallus, sphaerae illius*" — es ist von der archimedischen die
Rede — „*alterius solidae atque plenae vetus esse inventum: et eam a Thalete
Milesio primum esse tornatam; post autem ab Eudoxo Cnidio discipulo, ut
ferebat, Platonis eandem illam astris coelo inhaerentibus esse descriptam; cuius
omnem ornatum et descriptionem, sumptam ab Eudoxo, multis annis post, non
astrologiae scientia, sed poetica quadam facultate, versibus Aratum extulisse.*"

2) Lactantius, Divin. Instit. lib. II, cap. 5. „*An Archimedes Siculus
concavo aere similitudinem mundi ac figuram potuit macchinari, in quo ita Solem
ac Lunam composuit, ut inaequales motus, et coelestibus similes, conversionibus
singulis quasi diebus efficerent: et non modo accessu Solis et recessu, vel incrementa
diminutionesque Lunae, vero etiam stellarum, vel inerrantium, vel vagorum dispares
cursus, orbis ille dum vertitur, exhiberet?*" Andere Quellen sind bei Ovidius
(Fasti, lib. VII, v. 277), Claudianus (Epigr., 18) und Marcianus Capella (ed.
Eyfsenhardt, Leipzig 1866, S. 198) zu finden. Insbesondere sind Claudians

der Frage befaßte, was denn eigentlich mit dem angeblichen Globus des Archimedes gemeint sei[1]), mußte schließlich zugeben, daß in das Dunkel der einzelnen Angaben sich schwerlich Licht bringen lassen werde. Ein glücklicher Fund hat Hultsch[2]) aber doch in den Stand gesetzt, einiges zur Aufhellung beizutragen; er brachte nämlich mit dem Titel einer verloren gegangenen archimedischen Schrift[3]) eine bisher in diesem Zusammenhange noch nicht beachtete Stelle des Pappus[4]) in Verbindung, und dann wird es allerdings ganz wahrscheinlich, daß Archimedes nicht sowohl einen Globus in dem von uns hier festzuhaltenden Sinne, sondern vielmehr eine Art von Planetarium („Orrery") konstruiert hat. „Es eröffnet sich als nicht unwahrscheinlich die Annahme, daß der Himmelsglobus des Archimedes durch ein hydraulisches Werk getrieben worden sei. Daß die Hydraulik bei den Alten bereits zu einem hohen Grade ausgebildet war, wissen wir aus Herons 'Spiritalia' und aus so mancher anderen Überlieferung; es darf also wohl mit Recht vermutet werden, daß der große Archimedes die Prinzipien auch dieses Teiles der Me-

---

Worte der Interpretation von Hultsch günstig; vgl. auch Delambre, Histoire de l'astronomie ancienne, 1. Band, Paris 1817, S. 101.

1) Schiek, Über die Himmelsgloben des Anaximander und des Archimedes, Hanau, 1. Teil 1843, 2. Teil 1846.

2) Hultsch, Über den Himmelsglobus des Archimedes, Zeitschr. f. Math. u. Phys., 22. Band, Hist.-litter. Abteil., S. 106ff. Vgl. auch Tannery, Revue de philologie, 18. Band, S. 213 ff. Ausführlich äußert sich über die ganze in Rede stehende Frage nochmals Hultsch in seinem trefflichen Artikel „Archimedes" der Realenzyklopädie des Altertums von Pauly-Wissowa (2. Aufl.), S. 538.

3) Das einzige mechanische Werk, welches mit Sicherheit auf den großen sizilianischen Mathematiker zurückgeführt wird, ist die „σφαιροποιΐα". So berichtet Proclus in seinem bekannten Kommentare zum ersten Buche der „Elemente" (ed. Friedlein, Leipzig 1873, S. 41): „καὶ ἡ σφαιροποιΐα κατὰ μίμησιν τῶν οὐρανίων περιφορῶν, οἵαν καὶ Ἀρχιμήδης ἐπραγματεύσατο".

4) Pappus, Coll. Math., lib. VII, Einleitung. Wir zitieren nach einer bekannten Übertragung (Der Sammlung des Pappus von Alexandrien siebentes und achtes Buch, griechisch und deutsch herausgegeben von C. J. Gerhardt, Halle a. d. S. 1871, S. 307): „Mechaniker nennt man auch diejenigen, welche Kugeln zu machen verstehen, aus welchen ein Bild des Himmels mittelst einer gleich- mäßigen, kreisförmigen Wasserbewegung bereitet wird." — Übrigens ist bereits bei Reinganum (Geschichte der Erd- und Länderabbildungen der Alten, besonders der Griechen und Römer, 1. Teil, Jena 1839, S. 30) ein Hinweis auf die später fast ganz wieder in Vergessenheit geratene Sphäropöie des Archimedes zu finden. Daß letzteres Wort nichts anderes als in der That die Herstellung von astronomischen Automaten bedeutet, erhellt auch ganz unwiderleglich aus einer wenig beachteten Stelle bei dem Meister der griechischen Astronomie

chanik gekannt und bei der Konstruktion seines berühmten Himmelsglobus verwertet habe." Verhält es sich so, dann scheidet natürlich
eine weitere Untersuchung über die Einrichtung des Kunstwerkes aus
unserem Thema aus.

Daſs auch Hipparch einen Himmelsglobus angefertigt habe,
wird von Ptolemaeus ausdrücklich bezeugt.[1]) Nahe gelegt wird der
Besitz eines solchen für den Begründer der wissenschaftlichen Sphärik
auch durch den Umstand, daſs Hipparch Mittel kennen muſste, um
von einem sphärischen Koordinatensysteme zu einem anderen über-
zugehen; man wird, wenn man erwägt, daſs die Trigonometrie auf der
Kugel damals noch in den Kinderschuhen steckte[2]), Mädlers Hypothese[3]) beizupflichten geneigt sein, wonach die Transformation auf
einem Globus mechanisch bewerkstelligt ward. Ptolemaeus erörterte
in zwei Kapiteln[4]) seines groſsen astronomischen Werkes die Anfertigung einer Himmelskugel und die Verzeichnung der Sternbilder
auf einer solchen.

Daſs die Römer sich für die Globen besonders interessiert hätten,

---

(Claudii Ptolemaei De planetarum hypothesibus liber, graece et latine ed.
Bainridge, London 1625, S. 2): *„Hic vero coacti sumus eadem summatim tantum
exponere, ut facilius intelligantur, et eo nobis ipsis, et ab iis, qui ad instrumen-
torum fabricam haec adaptare cupiunt, sive simplicius ipsa manu singulis motibus
in proprias epochas restitutis id efficiant, sive etiam mechanicis artificiis illos et
inter se, et cum universi motu coniungant. Non illo quidem modo, quo sphaeras
efficere solent, hic enim modus praeter quod peccent hypotheses, apparentias solum
non ipsum subiectum exhibent, ita ut artificii, non vero hypothesium praebeant
specimen."* Man möchte aus dieser an die Verfertiger von Planetarien gerichteten
tadelnden Apostrophe schlieſsen, daſs das „σφαιροποιϊῖν" (sphaeras efficere) zu
Ptolemaeus' Zeit bereits ein förmliches Gewerbe war.

    1) Ptolemaeus, Almagest, lib. VII, cap. 1.
    2) Man pflegt Hipparch als den wahren Erfinder des trigonometrischen
Kalkuls zu betrachten (Cantor, a. a. O., 1. Band, S. 346). Es war jedoch wohl
zuerst nur die Goniometrie im griechischen Gewande, die Sehnenrechnung, welche
man als sein geistiges Eigentum zu beanspruchen hat, und ein rechnerisches
Hilfsmittel, um Deklination und Stundenwinkel aus astronomischer Breite und
Länge — oder umgekehrt — zu berechnen, haben wir kein Recht ihm zuzuschreiben. War doch auch des Menelaus Werk (a. a. O., 1. Band, S. 385 ff.) noch
ganz vom älteren konstruktivem Geiste getragen, und solche Sätze, wie sie
Hipparch für seine Zwecke gebraucht hätte, sind erst bei Ptolemaeus nachzuweisen (s. Ideler, v. Zachs Monatl. Korrespondenz, 26. Band, S. 3 ff.; Cantor,
S. 393), der sich aber auch auf das rechtwinklige Raumdreieck beschränkte.
    3) Mädler, Geschichte der Himmelskunde von den ältesten bis auf die
neueste Zeit, 1. Band, Braunschweig 1873, S. 62.
    4) Ptolemaeus, Almagest, lib. VII, cap. 5; lib. VIII, cap. 3.

ist bei ihrer rein auf das Praktische gewandten Gesinnung kaum anzunehmen. Gewiß wurden auch zur Kaiserzeit gar viele Himmelskugeln zu dekorativen Zwecken in den Ateliers der Bildhauer angefertigt, doch sind die meisten derselben verloren gegangen, und was erhalten ist, darf eher kunstgeschichtliche als wissenschaftsgeschichtliche Bedeutung beanspruchen.[1]) Darauf, daß die Astrologen sich der Sphäre bei ihren Arbeiten bedient haben, weist eine Notiz über Nigidius Figulus hin.[2]) Erst in byzantinischer Zeit begegnen wir wieder einem Gelehrten, der aus der Konstruktion solcher Apparate ein besonderes Studium gemacht und sich darüber in einer besonderen Schrift[3]) verbreitet hat. Dieselbe hat bis jetzt nicht die Beachtung gefunden, welche ihr unter dem geschichtlichen Gesichtspunkte gebührt, was schon daraus erhellt, daß Zeitalter und Lebensumstände des Leontius, ihres Verfassers, nur unvollkommen bekannt sind.[4])

1) Einen solchen römischen Globus hat eine Schrift von Visconti (Nota intorno ad un' antico globo scolpito in marmo porino, Rom 1835) zum Gegenstande. Der nächst ältere dürfte derjenige von Arolsen sein (Gädechens, Die Antiken des Fürstlich Waldeckschen Museums zu Arolsen, ebenda 1862, S. 20 ff.; ders., Der marmorne Himmelsglobus des fürstlich Waldeckschen Antikenkabinettes zu Arolsen, Göttingen 1862). Gädechens meint mit recht, daß die beiden Himmelskugeln, der „Atlas Farnese" und der „Atlas Albany", doch nur bedingt als wirkliche Abbildungen des Firmamentes zu erachten seien, und da die bronzene Himmelskugel des Ptolemaeus abhanden gekommen, so müsse sich das Interesse für die wenigen ganz gut erhaltenen Stücke steigern. Es gilt dies zumal in astrognostischer Beziehung. So weicht (Gädechens, am zweiten Orte, S. 16 ff.) die Darstellung der einzelnen Gestalten des Tierkreises nicht unerheblich von dem, was man sonst zu sehen gewohnt ist, ab; vgl. auch Ideler, Untersuchungen über den Ursprung und über die Bedeutung der Sternnamen, Berlin 1809, S. XLIII.

2) Es werden jenem Sterndeuter ja eine Schrift „De sphaera Graecanica" und „De Sphaera barbarica" zugeschrieben (Schanz, Geschichte der römischen Litteratur bis zum Gesetzgebungswerke des Kaisers Justinian, 1. Teil, München 1890, S. 75).

3) Die einem der unzähligen Theodore der byzantinischen Gelehrtenrepublik gewidmete Monographie des Leontius führt den Titel „περὶ κατασκευῆς Ἀρατείας σφαίρας" und hat im ganzen drei Editionen erlebt; die erste Ausgabe ist eine Baseler (1539), die zweite eine Pariser (1559), und schließlich wurde jene Schrift als Bestandteil in einem bekannten Sammelwerke (Astronomica veterum scripta isagogica graeca et latina, Heidelberg 1589) aufgenommen (De praeparatione sphaerae Arateae, S. 134 ff.). Aus dem, was bei Schöll-Pinder (Geschichte der griechischen Litteratur, 3. Band, Berlin 1831, S. 342) zu finden ist, scheint auch hervorzugehen, daß die erwähnte Anleitung zur Globenverfertigung noch öfter zusammen mit den Scholien zu Aratus vereinigt herausgegeben worden wäre.

4) Von Weidler (Historia astronomiae, Wittenberg 1741, S. 201) wird die

Leontius ist selbst als Praktiker auf dem von ihm litterarisch behandelten Gebiete thätig gewesen[1]), und aus seiner auch das Detail berücksichtigenden Beschreibung der einzelnen Handgriffe[2]) erlernen wir ganz gut die Globustechnik der oströmischen Kaiserzeit, und wir erfahren auch, welche Zwecke Leontius besonders im Auge behalten hat.[3]) Jedenfalls waren die Globen, welche aus der Werkstätte des Leontius, wenn eine solche existierte, hervorgingen, in allen wichtigen Punkten ganz ebenso beschaffen wie diejenigen, deren sich die Gegenwart bedient, und insonderheit waren sie bereits mit einem Meridianringe versehen, der sich in zwei einander diametral gegenüberstehenden Einschnitten des Horizontalringes frei bewegte.[4])

Lebenszeit des Leontius in das VIII. nachchristliche Jahrhundert verlegt. Näheres über ihn scheint nicht bekannt zu sein. Von den drei Leontius, deren das gelehrte und sonst auch den exakten Wissenszweigen nach Möglichkeit gerecht werdende Werk von Krumbacher (Geschichte der byzantinischen Litteratur von Justinian bis zum Ende des oströmischen Reiches, München 1891) Erwähnung thut, dürfte mit unserem Mechaniker vielleicht am ersten noch der Bischof von Neapolis auf Zypern, der unter Constans II. (642—668) lebte, in Personalverbindung gebracht werden. Wenigstens würde damit stimmen, dafs einer allerdings nicht weiter belegten Notiz von Susemihl zufolge (Geschichte der griechischen Litteratur in der Alexandrinerzeit, 1. Band, Leipzig 1891, S. 294) der „Mechaniker" Leontius dem VII. Jahrhundert angehörte.

1) A. a. O., S. 134. „*Fabricabar enim hunc forte talem quandam sphaeram Elpidio Scolastico, viro praestanti et discendi cupido.*"

2) Ebenda, S. 145. „*Coloretur atque incrustetur sphaera gypso aut cerusa, si lignea est, ut eius rimulae et lacunulae, si qua fuerint, compleantur complanenturque. Post siccato hoc colore alioque ei crassiore inducto, qualis est, quem lazurium vocant, et hoc quoque siccato, numeremus in meridiano semicirculo a polo boreio quadraginta unam partes . . .*" Es liegt, wenn man diese Worte liest, nahe, an eine in Konstantinopel — welches genau unter dem 41. Grade liegt — arbeitende Fabrik künstlicher Himmelskugeln zu denken.

3) Ebenda, S. 137. „*Sciendum vero, quae de sideribus Aratus dixit, non omnino recte dicta esse, id quod ex illis, quae Hipparcus et Ptolemaeus de his composuere, apparet. Cuius rei prima causa est, quod Eudoxum potissimum secutus est, qui non omnia satis bene comprehendit. Altera, quod non tam ad ipsam accuratam operis perfectionem, ut Sporus commentator ait, quam ad utilitatem nautarum haec descripta sint, et plane probabiliter ea tractaverit. Navigantes enim non mechanicis instrumentis exquisite, sed simplici suspectu et crasso modo stellarum positum considerare solent. Ut proinde haec fabrefacta sphaera neutiquam ad summam veritatem, ad intelligendam vero sphaeram Arati valde utilis fuerit.*" Dieser Kommentator Sporus ist uns sonst nur durch seine von Eutocius uns überlieferte Methode der Verzeichnung zweier mittlerer Proportionallinien bekannt (Archimedis Opera Omnia, ed. Heiberg, 3. Band, Leipzig 1881, S. 94).

4) Arati Φαινόμενα, ed. Buhle, 1. Band, Leipzig 1793, S. 262.

Kapitel III.

Arabische Globen.

Indem wir nunmehr bereits zum Mittelalter gekommen sind, beginnen wir mit den Arabern als mit denjenigen Orientalen, über deren Wirken wir allein genauere Angaben beizubringen in der Lage sind.[1]) Dafs aus arabischer Zeit freilich ein Erdglobus auf uns gekommen wäre, ja dafs wir nur von einem solchen entfernte Kunde erhalten hätten, können wir nicht sagen; in der darstellenden Erdkunde mangelte es den Arabern, wie ihre durchweg mangelhaften kartographischen Versuche ausweisen[2]), an jedem Geschicke, und obschon bereits frühzeitig die Kugelgestalt der Erde bei Gelehrten und Gebildeten eine dogmatische Geltung besafs[3]), so ist doch anscheinend niemals Hand an ein Modell der runden Erde gelegt worden.[4]) Ganz anders verhielt es sich mit den Himmelsgloben,

---

1) Dafs auch die Inder und Chinesen Himmelsgloben — von Erdgloben ist es weit weniger wahrscheinlich — besessen haben, ist nicht zu bezweifeln, aber die authentischen Mitteilungen darüber sind dürftig. Delambre erzählt (Histoire de l'astronomie ancienne, 1. Band, Paris 1817, S. 117), dafs der chinesische Astronom Hoching-Tien, um 450 n. Chr., eine Himmelskugel von mehr denn 4 m Hauptkreis-Umfang im Gebrauche gehabt habe. Um 724 n. Chr. soll ferner Y-hang (Geschichte der Astronomie, 1. Band, Chemnitz 1792, S. 214) einen Globus angegeben haben, welcher durch Vermittlung eines Uhrwerkes die Planetenbewegungen veranschaulichte.

2) Vgl. Peschel, Geschichte der Erdkunde bis auf C. Ritter und A. v. Humboldt, München 1877, S. 145ff.

3) Näheres hierüber siehe bei Günther, Studien zur Geschichte der mathematischen und physikalischen Geographie, 2. Heft, Halle a. d. S. 1877. Die älteren landläufigen Vorstellungen von der Erdgestalt skizziert der für seinen Teil an der richtigen Lehre festhaltende Verfasser Zacharias (Zakarija Ben Muhammed Ben Mahmûd El-Kazwinis Kosmographie, deutsch von Ethé, 1. Halbband, Leipzig 1868, S. 295ff.).

4) Dem würde anscheinend allerdings eine ältere Angabe (v. Zachs Monatl. Korrespondenz, 13. Band, S. 157ff.) widersprechen, welche wir vollinhaltlich wiederzugeben für gut halten. „Der älteste uns bekannte Erdglobus scheint der zu sein, den Roger II., König von Sizilien, im XII. Jahrhundert verfertigen liefs, und der sich vorzüglich durch den Wert des dazu verwandten Metalls auszeichnete, indem er 400 Pfund Silber gewogen haben soll. Das Andenken an diesen Globus würde schwerlich auf unsere Zeiten gekommen sein, hätte nicht Edrisi, der berühmteste Geograph der damaligen Zeit, eine besondere Erklärung desselben unter dem Titel Nothatol moslak (Vergnügen des Gemüts) geschrieben." Aus anderen Nachrichten, welche Wittstein (Historisch-astronomische Fragmente

welche den Orientalen gerade für diejenigen astronomischen Probleme, mit denen sie sich vorzugsweise beschäftigten und noch beschäftigen, unentbehrlich sein mufsten[1]), und so ist es wohl begreiflich, dafs von künstlichen Himmelskugeln arabischer Entstehung nicht allein in Schriftwerken mehrfach die Rede ist[2]), sondern dafs auch eine ganze Reihe stattlicher Exemplare sich in unsere Zeit hinübergerettet hat.

Eine Aufzählung derselben besitzen wir von Dorn, der hiezu durch einige in St. Petersburg aufbewahrte arabische Instrumente angeregt ward, und der mit deren Beschreibung gleich einen Exkurs allgemeineren Inhaltes verknüpfte.[3]) Man kennt im ganzen acht ara-

---

aus der arabischen Litteratur, Abhandl. z. Gesch. d. Math., 6. Heft, Leipzig 1892, S. 98) zusammengebracht hat, ist aber zu schliefsen, dafs ein solcher Erdglobus niemals wirklich existiert hat. Ob man es bei einer anderen Meldung mit einer künstlichen Erd- oder Himmelskugel zu thun habe, ist zweifelhaft. Der „Fihrist" enthält eine grofse Anzahl von Namen bedeutender orientalischer Gelehrter, welche über Sphärik, Astrolobium, Armillarsphäre gearbeitet haben sollen, aber es kommt unter diesen Traktaten kein einziger über Globen vor. Und auch von den Instrumentenmachern hat nur ein einziger seine Thätigkeit auch auf diese Apparate ausgedehnt (Suter, Das Mathematikerverzeichnis im Fihrist des Ibn Alî Ja'kub an Nadîm, zum erstenmale vollständig ins deutsche übersetzt und mit Anmerkungen versehen, Abhandl. etc., 6. Heft, S. 42). „Kurra ben Kamîtâ al Harrânî verfertigte einen Globus (wörtlich eine Darstellung der Welt) welchen Tâbit ben Kurra für sich in anspruch nahm; ich habe diesen Globus gesehen, aus rohem (ungebleichtem) Stoff aus Dabik verfertigt, mit Farben (bemalt), doch waren dieselben schon verwischt". Die Behauptung, dafs Edrisi einen Erdglobus hergestellt habe, berichtigt auch v. Haradauer (Die Feldzeugmeister Ritter v. Hauslabsche Kartensammlung, Mitteil. d. k. k. Geogr. Gesellsch. zu Wien, 29. Band, S. 387).

1) So berichtet aus neuerer Zeit C. Niebuhr (Beschreibung von Arabien, Kopenhagen 1772, S. 117): „Zu den Instrumenten eines mohammedanischen Astronomen gehört erstlich eine Himmelskugel, und diese wissen sie ziemlich gut zu gebrauchen. Ich habe bei den Astronomen zu Kahira eine Himmelskugel von Kupfer mit goldenen Sternen und Namen gesehen, die zu Mekka verfertigt war und zweihundert Speziesthaler gekostet hatte. Ferner haben sie ein Astrolab von Messing und einen kleinen, sauber gemachten hölzernen Quadranten, womit sie die Polhöhe nehmen und die Stunde des Gebetes bestimmen können".

2) Es ist z. B. bekannt, dafs Nasr-Eddin von Tus, der von Hulagu Khan als Leiter der bald berühmt gewordenen Sternwarte zu Meragah berufen ward, unter anderen Instrumenten auch Himmelskugeln für dieselbe anfertigen liefs (Lelewel, Géographie du moyen âge, 1. Band, Brüssel 1852, S. 116; Jourdain, Mémoire sur l'observatoire de Méragah, Paris 1810; v. Zachs Monatl. Korrespondenz, 23. Band, S. 315 ff.).

3) B. Dorn, Drei in der kaiserlichen öffentlichen Bibliothek zu St. Petersburg befindliche astronomische Instrumente mit arabischen Inschriften, Mém. de l'acad. impér. des sciences de St. Pétersbourg, 9. Band, 1865, Nr. 1.

bische Sterngloben. Der geschichtlich älteste entstammt dem Jahre 1080; er wurde in Valencia, das damals zu dem blühenden spanisch-maurischen Khalifate von Cordova gehörte, verfertigt und hat in Meucci seinen Erklärer gefunden.[1]) Von einem zweiten, aus dem Jahre 1225, gab bereits vor längerer Zeit der berühmte Orientalist Assemani[2]) eine sehr ausführliche Nachricht, aber einmal hatte derselbe nicht ausreichende Sachkenntnis, und zweitens konnte er — dies hebt Beigel[3]) hervor — auch aus dem Grunde seiner Aufgabe nicht völlig gerecht werden, weil er nicht das in Velletri befindliche Original selbst, sondern nur eine ungenügende Abbildung desselben vor sich hatte; so mußte er, wie bereits Lach bemerkte[4]), in der Deutung der Stern-namen Fehler begehen. Alsdann kommt man chronologisch zu dem Londoner Globus[5]) und hierauf zu dem am meisten bekannten Dres-dener Globus des Jahres 1289, der für Beigel (a. a. O.), nächstdem jedoch auch für Schier[6]) und Drechsler[7]), ein Studienobjekt dar-geboten hat.[8]) Nicht genau bestimmten Alters sind zwei Pariser

1) Meucci, Il globo celeste arabico del secolo XI esistente nel gabinetto degli strumenti antichi di astronomia, di fisica e di matematica del R. Istituto di Studi Superiori, Florenz 1878. Von diesem merkwürdigen Stücke scheint Dorn keine Kenntnis gehabt zu haben.

2) Globus coelestis cufico-arabicus Veliterni Musaei Borgiani a Simone Assemano illustratus, Padua 1790.

3) Beigel, Nachricht von einer Arabischen Himmelskugel mit Kufischer Schrift, welche im Churfürstlichen Mathematischen Salon zu Dresden aufbewahrt wird, Bodes Astronomisches Jahrbuch für das Jahr 1808, S. 97 ff.

4) Lach, Anleitung zur Kenntnis der Sternnamen, Leipzig 1796. Vgl. auch Kästner, Geschichte der Mathematik, 2. Band, Göttingen 1797, S. 315 ff.

5) Diesen im Besitze der Londoner Asiatischen Gesellschaft ruhenden Globus hat ebenfalls Dorn monographisch behandelt (Description of an Arabic Celestial Globe, London 1829). Die Entstehung des Instrumentes fällt in das Jahr 1275.

6) Schier, Globus Coelestis Arabicus, qui Dresdae in Regio Museo Mathe-matico asservatur, Leipzig 1865; Ders., Bericht über einen arabischen Himmels-globus, Zeitschr. f. allgem. Erdkunde, (2) 16. Band, S. 694 ff.

7) Drechsler, Der arabische Himmelsglobus von Meragah, Dresden 1873; Ders., Katalog der Sammlung des k. mathematisch-physikalischen Salons zu Dresden, ebenda 1874, S. 52. Der Autor hat auch Nachbildungen des Globus machen lassen, welche im Buchhandel käuflich waren.

8) Ein aus dem Schlosse Moritzburg unterm 26. August 1562 datiertes Schreiben des Kurfürsten August hat es zweifellos mit diesem Globus zu thun. Der Name des Verfertigers ist Mohammed Ben Mowaijad Alaradhi, und zwar lieferte derselbe das Kunstwerk, so darf man sich wohl ausdrücken, im Jahre 1289. Zu derselben Jahreszahl gelangt man, wenn man, wie dies bereits Beigel that, mit der von Nasr-Eddin ermittelten Praezessionskonstante (1° auf 70 Jahre) von

Himmelskugeln, mit denen uns Sédillot und Jomard bekannt gemacht haben[1]), und das nämliche muſs von einem zweiten Londoner
Exemplare[2]) ausgesagt werden. Der jüngste und nächst dem Dres-
dener am genauesten bekannte Sternglobus ist derjenige von St. Petersburg, von dem eben die sehr ins einzelne gehende Skizze Dorns
vorliegt.[3]) Man darf auch nicht etwa Anstoſs daran nehmen, daſs

denjenigen Positionen aus rückwärts rechnet, welche im Fixsternkataloge des
Ulug Beigh normiert sind. Beigel benützte denselben, wie ihn uns Hyde
(Syntagma dissertationum, 1. Band, Oxford 1762) überliefert; eine spätere Ausgabe hat man von Sédillot, (Paris 1842). Über jenen Mohammed sind wir
auch durch eine Stelle in Abulfedas geographischem Werke einigermaſsen
unterrichtet, und wir wissen, daſs auch ihn der aufklärungsfreundliche Herrscher
Hulagu (s. o.) nach Meragah berufen hatte. — Der Globus besteht aus Bronze
und hat 144 mm Durchmesser. Indem die Kugel zwischen zwei den Horizont
und Meridian repräsentierenden Ringen frei drehbar ist, kann man sie gleichmäſsig für das System des Äquators oder für das der Ekliptik einstellen, und
an dem entsprechenden Metallkreise läſst sich dann sofort Deklination oder
astronomische Breite ablesen. Hingegen variiert die Polhöhe, welche dem Globus
durch Einstecken eines (in der verlängerten Achse befindlichen) Stiftes in gleichabständige Löcher erteilt werden kann, nur von fünf zu fünf Graden. Die Be-
nennungen sind in das Metall der Kugel eingraviert und zum teile mit Gold und
Silber ausgelegt. Durchweg fast sind die griechischen Sternbilderbezeichnungen
eigenartig umgewandelt.

1) Der eine beider Globen ist auf zwei Tafeln von Jomards „Monuments
de la géographie" (Paris 1854) abgebildet. Sédillot (Matériaux pour servir à
l'histoire comparée de sciences mathématiques chez les Grecs et les Orientaux,
Paris 1845, S. 334 ff.) bemerkt, daſs der erwähnte Globus, welchen Jomard selbst
aus Ägypten mitgebracht zu haben scheint, 49 Katasterismen mit teilweise un-
gebräuchlichen Bezeichnungen aufweise. Es werden bei dieser Gelegenheit auch
drei mit der Sternsphäre in Verbindung stehende Apparate („Schelakah", „Sku-
lihah" und „Schamilah") erläutert, mit welchen sich die Aufgaben der sphärischen
Astronomie graphisch lösen lassen. Auch an anderem Orte (Mémoire sur les
instruments astronomiques des Arabes, Paris 1841, S. 117 ff.) tritt Sédillot den
arabischen Globen näher.

2) Rothman, Note on an Arabic Globe, belonging to the Astronomical
Society, Athenaeum, 1846, Nr. 660.

3) Dorn, a. a. O., S. 31 ff. Die aus Messing gefertigte Kugel hat einen
Durchmesser von 183 mm. Der Astronom Ridhwan, auch sonst durch ein von
ihm verfaſstes Tafelwerk bekannt, hat dieselbe im Jahre 1701 für einen gewissen
Maulana Hassan, einen hohen Rechnungsbeamten in Kairo und begeisterten
Freund der Astronomie, hergestellt. Dieser Würdenträger ließ durch eigens ein-
gelernte und bezahlte Arbeiter mehrere messingene Himmelskugeln anfertigen,
welche nachher vergoldet wurden. Spuren der Feuervergoldung sind auch an
dem hier in Rede stehenden Globus noch wahrzunehmen. Als eine kleine Verbesserung, älteren Exemplaren gegenüber, ist die Einteilung der Horizontalplatte

dieser letztere ein so geringes Alter hat. Unter den östlichen Völkern ist die Wissenschaft so vollständig eingerostet, so ganz auf dem mehrere Jahrhunderte früher eingenommenen Standpunkte stehen geblieben, daß uns ein Globus von 1701 sachlich, soweit es auf die Zusammensetzung, Justierung und Signierung des Apparates ankommt, ganz dieselben Aufschlüsse zu geben vermag, wie ein solcher aus dem Jahre 1275. Alles in allem können wir uns mit der Erkenntnis bescheiden, daß unser Einblick in die arabische Globuskunde nur wenig zu wünschen übrig läßt.

Kapitel IV.

Globen des christlichen Mittelalters.

In den Jahrhunderten, welche dem Untergange des weströmischen Reiches folgten, war sogar der Fundamentalsatz der wissenschaftlichen Geographie, war die Lehre von der Kugelgestalt der Erde in Vergessenheit geraten, und ein Zeitalter, welches sich unseren Wohnkörper platt oder, nach Art des Kosmas Indikopleustes, hügelförmig vorstellte[1]), konnte, wie sich von selbst versteht, von einem Erdglobus keinen Gebrauch machen, selbst wenn sich noch da oder dort ein solcher vorgefunden hätte. Himmelsgloben mochten wohl noch gelegentlich in den wenigen höheren Schulen in Verwendung

---

in vier konzentrische Ringe namhaft zu machen. Der erste (von innen gerechnet) ist in die gewöhnlichen 360 Grade geteilt; der zweite enthält die dazu gehörigen Zahlenbezeichnungen; in den dritten sind die 12 Zodiakalzeichen eingraviert, und der äußerste zerfällt in 36 gleiche Abschnitte mit geographischen Aufschriften. Die Kugel selbst hängt an zwei Stiften in einem Messingringe und läßt das Gradnetz sowie zwei farbige Ringe erkennen, welche den Äquator und die Ekliptik darstellen. Dorn weist auch auf ein modernes türkisches, nur durch Lithographie vervielfältigtes Buch („Neuere Astronomie") hin, worin auf unseren Globus bezug genommen wird (Journal Asiatique, 1863, Nr. 5).

1) Die Opposition gegen die Sphärizitätslehre war in der Hauptsache von den syrischen Kirchenvätern ausgegangen (Zöckler, Geschichte der Beziehungen zwischen Theologie und Naturwissenschaft, 1. Abteilung, Gütersloh 1877, S. 122 ff.). Ein wissenschaftliches Gewand suchte seiner Wiedererweckung alter Volksanschauung aber eben jener Kosmas umzuhängen, welcher dem ersten Kapitel seiner „Χριστιανικὴ Τοπογραφία" diese Überschrift gab: „Πρὸς τοὺς χριστιανίζειν μὲν ἐθέλοντας, κατὰ τοὺς ἔξωθεν δὲ σφαιροειδῆ τὸν οὐρανὸν νομίζοντας καὶ δοξάζοντας". Dem richtigen Fanatiker galt also auch schon der Himmel nicht mehr als sphärisch, sondern als ein „Zelt".

stehen. Doch erst mit dem Auftreten des grofsen angelsächsischen
Kirchenlehrers Beda Venerabilis, der auf die ptolemaeischen Lehren
als der erste wieder zurückgriff, tritt ein Wendepunkt zum besseren
ein.[1]) Wir haben zwar keinerlei Beweis dafür, dafs Beda — oder
auch der ganz von ihm beeinflufste Alcuin — die Globen von
neuem in ihre wissenschaftlichen und pädagogischen Rechte ein-
gesetzt hätte, aber es sprechen dafür starke Wahrscheinlichkeitsgründe. Die Klosterschule nämlich, welche ihrem ganzen Erziehungs-
plane nach auf dem Boden der von Alcuin für Kaiser Karls Be-
amtennachwuchs begründeten Palastschule stand[2]), erblickte bereits
in den Globen unentbehrliche Inventarstücke, und seitdem sind dieselben aus ihrer Stellung innerhalb der Lehrmittelsammlung einer
tüchtigen Unterrichtsanstalt nicht mehr dauernd verdrängt worden.
Wir wissen, dafs genaue Kenntnis der Sternbilder für die Geistlich-
keit eine hohe Notwendigkeit war, weil der gestirnte Himmel wo
nicht die einzige, so doch die beste Uhr darstellte, von welcher man
die Zeiten für die strenge geregelten kirchlichen Verrichtungen ab-
zulesen hatte.[3]) Solches Wissen war aber, da die Sternkarte gewifs
erst dem Sternglobus nachfolgte, nur mit Hilfe des letzteren erreich-
bar.[4]) Was eben diesen anlangt, so befinden wir uns sogar in

---

1) Vgl. Günther, Geschichte des mathematischen Unterrichtes im deutschen
Mittelalter bis 1525, Berlin 1887, S. 4 ff.; S. 25 ff. In betracht kommt vorwiegend
Bedas naturwissenschaftliche Enzyklopädie „Von der Natur der Dinge".

2) Der Begründer des Klosterschulwesens, Hrabanus Maurus, war ein
direkter Schüler Alcuins, den er noch von Fulda aus in Tours aufsuchte, und
so übertrug sich auch des gelehrten Engländers Vorliebe für die Disziplinen des
Quadriviums auf die neuen deutschen Pflanzstätten der Wissenschaft (s. Fellner,
Kompendium der Naturwissenschaften an der Schule zu Fulda im IX. Jahrhundert,
Berlin 1879).

3) Hierüber erteilt sehr belehrende Aufschlüsse Specht (Geschichte des
Unterrichtswesens in Deutschland von den ältesten Zeiten bis zur Mitte des
XIII. Jahrhunderts, Stuttgart 1885, S. 137 ff.).

4) Wenn wir uns vergegenwärtigen, dafs die Unterrichtsprinzipien in den
Klöstern bis zur Erfindung der Buchdruckerkunst keine nennenswerten Veränderungen erfahren haben, so können wir für unser Bestreben, einen Einblick in
den internen Lehrbetrieb selbst zu thun, auch aus späteren litterarischen Erzeugnissen Nutzen ziehen. Aus dem Anfange des XV. Jahrhunderts besitzt
die k. Hof- und Staatsbibliothek zu München eine im Kloster St. Emeram zu
Regensburg gefertigte Sterntafel, die für die „Compositio spere solide" — in
diesem Falle nach König Alfons — bestimmt war. Man verschaffte sich also
einen kugelrunden Ball aus Gips oder dergleichen, überzog ihn mit Papier,
brachte die zu einem der drei sphärischen Koordinatensysteme gehörigen Kreise

einer noch günstigeren Lage und können an die Stelle des indirekten Beleges den direkten treten lassen. Von Notker Labeo, dem berühmtesten Lehrer der Klosterschule von St. Gallen, erfahren wir mit aller Bestimmtheit, daſs er zum astronomisch-geographischen Unterrichte einen solchen Globus benützt habe.[1] Und wir hören auch, daſs dieselbe in dem Hauptpunkte gerade wie ein modernes Instrument dieser Art gestaltet gewesen sein muſs, denn es heiſst von der Kugel ausdrücklich: „sie hat alliu gentium gestelle". Das kann offenbar nichts anderes bedeuten, als daſs sofortige Einstellung für alle beliebigen Polhöhen möglich war.

Im X. Jahrhundert lernen wir auch den Bischof Gerbert, nachmaligen Papst Sylvester, als einen mit der Globuskunde wohl vertrauten Gelehrten kennen. Wir besitzen für diese zu ihrer Zeit einen geradezu beherrschenden Rang einnehmende Persönlichkeit jetzt gute und verläſsliche Belegschriften[2]; insbesondere sind wir darüber ins klare gesetzt, daſs Gerbert jene Instrumente und Apparate, durch deren Einführung er bei seinen Zeitgenossen so viel Aufsehen erregte und sich sogar in den Verdacht eines Hexenmeisters brachte, antiken Anregungen zu danken hatte.[3] In dem Briefe an den Stiftslehrer Constantinus, mit welchem Gerbert während der siebziger Jahre zu Rheims freundschaftliche Beziehungen angeknüpft hatte, spricht letzterer u. a. auch über die Konstruktion der Himmelskugel.[4] Eingehender noch beschäftigt er sich mit dieser in den Sendschreiben

an und trug sodann die Sternpositionen nach den aus der Tafel genommenen Rektascensionen und Deklinationen u. s. w. ein.

1) J. v. Arx, Geschichte des Kantons St. Gallen, 1. Band, St. Gallen 1810, S. 265.

2) Diese Schriften sind: Hock, Gerbert oder Papst Sylvester II. und sein Jahrhundert, Wien 1837 (ins italienische übersetzt, Mailand 1846); Büdinger, Über Gerberts wissenschaftliche und politische Stellung, Marburg 1851; M. Cantor, Mathematische Beiträge zum Kulturleben der Völker, Halle a. S. 1863, S. 383 ff.; Ders., Die römischen Agrimensoren und ihre Stellung in der Geschichte der Feldmeſskunst, Leipzig 1875, S. 150 ff.; K. Werner, Gerbert von Aurillac, die Kirche und die Wissenschaft seiner Zeit, Wien 1878.

3) Dies hat Büdinger (a. a. O. S. 38 ff.) nachgewiesen, während man sonst gemeiniglich geglaubt hatte, Gerbert sei blos der Vermittler des arabischen gelehrten Wissens gewesen, mit dem er allerdings während seines Aufenthaltes in der Grafschaft Barcelona in Berührung getreten war.

4) Mabillon, Veterum analectorum tomus secundus, (Paris 1676, S. 212). „Sphaera, mi frater, de qua quaeris, ad coelestes circulos, vel signa ostendenda, componitur ex omni parte rotunda ..." Der astronomische Lehrzweck liegt da klar zu tage.

2 *

an Remigius von Trier, die ja auch anderer Dinge halber die Historiker schon mehrfach beschäftigt haben.[1])

Das XIII. Jahrhundert weist die Namen zweier bedeutender Fürsten
auf, welche dem wissenschaftlichen Leben ihrer Zeit durch Anregungen
aller Art aufzuhelfen bemüht waren. Der eine derselben ist der Hohen-
staufe Friedrich II., von dem Lelewel berichtet[2]), er habe sich durch
die an seinem Hofe weilenden gelehrten Araber einen Himmelsglobus
in Gold und Perlen herstellen lassen.[3]) Als einen geistesverwandten

---

1) Unter den Briefen an Remigius befinden sich vier, worin Gerbert den
in aussicht gestellten Globus bespricht (Lettres de Gerbert 983—997, publiées
avec une introduction et des notes par J. Havet, Paris 1889, Nr. 134, 148, 152,
162). Zuerst schreibt der damalige Abt von Bobbio gegen Schluß September 988:
„*Speram tibi nullam misimus, nec ad presens ullam habemus, nec est res parvi
laboris tam occupati in civilibus causis. Si erga te cura tantarum detinet rerum,
volumen Achilleidos Statii diligenter compositum nobis dirige, ut speram gratis
propter difficultatem sui non potens habere, tuo munere valeas extorquere.*" Remigius nimmt hierauf später bezug. Weiterhin heisst es dann: „*Pregravat affectus
tuus, amantissime frater, opus Achilleidos, quod bene quidem incepisti, sed defe-
cisti, dum exemplar deficit. Itaque et nos beneficii non immemores, difficillimi
operis incepimus speram, quae et torno iam sit expolita et artificioso equino corio
obvoluta, sed si nimia cura fatigaris habendi, simplici fuco interstinctam, circa
marcias kalendas eam expecta. Ne si forte cum orizonte, ac diversorum colorum
pulchritudine insignitam praetuleris, annuum perhorrescens laborem.*" Das Ver-
sprechen, den Globus zum angegebenen Termine zu liefern, war der vielbe-
schäftigte Mann zu erfüllen nicht in der Lage, namentlich deshalb, weil ihm der
Tod des am 23. Januar 989 verstorbenen Erzbischofs Adalbero neue Pflichten
auferlegte. Den Freunden dieses Mannes habe er nach dessen Hintritt seine Zeit
widmen müssen, und daran habe ihn ein „gedrechseltes Stück Holz" nicht hindern
dürfen. Er vertröstet im dritten Briefe den Remigius auf bessere Zeiten, aber
diese wollten nicht anbrechen, und das letzte der vier Sendschreiben läfst deutlich genug erkennen, dafs und warum der damals in seiner Bischofsstadt Rheims
von Feinden bedrohte Prälat die Mufse zu solchem Friedenswerke nicht mehr fand.
Damit schliefst die Reihe der an Remigius gerichteten Briefe, und auch ander-
wärts ist Gerbert nicht mehr auf seinen Globus zurückgekommen.

2) Lelewel, a. a. O., 2. Band, S. 2.

3) Ob das Kunstwerk, dessen Lelewel gedenkt, wirklich ein Globus in dem
uns hier geläufigen Sinne war? Wenn man eine Notiz bei F. v. Raumer (Geschichte der Hohenstaufen und ihrer Zeit, 3. Band, Reutlingen 1829, S. 493)
dagegen hält, so wäre man fast versucht, sich die Sache anders zurechtzulegen.
Nachdem dort nämlich von den durch Friedrich begünstigten engen Beziehungen
zwischen deutschem und morgenländischem Wesen gehandelt worden war, wird
weiter gesagt: „So schenkte der Sultan von Ägypten dem Kaiser ein Zelt von
wunderbarer Arbeit; denn Sonne und Mond gingen darin, durch künstliche Vor-
richtungen bewegt, auf und unter und zeigten in richtigen Zwischenräumen die
Stunden des Tages und der Nacht. Man schätzte den Wert dieses Kunstwerkes

Kronenträger haben wir den Kastilier Alfonso X. anzuerkennen, der jenes im Mittelalter hochberühmte astronomische Werk verfassen ließ, in welchem auch die Verfertigung von Globen in sehr ausführlicher, jede technische Einzelheit berücksichtigender Weise abgehandelt wird.[1]) Bei den Arabern hatte sich jedenfalls auch Campano[2]) von Novara

auf zwanzigtausend Mark und bewahrte es sorgfältig in Venusium bei anderen königlichen Schätzen". Die Identität dieses astronomischen Zeltes, welches (s. o. S. 9) dem Bereiche der „σφαιροποιία" anheimfallen würde, mit der bei Lelewel zitierten Sphäre ist allerdings nicht gesichert, wird aber nicht für unwahrscheinlich gelten können.

1) S. Wolf, Gesch. d. Astr., S. 205: „Die nach dem Wunsche der Madrider Akademie 1863—67 auf Staatskosten durch Don Manuel Rico y Sinoba in fünf Foliobänden zum ersten male herausgegebenen „Libros del Saber di Astronomia del Rey Don Alfonso X de Castilla" sind nicht, wie man früher glaubte, eine einfache Übersetzung oder Bearbeitung des Almagestes, sondern bilden einen mehr oder weniger selbständigen, durch die von Alfons versammelten und inspirierten Gelehrten nicht nur nach seinem Auftrage, sondern auch mit seiner Hilfe bearbeiteten Kodex des astronomischen Wissens im XIII. Jahrhundert, von welchem allerdings vieles durch Übersetzung und Kompilation entstand, manches aber auch von eigenen Studien zeugt". Der vierte, in 69 Kapitel eingeteilte Abschnitt des ersten Bandes widmet sich den astronomischen Apparaten (S. 63 ff.); und darunter ist wieder für uns der erste, von einem gewissen Costa herrührende Teil beachtenswert („Liber de la façon de la Espera et de sus figuras et de sus huebras"). Das erste Kapitel („Von den Stoffen, aus welchen ein Globus verfertigt werden kann") hat folgenden Wortlaut: „Ein Globus kann aus verschiedenen Stoffen verfertigt werden, z. B. aus Gold, Silber, Kupfer, Bronze, Zinn, Eisen, Blei, einer Legierung verschiedener Metalle, ferner von Stein, Erde, Holz, Leder, doppeltem Pergament u. dgl., oder auch noch aus anderen Stoffen, welche die Menschen hervorbringen, um ihre Geschicklichkeit zu zeigen. Aber manche dieser Stoffe erscheinen weniger geeignet, und keiner ist so angemessen als Holz, und dies aus folgenden Ursachen. Das Ganze aus Gold zu bilden, ist nur dem möglich, der sehr reich ist. Dann würde die Kugel auch zu schwer sein. Machte man die Kugel groß, so würde sie sich verbiegen und nicht völlig rund sein; machte man sie zu klein, so würde das, was man auftragen will, sich nicht deutlich darstellen. Man müßte also eine Quantität Silber beimischen, dann würde man ein härteres Metall erhalten, und es würde sich nicht so leicht verbiegen". Die deutsche Version ist von Mädler (Gesch. d. Himmelsk., 1. Band, S. 355 ff.). Costa erörtert dann in gleich minutiöser Weise die anderen für einen Globus brauchbaren Materialien und zeigt nächstdem, wie die gangbaren sphärischen Aufgaben (Ungleichheit der Tage und Nächte, Auf- und Untergänge bestimmter Sterne für eine gegebene Polhöhe) mittelst einer künstlichen Himmelskugel gelöst werden können.

2) Campano gehört der zweiten Hälfte des XIII. Jahrhunderts an, wie dies aus einer Widmung an Papst Urban IV. (zur Regierung gelangt 1261) sich ergibt (Tiraboschi, Storia della letteratura italiana, 4. Band, Rom 1788, S. 154 ff.). Seine Kenntnis der arabischen Sprache befähigte ihn dazu, als Euklid-Über-

die Kenntnisse geholt, welche ihn zur Abfassung einer selbständigen
Schrift über die Sphäre befähigten.[1])

Wenn wir die Leistungen des Mittelalters auf irgend einem Gebiete betrachten, welches zu Erd- und Himmelskunde in Beziehung
steht, so dürfen wir das viel gelobte und zu einer ganz erstaunlichen
Verbreitung gelangte Kompendium des Sacro Bosco nicht unerwähnt lassen.[2]) Durch dasselbe, welches freilich seinen Lesern nur
das unentbehrlichste Material zum Verständnis der astronomischen
Fundamentalwahrheiten mitteilte, wurde der Name „Sphaera materialis"
üblich.[3]) Wir betonen ausdrücklich, daß mit diesem Worte nicht
etwa, wie zu vermuten nahe liegen würde, ein Globus von irgend
welcher Beschaffenheit, sondern nur die als Agglomerat ihrer verschiedenen merkwürdigen Kreise aufzufassende Himmelskugel bezeichnet
werden sollte.

---

setzer aufzutreten (Weissenborn, Die Übersetzungen des Euklid durch Cam-
bano und Zamberti, Halle a. S. 1882; Klamroth, Über den arabischen Euklid,
Zeitschrift der deutschen morgenländischen Gesellschaft, 35. Band, S. 270 ff.;
Heiberg, Die arabische Tradition der Elemente Euklids, Zeitschr. f. Math. u.
Phys., 29. Band, Hist.-litter. Abteil., S. 1 ff.).

1) Die Schrift „De sphaera solida" kommt stets zusammen mit einer anderen desselben Autors, „Tractatus de sphaera acutissimi astrologi ac mathematici Magistri Campani Novariensis". In einem Sammelbande („Sphaerae
tractatus"), welcher auch noch verschiedene andere astronomische Abhandlungen
in sich vereinigt, sind die beiden Traktate des Campano abgedruckt (Venetiis,
in aedibus Lucae Antonii Iunte Florentini, 1531).

2) Das Werkchen des Sacro Bosco bildete noch gegen Ende des XVI. Jahrhunderts den beliebtesten Leitfaden für astronomische Universitätsvorträge
(Günther, Gesch. d. math. Unterr., S. 184 ff.). Melanchthon veranstaltete 1531
eine Ausgabe desselben, Clavius lieferte noch 1612 dazu einen gediegenen Kommentar. Von Erd- oder Himmelskugel speziell ist darin keine Rede, aber das
zweite Buch enthält diejenigen Grundlehren, welche für Verfertigung und Benützung einer solchen in betracht kommen („In secundo capitulo de circulis, ex
quibus sphaera materialis componitur, et illa supracoelestis (quae per istam imagi-
natur) componi intelligitur"). Die Sternsphäre wird, wie man sieht, als die ideelle
Nachbildung der mit wirklichen Kreisen versehenen Kugel definiert, an welcher
man die einzelnen Lehrsätze erläutert.

3) Zuerst scheint diese sonderbare, nachher aber mehrfach eingebürgerte
Benennung der deutschen Bearbeitung des „Hans Sacro Busco" durch Heynfogel
vorgesetzt worden zu sein (Sphaera materialis, geteutscht durch meyster Conradt
Heynfogel von Nuremberg, eyn anfangk oder fundament deryhenen die da lust
haben zu der kunst der Astronomey, Köln a. Rh. 1519). Das Titelwort mag sich
wohl auf die Titelvignette beziehen, eine sehr materiell aus gewissen Kreisen zusammengesetzte Himmelssphäre.

Kapitel V.
Globen aus der Anfangsepoche der grofsen Entdeckungen.

Die Entdeckungen der Portugiesen an der afrikanischen West-
küste, die Auffindung einer Anzahl atlantischer Inselgruppen, endlich
die Entdeckung des Kaps durch Bartolomeo Diaz gab dem Interesse
für geographische Studien, wie es schon vorher durch die Fahrten der
Poli und anderer Italiener entfacht worden war, einen mächtigen Anstofs. Aus dieser lebhaften Teilnahme für alles, was mit der Er-
weiterung unseres Wissens von den Ländern der Erde zusammenhing,
ging der Wunsch hervor, auf einer körperhaften Miniaturnachbildung
der Erdkugel alle neuen Meere, Erdteile und Inseln abgebildet zu
sehen.[1]) Diesem berechtigten Wunsche genügte erstmalig der mit
Recht berühmt gewordene „Erdapfel" des Nürnberger Patriziers
Martin Behaim.[2])

---

1) Eine dankenswerte Zusammenstellung aus der „Encyclopaedia Britannica"
ist auch in deutscher Sprache vorhanden (Die ältesten Erdgloben, Zeitschrift für
wissenschaftliche Geographie, 1. Band, S. 179 ff., S. 233 ff.). Vgl. ferner v. Wieser,
A. E. v. Nordenskiölds Faksimile-Atlas, Petermanns Geographische Mitteilungen, 36. Band, S. 270 ff.; Hildenbrand, Matthias Quad und dessen Europae Universalis et Particularis Descriptio, ein Beitrag zur Geschichte der
deutschen Kartographie, 2. Teil, Frankenthal 1892, S. 8 ff.; Marcel, Repro-
ductions de Cartes et Globes relatifs à la découverte de l'Amérique du XVIe
au XVIIIe siècle, Paris 1893.

2) Die älteste ausführliche Biographie Behaims ist diejenige von Doppel-
mayr (Historische Nachricht von den Nürnbergischen Mathematicis und Künstlern,
Nürnberg 1730, S. 27 ff.). Verdienstlich ist auch die daran sich anschliefsende
Spezialschrift von Th. v. Murr (Diplomatische Geschichte des portugiesischen berühmten Ritters Martin Behaims aus Originalurkunden, Nürnberg 1778), doch
leidet die ganze Arbeit unter dem Umstande, dafs der Autor von Anfang an zwei
Personen, den Seefahrer selbst und dessen gleichnamigen Vater, verwechselt.
Immerhin hat das Werkchen einen Neudruck (Gotha 1801) und zwei Übersetzungen
in das französische erlebt, was auch wohl zu begreifen ist, da Fernerstehende
den Irrthum nicht herausfanden. Später hat Ghillany dem Manne und seinem
bedeutendsten Werke zwei Monographien gewidmet (Der Erdglobus des Martin
Behaim von 1492 und der des Johann Schöner von 1520, Nürnberg 1842;
Geschichte des Seefahrers Ritter Martin Behaim, nach den ältesten vorhandenen Urkunden bearbeitet, ebenda 1853). Aus neuerer Zeit endlich sind zu nennen:
Ziegler, Martin Behaim, der geistige Entdecker Amerikas, Dresden 1859;
Ders., Regiomontanus, ein geistiger Vorläufer des Columbus, Dresden 1874
(mit eingehender Berücksichtigung Behaims); Günther, Martin Behaim, Bam-

Dieser vielgewandte Mann hatte sich dem Kaufmannsstande gewidmet, aber doch auch die Gelegenheit wahrgenommen, unter der
Leitung des zeitweilig (1471—75) in Nürnberg lebenden berühmten
Mathematikers Johannes Regiomontanus sich mit jener Wissenschaft vertraut zu machen, welche man heute als astronomische Schiff-
fahrtskunde kennt. Diesem seinem Wissen verdankte er die Berufung
in den nautischen Rat der Krone Portugal („Iunta dos matematicos")
und die Verwendung als technischer Leiter jener grofsen Expedition,
welche die Kongomündung auffand und bis an die Küste des gegenwärtigen südwestafrikanischen Schutzgebietes von Deutschland vordrang. Bei der Rückkehr mit Ehren überhäuft, lebte Behaim zunächst mehrere Jahre auf der Azoren-Insel Fayal, wohin er sich
nachmals gänzlich zurückzog, kehrte aber dann für einige Zeit wieder
in seine Vaterstadt Nürnberg zurück und fertigte dort, auf den Wunsch
der drei „obersten Hauptleute" Gabriel Nützel, Paul Volckamer
und Nikolaus Groland seinen berühmten Erdglobus an. Begonnen
im Jahre 1491, wurde er vollendet im nächstfolgenden, demselben, in
welchem Columbus die „Neue Welt" entdeckte.

Dieser Globus, dessen Herstellung wir in ihren einzelnen Stadien
genau verfolgen können [1]), hat die Aufmerksamkeit der Gelehrten in

berg 1890 (zunächst an ein allgemeines Lesepublikum sich wendend, jedoch auch
manches neue in sachlicher Beziehung beibringend). Es ist dort (S. 51) u. a.
auch dargelegt, dafs und weshalb Portugal selbst, das Adoptivvaterland Behaims,
nicht viel zur Aufhellung von dessen Lebensschicksalen und Leistungen beige-
tragen hat. Mehr oder minder ausführlich wird Behaims Stellung in der Geschichte der Erdkunde von verschiedenen Schriftstellern erörtert, so von F. v.
Wieser (Magalhaes-Strafse und Australkontinent auf den Globen des Johannes
Schöner, Innsbruck 1881, S. 48 ff.); A. E. v. Nordenskiöld (Facsimile-Atlas,
S. 72 ff.); Gallois (Les géographes allemands de la renaissance, Paris 1890,
a. v. O.); Harrisse The Discovery of North-America, Paris-London 1892, S. 391 ff.).
Aber auch dieses Geographen berühmte „Bibliotheca Americana vetustissima"
(New York 1866) kommt in betracht.

1) Es sind nämlich die Rechnungen des Nürnberger Rates, soweit sie sich
auf den Behaimschen Globus beziehen, vollinhaltlich auf uns gekommen und
von Petz (Mitteilungen des Vereins für die Geschichte Nürnbergs, 6. Heft) herausgegeben worden. Wir ersehen nur aus diesen Zahlungsanweisungen, dafs zwei
Handwerker Kalperger und Gagenhart zur manuellen Mitwirkung heran-
gezogen waren, und dafs der seinerzeit berühmte Illuminist Glockenthon die
koloristische Ausstattung des Globus besorgte. Die Technik der Ausführung
spricht sich in folgenden Posten der verbuchten Rechnung ganz klar aus. „Item
erstlich dem Glockenthon maller von der kugel gegeben zu maln: ist pey 15
wochen darüber gonen, fl. 14, sein weib fl. 1, facitt fl. 15. — dn. — Item zalt
von eim leimen patron" — Form aus Lehm — „gein Kalperger zu fürn 28 dn.,

hohem Mafse auf sich gezogen, obwohl man ihn durchweg nur aus
Abbildungen kannte.[1]) Leider sind diese, wie eine — freilich unter

darüber solt man ein grofse kugel gemacht haben; mehr umb plahen" — Lein-
wand — „zu der ersten Kugel 21 dn; mer umb wein und pir, prot und anders
ausgeben dem maler zu mittag, dieweil er am apffel malt, auch zu zeitten dem
Peham" — Behaim — „, und prot, darmit man den apfel abrieb und schon
macht zu mermaln fl. 1. lb. 1. dn. 16; mer dem Gagenhart zu schriben von einer
schrift 16 dn.; facitt allerley uncost fl. 1. lb. 3. dn. 21. Item so zalt ich dem
Glockengifser umb den furm, den Kalperger zerbrochen hatt, solt Kalperger
ein grofse kugel darüber gemacht haben, wede" — beide — „ding durch
N. Grofsen und M. Beham; dt. im fl. 2. lb. — dn. —. Item so zalt ich umb ein
weifsen parchat" — Barchent —, „der umb die kugel gemacht ist, 80 dn.; mer
umb ein liderns futter" — Überzug — „uber die kugel, dadurch sie nicht westib"
— bestaube —, „kost 3 lb. 20 dn.; mer zalt ich dem schlosser umb die zwen
eisern reif, darine die kugel umbget, 4 lb. 6 dn.; mer dem schreiner umb den
hülsen fus, darauf die kugel stett, 4 lb. 6 dn.; facitt allerley ausgeben fl. 1. bl. 6. dn. 10."
— Ein weiteres Notat in den Losungerbüchern vergewissert uns über eine Erdkarte, welche Behaim zugleich mit dem Globus für die Ratsstube geliefert hat.
Da Pigafetta und Herrera (v. Wieser, a. a. O., S. 48 ff.) von einer Behaimschen
Weltkarte zu erzählen wissen, auf welcher die Magellans-Strafse bereits vor ihrer
Entdeckung vorgezeichnet gewesen sei, so läge der Gedanke nicht fern, in dieser
eine Kopie der Nürnberger „mapa mundy" zu erblicken. Allein nach v. Wieser
steht die ganze Nachricht auf schwachen Füfsen, denn auch andere alte Karten,
die von Behaim unmöglich beeinflufst waren, bringen eine solche hypothetische
Meerenge zur Anschauung, so das in Winsor befindliche „Weltbild" von Lionardo
da Vinci. Dieses Weltbild, auf welchem die neu entdeckten Küsten durchweg
als Inseln figurieren, wird von v. Wieser (a. a. O., S. 52 ff.) als „Globuskarte" bezeichnet. Der Zweifel, ob sie ihrer artistisch ungenügenden Ausführung halber
dem Lionardo zuzuschreiben sei, ist kaum berechtigt, denn der grofse Künstler
war bei aller Genialität doch auch mitunter recht oberflächlich, wie seine teils
sehr genauen, teils wiederum ganz unbrauchbaren planimetrischen Näherungs-
konstruktionen (Cantor, Vorlesungen etc., 2. Band, S. 370 ff.) darthun. Die wahrscheinlich 1513 entstandene Karte besteht aus vier Quadranten, die vielleicht
zum Globus zusammengefügt werden sollten.

    1) Solche Abbildungen sind den meisten der von uns aufgezählten Schriften
über Behaim beigegeben; vgl. z. B. v. Nordenskiöld, a. a. O., S. 72. Lelewel,
der den Globus in seinem uns bekannten Werke (2. Band, S. 131 ff.) beschreibt,
bringt in Nr. 109 des zugehörigen Atlas eine Abbildung, welche auch von Vivien
de St. Martin (Histoire de la géographie, Paris 1875, Atlas, Tafel 9) reproduziert
worden ist. Vgl. auch Jomards „Monuments de la géographie" (Paris 1854). Die
Legenden und Zeichnungen des Globus selbst haben ihren Monographen gefunden in
Mytton Maury (On Martin Behaim's Globe, and his Influence upon Geographical
Science, Journal of the Geographical Society of New-York, 4. Band, S. 446 ff.).
Bei allem Fleifse, der bereits dem merkwürdigen Dokumente zugewendet worden
ist, hatte doch Wieser (a. a. O., S. 9) recht, wenn er eine erschöpfende Prüfung
der Frage, welches denn Behaims Quellen gewesen seien, damals noch für aus-

höchst ungünstigen äufseren Umständen vorgenommene — Neubesich-
tigung ergab[1]), durchweg ungenau, und eine durch einen geschulten
Kartographen vorzunehmende, exakte Abbildung des Behaimschen
Globus ist ein dringendes Bedürfnis für die Geschichte der Geographie.
Für uns an diesem Orte ist jedoch die erwähnte Frage nur eine sekundäre, denn die äufsere Einrichtung des „Erdapfels" ist so genau
bekannt, wie man es nur wünschen kann.

Der Globus stand ursprünglich auf einem Dreifufse von Holz,
der später durch einen solchen von Eisen ersetzt ward. Ein eiserner
Meridian rührt zweifellos noch von Behaim selbst her (vgl. die Zahl-
amtsrechnungen); dagegen entstammt der messingene Horizontalkreis
erst einer späteren Zeit.[2]) Die Achse, um welche man den Globus
drehen kann, besteht aus Eisen. Der „Apfel" hat einen Durchmesser
von 541 mm; er besteht aus Pappe, die nachher mit Gips überzogen
wurde, und darüber kam dann die bemalte Pergamenthaut mit Staub-
deckel. Ein Gradnetz ist nicht vorhanden, sondern es sind nur sechs
Kreise aufgetragen: die beiden Polarkreise, die beiden Wendekreise,
der in 360 Grade geteilte Äquator und die Ekliptik.[3]) Die südliche

---

ständig erklärte. Ein tüchtiger Schritt vorwärts ist inzwischen durch Kretschmer
gemacht worden (Die Entdeckung Amerikas in ihrer Bedeutung für die Geschichte
des Weltbildes, Berlin 1892, S. 193 ff., 207, 234, 239 ff., 244, 252, 269 ff., 279 ff.,
296, 313, 347 ff., 353). Nachdem jedoch am Globus selbst nicht wohl beobachtet
werden kann — derselbe befindet sich nicht, wie Hr. Fiorini (S. 15) glaubt, in
einem Nürnberger Museum, sondern im Privatbesitze der freiherrlich v. Behaimschen
Familie —, thut man wohl am besten, erst eine völlig einwurfsfreie Abbildung
der Globusoberfläche abzuwarten. Leicht wird eine solche nicht zu erbringen
sein, weil die Farben stark verblafst sind. Vielleicht wird eine in Paris ver-
wahrte Faksimilezeichnung, von welcher uns der durch Hrn. Marcel benach-
richtigte Prof. Fiorini Kenntnis gab, die noch ausstehende genaue Wiedergabe
teilweise ersetzen.

1) Man erfährt näheres über diese Okularinspektion von H. Wagner im
zweiten Teile von dessen Abhandlung über die Weltkarte des Paolo Toscanelli
(Nachrichten von der k. Gesellschaft der Wissenschaften zu Göttingen, 1894, S. 208 ff.).

2) Ein Rechnungseintrag vom 16. Oktober 1510 lautet: „Item 1 lb. nov. 10 hl.
fur einen grofsen messen rinck um die mappe". Letzteres soll wohl diesmal so
viel wie Globus bedeuten. Ghillany (a. a. O., S. 73) schreibt diese Neuerung
dem Pfarrer Werner zu, der ja auch für etwaige an dem seltenen Schaustück
anzubringende Verbesserungen der richtige Mann gewesen wäre (vgl. Günther,
Johann Werner von Nürnberg und seine Beziehungen zur mathematischen und
physikalischen Erdkunde, Halle a. d. S. 1878).

3) Die Projektion der scheinbaren Sonnenbahn auf die Erde ist künstlerisch
ausgeziert: in Abständen von je 30° sind blaue Scheibchen eingefügt, auf denen
die Zodiakalzeichen mit roter Farbe abgebildet wurden.

Polarkalotte musste aus einleuchtenden Gründen ein weißer Fleck
bleiben, den möglichst zu verdecken einige hübsch ausgeführte Wap-
penzeichnungen angebracht wurden.

Durch Martin Behaims Vorgang wurde die Verfertigung von
Globen in Nürnberg heimisch gemacht; die Wissenschaft und das
hoch entwickelte Kunstgewerbe waren an dem neuen Fabrikations-
zweige gleichmäßig beteiligt. Der Stadtmagistrat veranlasste sogar
den berühmten Landsmann, der ja bald nach Vollendung seines
Werkes die Rückreise nach Portugal antrat, einem geschickten Gewerks-
meister Unterricht in der Kunst, solche „Äpfel" anzufertigen, zu
erteilen.[1]

Während die Umrisse von Behaims Globus auf eine der massiven Kugel aufgespannte Pergamenthülle aufgetragen sind, erweist
sich der chronologisch nunmehr an die Reihe kommende „Globus von
Laon" als eine mit Gravuren bedeckte Metallkugel[2] (Kupfer mit Ver-
goldung). Dieselbe, 170 mm im Diameter haltend, scheint Bestandteil
eines astronomischen Uhrwerkes gewesen zu sein.[3]   Sie enthält be-

---

1) Jener obengenannte Kalperger bekam als Behaims Schüler ein besonderes Honorar. „Auch sagt er", heißt es in den städtischen Rechnungen, „her
Merten" — Martin — „zu, er solt in die kunst kosmographia lerna oder das
aufstain der kugel, so wolt er dieweil ander kugel machen". Kalperger dürfte
mithin als der Ahnherr der zünftigen deutschen Globenmacher anzusprechen sein.

2) Die ersten Nachrichten über den Laon-Globus erhielt die wissenschaft-
liche Welt durch D'Avezac (Bull. de la société de géogr. de Paris, (4) 20 Band,
S. 398 ff.). Vgl. auch Raemdonck, Les sphères céleste et terrestre de Gérard
Mercator, St. Nicolas 1874, S. 25 ff.; v. Nordenskiöld, a. a. O., S. 73). Dort-
selbst ist auch ein Abbild der Globusfläche in herzförmiger Projektion, welches
D'Avezac angab, zu sehen. Über gewisse geographische Inselbezeichnungen,
welche auf diesem Globus unsere Aufmerksamkeit erregen können, orientiert
Kretschmer (a. a. O., S. 210, 212, 254).

3) Ein gleiches gilt auch für den sofort zu besprechenden Lenox-Globus.
Einige Auskunft über die Rolle, welche ein Globus bei Uhren zu spielen hatte,
gibt uns eine neunzig Jahre jüngere Schrift des Straßburgers Mathematikers
Dasypodius (Horologii astronomici Argentorati in summo templo erecti descriptio, Straßburg 1580). Aus ihr teilt Kästner (Gesch. d. Math., 2. Band,
S. 216 ff.) einen Auszug mit. „Eine Himmelskugel, drei Fuß im Durchmesser,
100 Pfund schwer, mit sonderbarer Kunst aus einer Materie bereitet ... enthielt
die Sterne nach ihren Abweichungen, Längen und Breiten, für die damalige Zeit
aufs richtigste dargestellt, auch manches andere zur Zierde und zum Gebrauche,
den wahren Ort des Kometen 1572, Parallelkreise, Klimata, Zonen, Verzeichnungen
der Schatten, Namen der Winde u. dgl. aus der Sphärik. Sie dreht sich innerhalb 24 Stunden der ersten Bewegung, zeigt die mittleren Perioden der Sonne
und des Mondes, nach der Länge". Eine unter dem Globus ruhende Platte ver-

reits ein Gradnetz, freilich kein dichtmaschiges, und es beschränkt
sich dasselbe ausschließlich auf die Nordhalbkugel. Der Anfangsmeridian ist durch die Insel Madeira gelegt, und schon dieser Umstand läßt portugiesische Herkunft vermuten, wie denn auch die Entdeckungen der lusitanischen Seeleute etwa bis 1485 verwertet, die
seitdem gemachten aber nicht berücksichtigt sind. Dem geographischen
Charakter nach müßte diese Weltkugel also für älter als die Behaimsche erklärt werden, aber die eingeschnittene Jahreszahl 1493
bezeugt uns, daß der Verfertiger eben nicht auf der Höhe des geographischen Wissens seiner Zeit stand. L. Leroux hat den Globus
bei einem Antiquar zu Laon erstanden und ihn der Zentral-Marine-
Verwaltung zu Paris übergeben, wo er unter dem erwähnten Namen
bekannt ist.

Von einem dritten, in das XV. Säkulum zurückreichenden Globus
weiß man nur weniges durch eine kurze Notiz bei D'Avezac.[1]) Der
Abt Trithemius erwähnt in einem am 12. August 1507 geschriebenen
Briefe diesen Erdglobus, der sich im Nachlasse eines Herrn Heinrich
v. Bünau befunden habe.[2]) Aufgefunden hat das sehr merkwürdige
Exemplar nicht mehr werden können.

mittelte durch ein Zahnradwerk den Anschluß des ersteren an das Triebwerk der
Uhr; ersterer drehte sich in 24 Stunden einmal um seine Achse und gestattete so
die Verdeutlichung der astronomisch-geographischen Elementarwahrbeiten. An
und für sich ist es ziemlich gleichgiltig, ob man eine Erd- oder Himmelskugel
verwendet, nur erscheint unter der Herrschaft des ptolemäischen Systemes die
bewegte Sternsphäre natürlicher.

1) D'Avezac, Martin Hylacomylus (Walzemüller), ses ouvrages et ses
collaborateurs, Paris 1867, S. 38; Harrisse, Bibl. Amer., S. 347 ff.

2) Das Schriftstück ist enthalten in der Briefsammlung des Abtes (Ioannis
Trithemii Abbatis Spanhemensis epistolarum familiarium libri duo etc., Hagenau,
1530, S. 294). Dem Pfarrer von Dyrmstein, W. Veldicus Monapius, teilt der Briefsteller nachstehendes mit. *„Orbem terrae marisque et insularum, quem pulchre depictum
in Vuormatia scribis esse venalem, me quidem consequi posse optarem, sed quadraginta
pro eo expendere florenos nemo facile mihi persuadebit. Comparavi enim mihi ante
paucos dies pro aere modico sphaeram orbis pulchram in quantitate parva, nuper
Argentinae impressam, simul et in magna dispositione globum terrae in planum
expansum cum insulis et regionibus noviter ab Americo Vesputio Hispano (!) inventis
in mari occidentali ac versus meridiem, ad parallelum ferme decimum, cum quibusdam aliis ad eam speculationem pertinentibus ... Henricum de Bunau diu vita
defunctum, sed libros eius et globos cosmographiae, quos olim comparavit ex officina
tua, remansisse apud Saxoniae principes, quod tu existimas non audivi. Habet
enim fratrem superstitem, cui omnia moriturus consignavit“.* Daß der Name des
sächsischen Edelmannes v. Bünau, nicht aber Bunau zu lesen ist, versteht sich
von selbst. Mit Fiorini legen wir dem Schreiben Tritheims einen hohen

Auch in der Geschichte des Columbus spielt, was ja angesichts
der Bedeutung des Mannes für den endgiltigen, praktischen Sieg der
Sphärizitätslehre nicht verwundern kann, der Erdglobus eine gewisse
Rolle.   Aus dem berühmt gewordenen Schreiben des Paolo dal
Pozzo Toscanelli an einen portugiesischen Staatsmann[1]) erhellt ganz
unverkennbar, dafs dieser kluge Förderer des Entdeckungsplanes am
Globus selber die hier auftauchenden Probleme zu erörtern gewohnt
war.   Hören wir, wie Kretschmer[2]) sein Verdienst charakterisiert.
„Er hatte das Problem einer Westfahrt nicht ausschliefslich auf der
Karte, sondern am Globus studiert; denn erst auf einer Kugel wurden
die Verhältnisse zwischen Land- und Wasserverteilung so recht augen-
fällig, und die einseitige Darstellungsweise auf der üblichen schema-
tischen Kreiskarte der vergangenen Jahrhunderte hatte den Betrach-
tern, die allerdings von der Kugelgestalt der Erde durchaus überzeugt
waren, gerade diese Frage, nach der Stellung und Ausdehnung der
Festlandsmasse auf der Erdkugel, niemals nahe legen können.   Er
möchte daher seinen fachmännisch wenig geschulten Lesern (Martinez,
beziehungsweise König Alfons) den Gegenstand an einem den Ver-
hältnissen auf der Erde durchaus richtig entsprechenden Weltbilde,
nämlich einem Globus (forma sperica) erläutern; aber der leichteren
Herstellungsweise halber (pro faciliori opera) greift er dennoch zur
Schifferkarte (carta navigationis) …“   Auch Christoph Columbus
selbst soll Globen zu Demonstrationszwecken angefertigt haben[3]), und

---

kultur- und wissenschaftsgeschichtlichen Wert bei, weil es beweist, dafs früh
im XVI. Jahrhundert neben gedruckten Karten auch schon Erdgloben zu nie-
drigem Preise für den Verkauf hergestellt worden.

1) Der Brief ist von verschiedenen Historikern der Erdkunde, so von A. v. Humboldt, D'Avezac, Peschel, Harrisse u. a., zum Objekte eingehender Untersuchungen gemacht worden; auch Ruge beschäftigt sich natürlich mit dem
denkwürdigen Schriftstücke, von welchem er uns auch eine deutsche Übersetzung
liefert (Geschichte des Zeitalters der Entdeckungen, Berlin 1881, S. 228).

2) Kretschmer, a. a. O., S. 231.

3) Von dem angeblichen Globus des Entdeckers spricht Las Casas (Historia
de las Indias escrita por Fray Bartolomé de las Casas Obispo de Chiapa ahora
per primera vez dada a luz por el Marqués De la Fuensanta Del Valle y Don
José Sancho Rayon, 1. Teil, Madrid 1875, S. 92) mit folgenden Worten: „Acordó
de escribir al dicho Marco Paulo fisico, y enviole una esfera, tomando por medio
á un Lorenzo Birardo, ansimismo florentino, que a la sazon ó vivia ó residia
en Lisboa, descubriendo al dicho Maestre Paulo la intincion que tenia y deseaba
poder cumplir". Es ist nicht wohl möglich, sich von den Angaben dieses Satzes
ein völlig klares Bild zu verschaffen, schon auch aus dem Grunde, weil wir
über das Jahr, in welchem der Briefwechsel stattfand, nicht vollkommen

ein gleiches wird von seinem Bruder Bartholomäus behauptet.[1]) Nicht minder von den beiden Cabot.[2])

Daſs bereits in der kirchlichen Schule des frühen Mittelalters der Globus die Geltung eines notwendigen Lehrmittels besaſs, haben wir oben (S. 19) gesehen. Doch darf wohl angenommen werden, daſs die Seltenheit eines solchen Apparates der Verwendung abträglich war. Erst die gröſsere, soeben besprochene Häufigkeit der Globen brach auch einer ausgedehnteren Nutzbarmachung derselben die Bahn. Wir kennen den Namen des Mannes, welchem diese wahrlich nicht gleichgiltige didaktische Neuerung zu danken ist: es war der Humanist Celtes, der seit 1501 an dem von Kaiser Maximilian I. in Wien

---

zutreffend unterrichtet sind. Hier liegt so viel Unklarheit vor, daſs wir den Erdglobus Colons für apokryph zu erklären uns veranlaſst sehen. Denn auch die Thatsache, daſs die sogenannten „Historie" des Ferdinand Columbus (Venetianer Ausgabe von 1572, fol. 15) mit der Angabe des Las Casas übereinstimmen, besagt nicht allzu viel, weil genanntes Werk in begründetem Verdachte der Unechtheit steht. Harrisse (Ferdinand Colomb, sa vie, ses oeuvres, essai critique, Paris 1872) hat gewichtige Gründe in diesem Sinne geltend gemacht, doch soll auch nicht verschwiegen werden, daſs ein sehr unterrichteter Fachmann, Gelcich, gegen Harrisse aufgetreten ist (Columbus-Studien, Zeitschr. d. Gesellsch. f. Erdkunde zu Berlin, 22. Band, S. 345 ff., 437 ff.). Vgl. übrigens auch Kretschmer (a. a. O., S. 228 ff.) und Peragallo, L'autenticità delle Historie di Fernando Colombo, Genua 1884.

1) Las Casas spricht von Bartholomaeus sehr anerkennend (a. a. O., 1. Band, S. 224 ff.). „Este era hombre muy prudente y muy esforzado ... latino y muy entendido en todas las cosas de la mar, y cree que ne mucho ménos docto en cosmografía y lo à ella toccante, y en hacer ò pintar cartas de naregar, y esferas y otros instrumentos de aquella arte ..." Als Kartenzeichner, nicht aber auch zugleich als Globenverfertiger rühmt jenen auch Gallo (Antonii Galli Genuensis opuscula historica de rebus gestis Pauli Genuensis et de navigatione Columbi in Muratori, Rerum Italianarum Scriptores, 23. Band, Sp. 301).

2) Von Giovanni Caboto, der wo nicht Genuese so doch jedenfalls Ligurer war, handelt ausführlich De Simoni (Intorno a Giovanni Caboto Genovese, Atti della Società Ligure di storia patria, 15. Band, S. 179 ff.); beide Cabot bilden den Gegenstand der Veröffentlichungen von Harrisse (Jean et Sébastien Cabot, Paris 1862) und Tarducci (Di Giovanni e Sebastiano Caboto, Venedig 1892). In einem an den Herzog von Mailand gerichteten Schreiben des Da Soncino vom Dezember 1497 kommt (Tarducci, S. 351) ein auf den ersterwähnten Cabot bezüglicher Passus vor (Zoanne im venetianischen Dialekt gleich Giovanni): „Esso messer Zoanne ha la descriptione del mondo in una carta, et anche in una sphera solida che lui ha fatto, et demostra dove è capitato, et andando verso el levante ha passato assai el paese del Tanais". Der Globus sollte mithin Cabots Reisen veranschaulichen.

begründeten Kollegium unterrichtete.[1]) Aschbachs Mitteilungen[2]) lassen uns einen Einblick in den Betrieb seiner Vorlesungen thun. Er legte in der mathematischen Geographie einen guten Text des Ptolemaeus in der Ursprache vor, übertrug ihn ins lateinische, interpretierte ihn deutsch und erläuterte die einzelnen Sätze an der künstlichen Erd- und Himmelskugel. Da aus früherer Zeit solches nicht gemeldet wird, so dürfen wir annehmen, dafs Celtes wirklich der erste war, der in solcher Weise vorging und dem Globus als einem Rüstzeuge des geographisch-astronomischen Unterrichtes zur Anerkennung verhalf.

Aus dem XV. Jahrhundert ist, wie hier anhangsweise bemerkt sein möge, auch noch ein merkwürdiger Himmelsglobus in unsere Zeit herübergerettet worden.[3]) Der damalige Pfarrherr zu Justingen, nachmalige Professor der Mathematik an der Universität Tübingen Johannes Stöffler, hat diesen Globus wahrscheinlich im Jahre 1499 für den gelehrten Wormser Bischof v. Dalberg[4]) ausgeführt[5]); er galt als ein Kunstwerk ersten Ranges und führte manchen Besucher nach dem abgelegenen schwäbischen Dörfchen, so z. B. den Mathematiker Scriptoris und den Orientalisten Pellicanus, später sogar den kunstsinnigen Kaiser Maximilian. Jedenfalls trug auch der Ruf, in den Stöffler dadurch gelangte, das seinige dazu bei, dafs er 1510 auf die neu geschaffene Lehrkanzel der Mathematik an der württembergischen Landesuniversität berufen wurde.[6])

---

1) Vgl. Günther, Gesch. d. math. Unterrichtes, S. 250 ff.

2) Aschbach, Die Wiener Universität und ihre Humanisten im Zeitalters Kaiser Maximilians I., Wien 1877, S. 62.

3) Derselbe befindet gegenwärtig im Besitze des badischen Lyceums zu Konstanz (Wolf, Gesch. d. Astr., S. 196).

4) Siehe über ihn Erhard, Geschichte des Wiederaufblühens wissenschaftlicher Bildung, vornehmlich in Teutschland, bis zum Anfange der Reformation, 1. Band, Magdeburg 1827, S. 469.

5) Über Stöffler und seinen Globus unterrichtet man sich am besten aus der Monographie von Moll (Johannes Stöffler von Justingen, ein Charakterbild aus dem ersten Halbjahrhundert der Universität Tübingen, Lindau 1877.)

6) Wie man im allgemeinen bei Verfertigung einer künstlichen Himmelskugel zu werke zu gehen habe, hat schon Regiomontanus (Epytoma In almagestum ptholemaei, Venedig 1496; „Sphaera solida quo pacto fabricanda sit") erläutert. Man soll auf der Oberfläche der aus dauerhaftem Stoffe bestehenden Kugel zwei diametrale Gegenpunkte als Pole der Ekliptik fixieren, hierauf diesen Kreis selbst verzeichnen und teilen. Ist dies geschehen, so lege man eine elastische Metallamelle, die um den einen der beiden Pole drehbar ist, an und bediene sich derselben zum Auftragen der astronomischen Breiten.

Kapitel VI.

Gravierte oder mit der Hand gezeichnete Globen aus den ersten Jahrzehnten des XVI. Jahrhunderts.

Die Cabotschen Globen hat man sich mutmafslich vorzustellen als aus Holz gedrechselte Kugeln; ja vielleicht waren sie aus einem noch leichteren Stoffe gebildet, innen hohl und aufsen mit einem Harzfirnis überkleidet, dem man dann Papierstreifen aufklebte. Auf diesen liefs sich mit Leichtigkeit malen und zeichnen. Solche Erdkugeln machten sich im Zeitalter der Entdeckungsreisen die Seefahrer zurecht, um sich ihrer auf ihren Fahrten zu bedienen, sei es dafs sie die neu aufgefundenen Länder oder diejenigen, zu deren Entdeckung sie auszogen, darauf verzeichneten.

In diese Kategorie dürfte der Globus gehören, welchen — wenn anders das betreffende Schreiben echt ist — Amerigo Vespucci an den Herrscher von Florenz zu senden beabsichtigte.[1]) Des ferneren ist zu denken an die Globen der Entdecker Magalhães, Del Cano, Verazzano und Parmentier. Bei ihnen allen wog ein solches unmittelbar praktisches Interesse vor.

Auf den erstgenannten Globus, den des ersten Weltumseglers und Entdeckers der nach ihm benannten Meerestrafse, bezieht sich eine Angabe des Las Casas. Der portugiesische Seemann knüpfte, ent-

---

1) Vita e lettere di Amerigo Vespucci raccolte e illustrate da Angelo Maria Bandini, Florenz 1754, S. 85. Der Brief an den Mediäer soll zu Lissabon im Juli 1500 geschrieben worden sein, und zwar ist sein Wortlaut dieser. *„Ho accordato, Magnifico Lorenzo, che cosi come vi ho dato conto per lettera d'ello che m'è occorso, mandarvi due figure della descrizione del mondo fatte e ordinate di mia propria mano e savere. E sarà una carta in figura piana e un Apamundo in corpo sperico, il quale intendo di mandarvi per la via di mare per un Francesco Lotti nostro Fiorentino, che si truova qua. Credo che vi contenteranno e massime il corpo sperico, che poco tempo fa che ne feci uno per l'Altezza di questi Re, e lo stiman molto"*. Es ist wesentlich Varnhagen (Nouvelles recherches sur les derniers voyages du navigateur florentin et le reste des documents et éclaircissements sur lui, Wien 1869), der Bedenken gegen die Authentizität von Teilen der Korrespondenz Vespuccis geäußert hat, weil letzterer nämlich das einemal Asiens Ostrand, das anderemal einen neuen Weltteil erreicht zu haben erklärt (s. auch Kretschmer, a. a. O., S. 314). Eine solche Inkonsequenz würde jedoch, wenn man sich die näheren Umstände vergegenwärtigt, kaum als etwas sehr auffälliges gelten können.

rüstet über die ihm bereiteten Enttäuschungen, mit dem Nachbarkönigreiche Beziehungen an, und zwar war es der einflufsreiche Bischof von Burgos, welcher den Fremdling bei dem Grofskanzler, und durch diesen bei dem spanischen Könige, einführte. Der hiebei vorgezeigte Globus wirkte offenbar günstig für seine Zwecke.[1])

Nachdem Magalhães im Kampfe mit den Bewohnern der Philippinen einen traurigen Tod gefunden hatte, folgte ihm im Kommando der spanischen Flottille jener Del Cano, der mit dem einzig übrig gebliebenen Expeditionsschiffe, der „Viktoria", am 6. September 1522 den Hafen von San Lucar erreichte. Nach dem Tode des Kapitäns Loaisa übernahm er die Führung ebendieses Schiffes, an dessen Bord er im Juni 1526 das zeitliche segnete; sein Testament thut einer — blos in seinem Besitze befindlichen oder von ihm selber konstruierten? — „esfera del mundo" Erwähnung.[2])

Um dieselbe Zeit erfreuten sich die Gebrüder Giovanni und Girolamo da Verrazzano eines geachteten Namens als Zeichner von Seekarten; letzterer war zwar der bedeutendere Kartograph, aber Giovanni erwarb sich höheren Ruhm, weil er im Dienste des französischen Königs Franz I. an der Erforschung von Nordamerika teilnehmen durfte.[3]) Dafs dieser Verrazzano für die Königin von England (?) einen Globus geliefert habe, wird von dem alten Hakluyt berichtet.[4])

1) Las Casas, a. a. O., 4. Band, S. 377. „*Traia el Magallanes un globo bien pintado, en que toda la tierra estaba, y alli señaló el camino que habia de llevar, salvo que el estrecho dejó, de industria, en blanco, porque alguno no se lo salteasse; y yo me hallé a quel dia y hora en la cámara del Gran Chanciller, cuando lo trajo el Obispo y mostró al Gran Chanciller el viaje que habia del llevar . . .*"

2) Harrisse, Discovery of North-America, S. 644.

3) Über Giovanni verbreiten sich zwei Aufsätze von De Simoni (Archivio storico italiano, 26. Band; Atti della Società Ligure di storia patria, 16. Band). Vgl. auch u.

4) Harrisse, a. a. O., S. 641 ff. Dafür, dafs Verrazzano mit Globen umzugehen verstanden haben mufs, läfst sich auch ein indirekter Beweis erbringen. Einem Briefe von ihm an den König ist nämlich ein selbständiger kosmographischer Abrifs beigefügt (Kretschmer, a. a. O., S. 346 ff.), der ersehen läfst, wie gründlich sich der Briefsteller mit der sphärischen Gestalt der Erde vertraut gemacht haben mufs. Verrazzano war sich bewufst, dafs Amerika ein völlig neues, den alten Geographen unbekannt gewesenes Land sein müfse, „eine andere Welt gegenüber der bisher bekannten", nach seiner Ansicht gröfser als Europa oder Afrika, ja sogar vielleicht als Asien (Kretschmer, a. a. O., S. 422). Wer so urteilte, mufste notwendig an einem wirklichen Modelle die Vergleichung unternommen haben, denn die Karte reichte nicht aus, um sich eine zutreffende Vorstellung von den wahren Gröfsenverhältnissen zu machen. Sehr merkwürdig ist

Parmentier endlich, ein Abkömmling der altberühmten Schiffer-
stadt Dieppe, hatte als Verfertiger von Seekarten einen guten Ruf.
Ob man aus der hierher gehörigen geschichtlichen Notiz[1]) wirklich
schliefsen darf, er habe sich auch mit der Konstruktion von Globen
abgegeben, das möchten wir dahingestellt sein lassen, denn das Schlag-
wort läfst recht wohl auch eine Deutung in dem Sinne zu, dafs seine
Karten teils reine Plattkarten, teils aber irgend einer globularen, der
wahren Erdgestalt Rechnung tragenden Projektion angepafst waren.

Die gewaltigen Seereisen eines Columbus, Vasco da Gama,
Vespucci und anderer Entdecker mufsten den Geschmack an Globus-
darstellungen ebenso bei Fürsten und Staatsmännern, wie bei allen
Liebhabern der Geographie wachrufen, weil man nur durch sie die
wahre Lage eines Ortes auf der Erde oder die wirklichen Entfernungen
zweier Erdorte sich versinnlichen konnte. Die Kosmographen beeilten
sich, diesen berechtigten Wünschen nach Kräften entgegenzukommen.
Sie beschränkten sich nicht mehr auf solche Globen, welche, wie der
Behaimsche und jener von Laon, im wesentlichen als Kunstwerke
individualistischen Gepräges anzusehen waren, sondern sie suchten von
der noch jungen Erfindung des Buchdruckes für ihre Zwecke Gebrauch
zu machen; die Umrisse der Kontinente, die Ortsnamen, Flüsse, resp.
Sternbilder und Sternnamen wurden auf Papierstreifen gedruckt, und
mit diesen wurde die vorher hergestellte massive Kugel überzogen.
So konnten leicht Globen in gröfserer Zahl entstehen, die noch dazu
den Vorteil hatten, unter einander sämtlich ganz gleich zu sein.
Die Übertragung auf das Papier geschah von einer durch Holzschnitt
oder Kupferstich erzeugten Platte aus. Das XVI. Jahrhundert sah bald
Vorschriften für die in Rede stehenden Manipulationen erwachsen, aber
freilich blieb daneben auch noch die bisher übliche Verfertigungsweise
noch längere Zeit in kraft, und gar manches Schaustück der Reforma-
tionsepoche weist noch auf jene hin.

---

allerdings, dafs sich der italienische Kosmograph die Alte mit der Neuen Welt
durch eine über die Polargegend weg gehende Landbrücke verbunden dachte,
wie eine solche auch Jakob Ziegler von Landau (v. Nordenskiölds Atlas,
S. 57) als existierend erachtete.

1) Harrisse, a. a. O., S. 568; Schefer, Le discours de la navigation de
Jean et Raoul Parmentier, Paris 1884, S. IX. „Parmentier", so meldet die
zeitgenössische Quelle, „estoit bon cosmographe et géographe, et par lui ont esté
composez plusieurs mappes monde en globe et en plat et plusieurs cartes marines,
sur les quelles plusieurs ont navigué surement". Wir erinnern uns allerdings, dafs
(S. 26) sogar Behaims Erdapfel sich gelegentlich die Bezeichnung als „mappa
mundi" gefallen lassen mufste.

Dazu rechnen wir in erster Linie den „Lenox-Globus", welchen R. Hunt im Jahre 1855 zu Paris ausfindig machte und seinem späteren Besitzer, James Lenox, zum Geschenke machte.[1]) Nunmehr gehört er zu den Kimelien der von dem genannten Bibliophilen gegründeten Bibliothek in New-York.[2]) Der (s. o. S. 27) achsial durchbohrte, kupferne Globus hat 12,7 cm im Durchmesser und ist graviert; als Ursprungsjahr ist nach Stevens, der die Bedeutung dieser Erdkugel zuerst erkannte, das Jahr 1506 oder 1507 anzunehmen, während De Costa eine etwas spätere Zeit (1508 bis 1511) als wahrscheinlich erachtete. Dafs der Graveur, resp. der ihn beeinflussende Geograph in Frankreich lebte, geht aus manchen Anzeichen hervor. Jedenfalls haben wir hier den ersten postcolumbischen Erdglobus vor uns, und schon unter diesem Gesichtspunkte verdient er vollste Beachtung. Amerika führt den Namen „Novus Mundus"; verzeichnet sind „Cortereals Land", Cuba („Isabela") und Haiti („Spagnola"), während Südamerika mit „Zipanyri" — eigentlich Zipangu, das bekannte fabelhafte Goldland — identifiziert wird.[3]) Auch die Magalhaës-Strafse dankt, wie v. Nordenskiöld sagt (a. a. O.), ihre Darstellung nicht einer genauen, geographischen Nachricht, sondern offenbar nur jener vagen Hypothese, welche wir als bis zu Behaim hinauf reichend bereits kennen gelernt haben. Zur rein äufserlichen Beschreibung mag noch dienen, dafs die zwei hohlen Halbkugeln, aus denen die Erdkugel besteht, längs des Gleichers sich zusammenfügen lassen. Ein Gradnetz, wie es doch schon der Laon-Globus aufwies, ist bei diesem freilich auch sehr kleinen Exemplare nicht vorhanden.

Als ein Typus der aus freier Hand entworfenen Globusflächen darf eines der beiden Exemplare gelten, welche, zuerst im Besitze des Feldzeugmeisters v. Hauslab in Wien befindlich, nachmals in den des

---

1) Die erste Kenntnis dieser interessanten geographischen Reliquie verdankt man H. Stevens (Historical and Geographical Notes, New Haven 1869). Es folgten von Faksimilierung begleitete Aufsätze darüber von Gravier (Bulletin de la société normande de géographie, 1870) und von De Costa (Magazine of American History, 1879); Abbildungen gab auch Winsor (Narrative and Critical History of America, 2. Band, London 1889, S. 123, 170). Vgl. auch im Nordenskiöldschen Atlas, S. 76.

2) Über diese auch mit einer Gemälde- und Skulpturen-Galerie verbundene, 60 000 Bände zählende Büchersammlung, die für den Amerikanisten wertvolle Schätze in sich birgt, berichtet das Reisehandbuch von Baedeker (Nordamerika, die Vereinigten Staaten nebst einem Ausfluge nach Mexiko, Leipzig 1893, S. 34). Lenox, der Erbauer des gewaltigen Gebäudes, ist 1880 im Alter von 80 Jahren gestorben.

3) Kretschmer, a. a. O., S. 362, S. 385.

3 *

Fürsten Liechtenstein dortselbst übergingen und sorgfältiger Beschreibung durch Varnhagen[1]), durch F. v. Wieser[2]) und zuletzt durch Luksch[3]) teilhaftig wurden. Varnhagen schreibt den kleineren dieser beiden Globen, der bedruckt ist und also nur bedingt in diesen Abschnitt gehört, dem Hylacomylus zu, der ihn im Jahre 1509 konstruiert habe, während der gröfsere, eine handschriftliche Arbeit, dem Jahre 1513 entstammen soll. v. Wieser ist mit diesen Bestimmungen nicht völlig einverstanden, ohne jedoch zunächst etwas sichereres an ihre Stelle setzen zu können. Luksch erblickt in dem gröfseren Globus ein deutsches Werk und hält ihn für älter als die Schönerschen Globen, mit denen jener manche Ähnlichkeit verrate; ja Gallois glaubt sogar diese Übereinstimmung als Zeichen gemeinschaftlicher Autorschaft betrachten zu sollen, während Harrisse[4]), ähnlich wie Luksch, sich bescheidet, die Entstehung des Globus in eine Zeit ganz kurz vor 1515 zu verlegen. Auch v. Nordenskiöld[5]) hält es gar nicht für unmöglich, dafs die Zeichnung auf Schöner selbst hinweise, und bei dieser allgemeinen Möglichkeit werden wir uns beruhigen müssen. Der Text des Globus hat bereits den Namen „Amerika“, und zwischen diesem Erdteile und dem hypothetischen Südlande bemerkt man die von den geographischen Doktrinen des Zeitalters geforderte Durchfahrt.

Derselben Periode darf auch der mit der Hand beschriebene Globus der Quirini-Sammlung von Venedig zugerechnet werden, welcher

---

1) Varnhagen, J. Schoner e P. Apian-Bennewitz: Influencia de um e outro e de varios de seus contemporaneos na adopçao do nome America: primeiros globos e primeiros mappas-mundi com esto nome: globo de Walzeemuller, e plaquette acerca do de Schoner, Wien 1872, S. 47 ff. Der brasilianische Historiker hatte das Verdienst, ermittelt zu haben, dafs nicht erst, wie man vorher allgemein geglaubt hatte, die beiden Karten Apians von 1520 und 1522 den neuen Namen „Amerika“ kartographisch zur Geltung gebracht hatten, sondern dafs es noch ältere Erdbilder mit diesem Erzeugnis Waldseemüllerscher Laune giebt (S.48).

2) F. v. Wieser, Magalhaes-Strafse und Australkontinent auf den Globen des Johannes Schöner, Innsbruck 1881.

3) Luksch, Zwei Denkmale alter Kartographie, Mitteil. d. k. k. Geograph. Gesellsch. zu Wien, 1886, S. 864 ff. Die Holzkugel, von einer metallenen Achse durchbohrt, ist mit einer Paste überzogen, auf welche die Malerei aufgetragen wurde. Der Äquator hat eine vollständige Gradeinteilung, und jedem 10. Grade ist die zugehörige Zahl beigeschrieben. Sonst sind noch die Wende- und Polarkreise und zwei aufeinander senkrechte Meridiane vorhanden, von denen der eine, als Nullmeridian, durch die Insel Portosanto geht. Das hypothetische Australland wird auf dem Hauslabschen Globus vermifst.

4) Gallois, a. a. O., S. 80; Harrisse, The Discovery etc. S. 491.

5) v. Nordenskiöld, a. a. O., S. 76.

sich in der Nationalbibliothek zu Paris befindet und von Marcel[1]) beschrieben ward. Eine Holzkugel, mit einem Mastix-Firnis bedeckt, 24 cm im Durchmesser haltend, entbehrt jedweder genaueren Angabe. Nach Marcel ist Schönerscher Einfluß auch auf die Umrisse und Legenden dieser Darstellung der sphärischen Erde unverkennbar, und auch diesmal könnte der Nürnberger Astronom recht gut selber der Urheber sein, was jedoch Harrisse nicht zugiebt.[2]) Bei der Auftragung der Schrift scheint die irrige Meinung obgewaltet zu haben, dass Columbus nur die westindische Inselwelt, Vespucci dagegen das Festland entdeckt habe.[3])

Wenn wir bisher den Franken Schöner, der zuerst als Geistlicher in Bamberg und sodann, durch Melanchthon an Nürnbergs neue Gelehrtenschule berufen, in dieser Stadt eine lebhafte wissenschaftliche Thätigkeit entfaltete[4]), blofs im Verdachte haben durften, Erdgloben der Öffentlichkeit übergeben zu haben, so müssen wir nunmehr zu den ihm mit Bestimmtheit zuzuerkennenden Leistungen dieser Art übergehen. Die Schrift v. Wiesers bildet dabei, wie sich von selbst versteht, unseren Führer. Das älteste Werk gehört dem Jahre 1515 an[5]), bezeichnet die Neue Welt mit ihrem seither üblich gebliebenen Namen und entbehrt auch nicht einer Art prähistorischer Magalhaes-

---

1) **Marcel**, Un globe manuscrit de l'école de Schöner, Paris 1890 (separat aus dem Bulletin de géographie historique et descriptive).

2) **Gallois**, a. a. O., S. 82; **Harrisse**, a. a. O.

3) Amerika ist an vier Stellen eingeschrieben, und einmal steht daneben: *„America ab inventore nuncupata"*. Neben den Antillen dagegen liest man: *„Iste insule per Columbum genuensem almirantem ex mandato regis Castelle invente sunt."*

4) Vgl. **Günther**, Gesch. d. mathem. Unterr., S. 138 ff.

5) **v. Wieser**, a. a. O., S. 19 ff. In einem 1515 zu Nürnberg erschienenen Werkchen („Luculentissima terrae totius descriptio, cum multis utilissimis cosmographiae iniciis . . .") bezieht sich Schöner mehrfach auf einen von ihm zu erstellenden „Globus sphaericus"; Kapitel 3 und 5 wären gar nicht zu verstehen, wenn man nicht annehmen müfste, der Käufer des Buches hätte auch die künstliche Erdkugel mit erwerben können. Auch sagt Ruchamer in einem Briefe an Pirckheymer, Schöner habe soeben seinen Leitfaden der mathematischen Geographie vollendet, *„una cum solidis orbicularibus sphaeris corraquisitis"*. Dieser Globus nun galt für verschollen, bis der Innsbrucker Geograph sein Vorhandensein, und zwar in zwei Exemplaren, nachwies; eines gehört der Stadtbibliothek zu Frankfurt a. M., das andere der Militärbibliothek zu Weimar. A. v. Humboldt hatte schon (Vorrede zu Ghillanys „Behaim" S. 11) den Frankfurter Globus mit Schöner in Verbindung gebracht, aber doch eben nur vermutungsweise; die Beweisführung v. Wiesers, der auch die absolute Einerleiheit der Globustexte von Frankfurt und Weimar feststellte, ist zwar nur eine indirekte, mufs aber doch als eine zwingende anerkannt werden.

Strasse, deren Genese man jetzt ziemlich klar zu überschauen in den Stand gesetzt ist.

Der in der Nürnberger Stadtbibliothek aufbewahrte Globus Schöners aus dem Jahre 1520 ist schon seit geraumer Zeit bekannt, und es liegt über denselben bereits eine kleine Litteratur vor.[1]) Der grofse Durchmesser der Kugel (866 mm) hat es bewirkt, dafs Abbildungen der ganzen Globusfläche das Detail nur unvollkommen wiedergeben können.[2]) Für die Geschichte der Erdkunde erscheint der Umstand besonders bemerkenswert, dafs die Neue Welt hier in fünf für sich bestehende Länderräume („Terra Cortereali8"; „Terra de Cuba"; Antillen-Gruppe; eigentlicher Kontinent äquivalent mit „Terra nova, America vel Brasilia sive Papagalli Terra"; endlich „Brasilia inferior") zerteilt auftritt. Die Quellenbezüge Schöners haben durch v. Wieser[3]) eine gründliche Beleuchtung erfahren.

Um den sachlichen Zusammenhang zu wahren, bringen wir gleich noch die nötigen Nachweisungen über Schöners spätere Globen bei, ohne den sonst für uns mafsgebenden, hier aber die Erfassung des Zusammenhanges behindernden Unterschied zwischen gezeichneten und gedruckten Globen strenge aufrecht zu erhalten. Ein solcher datiert aus dem Jahre 1523, wie dies, in Berichtigung einer Mutmafsung Varnhagens[4]), v. Wieser ermittelt hat.[5]) Leider schien die Hoffnung, denselben noch ausfindig zu machen, aufgegeben werden zu müssen, was nur Bedauern erregen konnte, wenn man hörte, wie sich der berufenste Kenner der Frage über die Stellung des Globus zur Entdeckungsgeschichte ausspricht. „Es kann wohl keinem Zweifel unterliegen, dafs auf diesem neuen Globus die Entdeckungen des F. Cortez

1) Zuerst beschäftigte sich mit ihm v. Murr in der zweiten Auflage seiner uns bekannten Behaim-Biographie (S. 74). Eine Kopie der Globusfläche nahm Ghillany in sein analoges Werk auf; eine zweite Kopie findet sich bei v. Santarem (Atlas composé de mappemondes et de cartes hydrographiques et historiques depuis le XIe jusqu' au XVIIe siècle, Paris 1842 ff., Nr. 75). Die Westhemisphäre reproduzierten Lelewel (Géographie du moyen âge, Breslau 1851, Atlas, Tafel 46), Kohl (Geschichte der Entdeckungsreisen und Schiffahrten zur Magelhaesstrafse und zu den ihr benachbarten Ländern und Meeren, Berlin 1877), v. Wieser (Tafel 1 des mehrgenannten Buches), während v. Nordenskiöld (a. a. O., S. 75) je die Nord- und Südhalbkugel, jedoch in Segmente zerlegt, zur Anschauung bringt.

2) Die Hauptpunkte, auf die es ankommt, sind am besten in der Wieserschen Abbildung zu erkennen; betreffs geographischer Merkwürdigkeiten wäre zu verweisen auf Kretschmer (a. a. O., S. 282, 309 ff., 354 ff., 366, 394).

3) v. Wieser, a. a. O., S. 9 ff.

4) Varnhagen, Jo. Schöner e P. Apianus, S. 53.

5) v. Wieser, a. a. O., S. 74.

und die Ergebnisse der Magalhaēsschen Expedition bereits verzeichnet waren. Schöner stellt denselben offenbar seiner (zweimal angeführten) früheren Globus-Redaktion gegenüber, auf der diese neuesten
Errungenschaften noch nicht berücksichtigt waren." Dies erhellte aus
einer Schönerschen Flugschrift des Jahres 1523, welche darüber vergewissert, dafs der Bamberger Kaplan den erwähnten Erdglobus für
den Kanonikus R. v. Streitberg ausgearbeitet hatte.[1]) Glücklicher-
weise hat sich v. Wiesers Divination vollkommen bestätigt, denn
zwar nicht der Globus selber, wohl aber die dazu gehörige Zeichnung
ist wieder aufgefunden worden. Wir finden besser im übernächsten
Kapitel die Gelegenheit, von dieser Zeichnung zu sprechen, weil dieselbe bereits auf die charakteristischen Globusstreifen verteilt ist.

Ist dies immer noch ein Verlust, so entschädigt uns dafür einigermafsen der vierte Globus des eifrigen Kosmographen, der auf uns un-
bekanntem Wege in dieselbe Weimarer Bibliothek gekommen ist, in der
wir bereits seinen älteren Bruder angetroffen haben.[2]) Er war dem Kurfürsten von Sachsen zugeeignet gewesen, der zuvor auch einen Himmelsglobus von Schöner bezogen hatte[3]), und wurde — eine vollkommene
Wiederholung des uns von vorhin bekannten Falles — von einem die Erläuterung darbietenden Schriftchen begleitet.[4]) Das Metallwerk des Glo-

1) Diese Flugschrift ist nach v. Wieser eine „bibliographische Seltenheit
ersten Ranges", und es war deshalb ein Verdienst Varnhagens, dafs er einen
genauen Abdruck von ihr veranstaltete (Réimpression fidèle d'une lettre de Jean
Schöner, à propos de son globe, écrite en 1523, St. Petersburg 1872). Harrisso
(Additions, S. 168) scheint eine zweite, aber sehr nachlässige Ausgabe des Schriftchens vorgelegen zu haben. Das Original ist auch wieder bei v. Wieser (S. 118 ff.)
textuell wiedergegeben, und zwar mit Recht, denn es hat seinerzeit sehr günstig
für die Verbreitung geographischen Wissens gewirkt. „Ursprünglich nur als
Dedikations- und Begleitschreiben für den Globus von 1523 abgefafst, scheint die
kleine Abhandlung als übersichtliche Skizzierung der wichtigsten Entdeckungs-
Expeditionen auch in weiteren Kreisen Eingang und Anklang gefunden zu haben." —
Der Ort, von welchem aus der Verfasser des Schriftchens seine Widmung datierte,
heifst „Timiripa"; es versteht sich von selber, dafs das nicht, wie Varnhagen meinte,
Erfurt bedeuten kann, wo Schöner sich niemals dauernd aufhielt, sondern mit
v. Wieser hat man darin eine Bamberger Lokalbezeichnung zu sehen, wie jener auch
ein andermal den Jakobsberg als Stätte seines Wirkens bezeichnet. Es erkannte
nämlich v. Wieser, dafs Timiripa (τιμή und ripa) die Übersetzung des Ortsnamens
(Kirch-)Ehrenbach sein soll. In diesem Dörfchen der „fränkischen Schweiz" war Schöner
verbannt worden, weil seine Oberen fanden, dafs er den Chor sehr nachlässig besuche.

2) v. Wieser, a. a. O., S. 77.

3) Auch der Sternglobus war von einer erläuternden Schrift begleitet (Globi
stelliferi, seu sphaerae stellarum fixarum usus et explicationes, Nürnberg 1533).

4) Ioannis Schoneri Carolostadii Opusculum Geographicum ex diverso-

bus besteht aus Messing und weist die Jahrzahl 1534 auf, die jedoch
nicht dem Ursprungsjahre entspricht, sondern auf eine erst später erfolgte Hinzufügung der Armatur[1]) hinweist, denn daß die Erdkugel
selber 1533 fertig wurde, ist anderweitig sicher gestellt. Die Einzeichnung der geographischen Linien u. s. w. ist nicht mit der Hand erfolgt; es liegt vielmehr Druck vor.[2]) Den Historiker dürfte am meisten
die Ähnlichkeit zwischen Schöners Erddarstellung von 1533 und der
1531 entstandenen Weltkarte des Pariser Mathematikers Orontius Finaeus[3]) interessieren, wobei v. Wiesers Ausführungen zufolge übrigens
eine wohl selten zu beobachtende Reziprozität hervortritt. Der Franzose machte nämlich anscheinend bei dem Schöner des Jahres 1523
Anleihen, und dieser wiederum machte sich seines Fachgenossen später
veröffentlichte Karte zu nutze. Die Länderkunde als solche hatte in
Schöners späteren Arbeiten insofern einen Fortschritt nicht zu verzeichnen, als derselbe, einer mißverständlichen Mittheilung des Maximilianus Transsylvanus[4]) Folge gebend, den selbständigen Charakter

rum libris et cartis summa cura et diligentia collectum, accomodatum ad recenter
elaboratum ab eodem globum descriptionis terrenae, Nürnberg 1533 (die Daten
müssen der Widmung entnommen werden.) Schöner war gebürtig aus Karlstadt in Franken, einige Stunden westlich von Würzburg am Main gelegen.

1) Mit Fug weist v. Wieser es zurück, daß man aus einer an sekundären
Bestandteilen eines Apparates angebrachten Jahreszahl einen Schluß auf das Alter
des Hauptbestandteiles ziehen dürfe; ist doch (s. o. S. 26) der Horizont des Behaimschen Apfels volle achtzehn Jahre nach Fertigstellung der Kugel erst angebracht worden. Auch Fiorini erklärt sich aus diesem Grunde speziell gegen die
von Harrisse versuchte Stipulierung des Jahres 1534. — Eine oberflächliche Be-
kanntschaft mit der Außenseite des Globus vermittelt die perspektivische Abbildung,
welche v. Nordenskiöld dem Texte zu seinem Atlas (S. 83) einverleibt hat.

2) v. Nordenskiöld, a. a. O., S. 80; Harrisse, Discovery etc., S. 592.

3) Die Wirksamkeit dieses Mannes als Geometer kennzeichnet einläßlich
Kästner (Gesch. d. Math., 1. Band, S. 449 ff.), als Kartenzeichner Gallois (De
Orontio Finaeo, gallico geographo, Paris 1890). Den verschiedenen kartographischen Versuchen des fleißigen Mannes, von dem u. a. die „Novae Terrae
descriptio secundum neotericorum observantiam" in der 1533er Baseler Ausgabe
der „Margaritha Philosophica" von Reysch herrührt, hat v. Nordenskiöld
besondere Aufmerksamkeit zugewendet (a. a. O., S. 69 ff., 89, 106, 130 u. a. a. O.).
Vor allem vgl. v. Wiesers Abhandlung (s. u.) über Schöners verschollenen
Globus (S. 10 ff.).

4) „Kurze Zeit nach der Rückkehr Del Canos, des Begleiters von Magal-
haes mit dem Schiffe Victoria, schrieb Maximilianus Transsylvanus seinen
Bericht an den Kardinal-Erzbischof von Salzburg; der Brief ist datiert vom 24. Okt.
1522 in Valladolid. Er wurde zuerst unter dem Titel 'De Moluccis insulis' gedruckt in Köln 1523, dann unter der Aufschrift 'De Hispaniorum in Orientem navigatione' in Rom 1523 und 1524" (Kretschmer, a. a. O., S. 409).

des Erdteiles Amerika nachgerade zu leugnen und diesen wieder zu einem Anhängsel Asiens zu degradieren sich anschickte.[1])

Mutmafslich etwas jünger als der vierte Globus von Schöner ist derjenige, der den Geographen, mangels einer näheren Kenntnis des Verfertigers, als der Globus von Nancy bekannt ist, ein Schaustück, bei dem es in erster Linie auf die feine künstlerische Ausführung und erst in zweiter auf den sachlichen Charakter ankommt.[2]) Der Durchmesser des Kügelchens beträgt 160 mm und besteht aus Silber, während die Länder vergoldet, die Meere blau emailliert erscheinen. Allem nach ist der Globus, der sich in seine beiden Halbkugeln auseinandernehmen läfst, deutsche Arbeit. Karl IV., Herzog von Lothringen, verehrte das Prachtstück im Jahre 1663 der Kirche Notre-Dame de Sion in seiner Residenzstadt, und diese verwendete dasselbe als Monstranz. Eine gewisse Verwandtschaft des auf diesem Globus zum Ausdruck gelangten geographischen Standpunktes mit demjenigen, den Orontius Finaeus bei Komposition seiner Weltkarte einnahm, ist nicht zu verkennen; Amerika wird, ganz in Gemäfsheit der altcolumbischen Irrlehre, als ein Anhängsel Asiens aufgefafst.[3]) Nordamerika ist einmal „Asia Magna", ein anderes mal „Asia orientalis", und der Mexikanische Golf wird frischweg zum „Mare Chatayum" (China-See) gemacht. Wo nicht vor 1530, ist dieser Globus doch bald nach genanntem Jahre entstanden.

1) Den Text des Sendschreibens hat v. Wieser (a. a. O., S. 109 ff.) in sein mehrerwähntes Werk aufgenommen. Auch giebt es eine als Nr. 52 der „Works issued by the Hakluyt Society" herausgegebene Uebertragung ins englische (Lord Stanley of Alderley, The first Voyage round the World by Magellan, London 1874). Wie erwähnt, erzeugte das Bekanntwerden mit den Nachrichten über die Fahrt des ersten Weltumseglers bei Schöner den Irrtum, dafs Brasilien sich bis zur Halbinsel von Malakka, zum vielbesprochenen „Goldenen Chersonnes" der Antike, hinausziehe, und nachdem einmal diese abenteuerliche Vorstellung Eingang bei ihm gefunden hatte, mufsten sich (Kretschmer, a. a. O., S. 413) weitere Hypothesen anschliefsen, die an Kühnheit denjenigen des Columbus nicht viel nachgaben, ja sogar eine Verlegung des „Quinsay" von Marco Polo nach Mexiko rätlich erscheinen liefsen.

2) Vgl. v. Nordenskiöld, a.a.O., S.82; Kretschmer, a.a.O., S.417. Die erste litterarische Nachricht von dem Nanziger Globus gab Blau (Mémoires de la société royale de Nancy, 1835, S. 97 ff.); später spielte er eine gewisse Rolle in den Verhandlungen des Amerikanistenkongresses von 1877 (Compte rendus, S. 354). Ein Faksimile gab Winsor (History of America, 2. Band, S. 433; s. auch dort 3. Band, S. 214).

3) Bei Kretschmer (a. a. O.) wird auch betont, dafs das Weltbild unseres Globus in ganz ähnlicher Weise bei dem später zu besprechenden Vopel-Globus, wie auch in Gastaldis Universalkarte, welche der Ptolemaeus-Ausgabe von 1548 beigeheftet ist, wiederkehre.

Nur wenig unterschieden von dem Nancy-Globus ist derjenige von De Bure, der sich im Besitze der Pariser Nationalbibliothek befindet (Nr. 427). Er besteht aus Kupfer; die Umrisse sind eingraviert. Man hat in ihm ein spanisches Produkt sehen wollen.[1]

Am gleichen Orte (Nr. 394) findet sich der aus Metall gefertigte, 254 mm dicke, sogenannte Eruy-Globus, der mutmafslich aus einer Offizin in Rouen (Rhotomagus) hervorgegangen ist. Er mag einer ein paar Jahre späteren Zeit, als die beiden vorerwähnten, entstammen, und es ist auf ihm bereits eine Trennung Ostasiens von Amerika angedeutet. Aus diesem letzteren Umstande ist, wie konstatiert werden mufs, eine wesentlich abweichende Altersbestimmung hergeleitet worden.[2] An diesem Orte ist keine Entscheidung über die keineswegs leichte Frage zu treffen.

Unbestimmten Alters ist endlich noch ein drittes Pariser Exemplar, welches man vor einem Jahrzehnt in Italien aufgefunden hat.[3] Aus Holz gemacht, ist es mit einer dicken Gipslage überdeckt, auf welche nachher gezeichnet wurde. Ortsangabe, Jahreszahl, Name des Verfertigers fehlen, doch dürfte das Instrumentchen (Durchmesser 200 mm) nicht vor 1535 anzusetzen sein. Denn Francesco Pizarros Eroberungen sind bereits berücksichtigt; man liest die Worte „Pera Provincia" und innerhalb dieser den Ortsnamen „S. Michaelis". Dies ist die von dem Conquistador im Jahre 1532 gegründete spanische Ansiedlung, und es ist kaum anzunehmen, dafs man in den geographischen Kreisen Europas schon vor 1534 von dieser grofsen Neuigkeit Kenntnis hatte.

Gleichfalls aus den dreifsiger Jahren des XVI. Jahrhunderts stammt eine Erdkugel des Minoritenmönchs Franciscus aus Mecheln, von

1) Zeitschr. f. wissensch. Geogr., 1. Band, S. 180; van Raemdonck, Les sphères terrestre et céleste de Gérard Mercator, St. Nicolas 1875, S. 27; v. Nordenskiöld, a. a. O., S. 82. Dafs auch in Spanien schon frühzeitig Erdgloben konstruiert wurden, zeigt uns eine Notiz bei Navarrete (Collecion de los Viajes, 4. Band, S. 155). Derselbe gedenkt eines gewissen Pedro Reinel, der sich 1519 zu Sevilla niederliefs und aufser durch eine Karte, die dann später nach München kam, sich auch durch Anfertigung einer „poma" — hier wirkt offenkundig Behaims Erdapfel nach — Verdienste erwarb (Kretschmer, a. a. O., S. 379).

2) van Raemdonck, a. a. O., S. 27. Marcel hat dem Globus nochmals eine spezielle, tiefer greifende Untersuchung zugewendet, und als deren Ergebnis scheint zu folgen, dafs jener nicht vor 1578 hinaufdatiert werden dürfe (Note sur une sfère terrestre en cuivre faite à la fin du XVIe siècle, Rouen 1891).

3) Die sehr plausible Altersfestsetzung rührt von Harrisse (a. a. O., S. 27) her. Übrigens stimmt damit wesentlich auch Marcels Vortrag bei der 1889er Zusammenkunft der Amerikanisten in Paris überein.

dem uns sonst nur wenig bekannt ist.[1]) Dem Kirchenfürsten, welchem er seine Schrift darbringt, kündigt er gleichzeitig einen von ihm selbst mit der Feder überzeichneten Globus an[2]), der denn auch, dem Antwortschreiben zufolge[3]), bald darauf in die Hände des Empfängers gelangt sein mufs.

Als ein Geschenk war diese Weltkugel der Reproduktion natürlich nicht fähig; die Begleitschrift aber liefs Carandolet drucken, weil, wie er sagt, darin manch neues und ein Bruch mit den hergebrachten geographischen Ansichten enthalten sei.[4]) Dem ersten, ohne Datum in die Welt gegangenen Drucke folgte binnen kurzem ein zweiter unveränderter, der nur einige leichte Abänderungen des Titels brachte.[5]) Die von Foppens angeführte Auflage (s. o.) ist die dritte,

1) Eine Notiz über ihn gab Foppens (Bibliotheca Belgica, 1. Band, Brüssel 1739, S. 301): *Franciscus Monachus, et familiae nomine et possessione Mechlinensis, ordinis Minorum scripsit: Epistolam de orbis situ ac descriptione, qua de ditione Presbyteri Ioannis vulgo dicti, deque Paradisi situ disserit. Antverpiae, apud Withagium, 1565.* Das Reich des „Presbyters Johannes" suchte man in der Gegend Abessyniens. — Die von Foppens zitierte Ausgabe der „Weltbeschreibung" ist natürlich nicht die erste, denn letztere war dem 1519 von Kaiser Karl V. zum Erzbischof von Palermo designierten Belgier Jean Carandolet zugeeignet, welcher seine Diözese zwar nie zu sehen bekam, sie jedoch durch Vikare verwalten liefs und so das ihm von dem Erwählten des Papstes bestrittene Herrschaftsrecht thatsächlich ausübte. Sein Wappen ist noch in der Kathedrale der sizilischen Hauptstadt zu sehen (vgl. R. Pirro, Sicilia Sacra, 1. Band, Sp. 187 und L. Cardella, Memorie storiche della Santa Romana Chiesa, 4. Band, Rom 1792, S. 42). Aus einer Angabe am Schlusse des an Carandolet gerichteten Schreibens ist (Gallois, De Orontio Finaeo, S. 41) zu entnehmen, dafs der Globus, den jener französische Gelehrte gekannt haben mufs, in der Zwischenzeit zwischen den Jahren 1526 und 1531 seine Vollendung gefunden haben wird.

2) Der Globus soll vieles ermöglichen: *„situm, ordinem insularumque magnitudinem, ex ipsae sphaerae pictura descriptioneque cuiris colligere paratum est".* Auf die Versinnlichung uralter geographischer Streitfragen weist eine andere Stelle hin: *„Sunt enim sub cingulo modia et ultra antipodes, atque ex diametro oppositi, ut nostrae sphaerae, descriptionisque intuitu liquido cognoscere licet."*

3) Carandolet schreibt: *„Orbis globum, in quo terrae et maria luculenter depicta sunt, una cum epistola accepimus."*

4) Diese sehr bezeichnenden Worten lauten: *„Verum quoniam nonnulla non minimi momenti contra veterum et quidem principum geographorum authoritatem tradidisti epistola, eam provulgandam et typis excudendam putavimus. Neque enim nobis non solum (ut ait verissime Plato) nati sumus, quod ut in aliis rebus justissimus est, ita in literis mullo maxime, adeo ut proverbio veteri incubuerit, Musarum fores semper patere. Secuti igitur officium, chalcographi officinae epistolam misimus".*

5) Nach Harrisse (a. a. O., S. 547) kommt die zweite Auflage in Büchersammlungen zum öfteren mit einem Schönerschen Werkchen aus dem Jahr 1527 zusammengebunden vor, wodurch die Zeitbestimmung für erstere erleichtert wird.

in den Bibliotheken eben nicht seltene, und endlich hat noch Gallois einen wörtlichen Textabdruck in seine Biographie des Orontius Finaeus aufgenommen. Die zwei ersten Auflagen enthalten Bilder der Ost- und Westhalbkugel des von Franciscus hergestellten Globus in Holzschnitt.[1]) Der dritten Ausgabe fehlen diese Planigloben, und dafür soll vielleicht Ersatz bieten die Abbildung eines kleinen Erdglobus mit Fufsgestell auf dem Titelblatte.[2])

Kapitel VII.

Die Zusammensetzung der Globushaut aus Segmenten.

Nachdem an die Geographen und an die mit ihnen verbündeten Künstler die Notwendigkeit herangetreten war, Globen in grösserer Anzahl und mit genau gleichlautenden Legenden festzustellen, mufsten sie erkennen, dafs eine auf einem Papierblatte niedergelegte Zeichnung sich der sphärischen Fläche unter keinen Umständen genau anpassen liefs. Die Kugel hat eben keine developpable Fläche; letztere läfst sich nicht in eine Ebene ausbreiten, und es ist dies sogar nicht einmal für deren kleinsten Teil möglich, ohne dafs hier Falten, dort Risse entstehen. Immerhin konnte man hoffen, dafs wenn man das Papier in schmalen Streifen auf die Kugel zöge, die Ungleichheiten fast ganz beseitigt werden könnten. Es fragte sich nur, welche Form man den Streifen zu geben hatte. Die Zonalstreifen empfahlen sich nicht, weil bekanntlich zwei zwischen Parallelen von gleicher Breitendifferenz enthaltene Zonen nicht flächengleich sind[3]), und so verfiel man naturgemäfs auf das Zweieck (italienisch „amandorla"), von welchem Fig. 2

---

1) Vgl. dazu Lelewel, a. a. O., Atlas, Tafel 46; Harrisse, a. a. O., S. 548 ff. Die Übertragung auf die Platte erfolgte nach den freilich sehr unvollkommenen Regeln, welche wir uns aus den Halbkugelbildern bei Roger Bacon und Pierre D'Ailly abstrahieren können (v. Nordenskiöld, a. a. O., S. 37 ff.). Es ist auf den spanisch-portugiesischen Erdteilungsvertrag angespielt, denn die Unterschriften der östlichen und westlichen Globushälfte tragen bezüglich diese Signaturen: „Hoc Orbis hemisphaerium cedit Regi Hispaniae"; „Hoc Orbis hemisphaerium cedit Regi Lusitaniae." Vgl. auch Gallois (a. a. O., S. 40).

2) Harrisse, a. a. O., S. 552.

3) Die Oberfläche eines Erdgürtels, welcher zwischen den Parallelkreisen von φ_1 und φ_2 Graden ($\varphi_2 > \varphi_1$) eingeschlossen ist, wird, wenn r den Halbmesser der kugelförmigen Erde bedeutet, durch nachstehende Formel ausgedrückt:

$$Z = 2r^2\pi (\sin \varphi_2 - \sin \varphi_1) = 4r^2\pi \sin \frac{\varphi_2 - \varphi_1}{2} \cos \frac{\varphi_2 + \varphi_1}{2}.$$

uns ein Bild giebt. Der Hauptdurchmesser PP' der doppelt-symmetrischen Figur wird natürlich gröfser als der Durchmesser des im Rohbau bereits vollendeten Globus genommen; der andere Durchmesser EE', auf dessen Verlüngerung die Mittelpunkte C und C' (nicht gezeichnet) der beiden Grenzkreise liegen, entspricht einem bestimmten aliquoten Teile des Äquators. Die beiden Kreise PEP' und $PE'P'$ — denn fürs erste setzen wir die Grenzkurven kreisförmig voraus — sollen sich mit je zwei halben Globusmeridianen decken. Man zeichnet in das linsenförmige Zweieck die Gegenstände ein, welche dem Kugelzweieck, von dem ersteres der Repräsentant ist, zugehören, bestreicht seine Unterfläche mit Leim und klebt es so auf, dafs die Punkte P und P' resp. mit den beiden Globuspolen zusammenfallen. In dieser Weise wurde früher und wird im wesentlichen noch jetzt bei Überziehung der Kugel mit seiner vorher bereits fertig ausgeführten Papier- oder Pergamenthaut verfahren. Von der erst in zweiter Linie ins Gewicht fallenden Frage, wie sich das Papier infolge der ihm von unten mitgeteilten oder auch von aufsen eingesogenen Feuchtigkeit verändert, sowie auch von den aus dem Prozesse des Aufziehens entspringenden Veränderungen wird zunächst abgesehen. Diese technischen Schwierigkeiten bleiben ebenso wie die Art und Weise der Herstellung eines geeigneten Globuskörpers vorläufig von der Betrachtung ausgeschlossen; dagegen werden wir später auch der Frage näher treten, ob nicht durch passende Konstruktion der Grenzlinien der Segmente die geometrischen Fehler

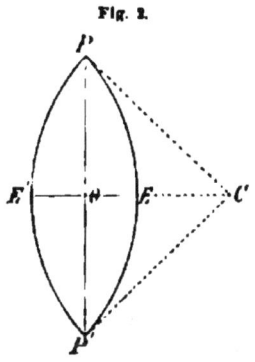

Fig. 2.

auf ein Minimum herabgedrückt werden können, welche niemals ausbleiben, wenn man eine Ebene mit einer Fläche vom Krümmungsmafse $\gtrless 0$ zur Deckung bringen will.[1])

Den ersten Globusverfertiger, von denen wir Kunde haben, kamen, wie gesagt, derartige Skrupel nicht; für sie verstand sich unsere Fig. 2

Für wechselnde Werte von φ_1 und φ_2 ändert sich somit auch Z; so ist z. B. für die halbe Tropenzone $Z_1 = 2r^2\pi \sin \epsilon = 4r^2\pi \sin \frac{1}{2}\epsilon \cos \frac{1}{2}\epsilon$ und für eine Polarzone $Z_2 = 4r^2\pi \sin^2 \frac{1}{2}\epsilon$, unter ϵ die Ekliptikschiefe verstanden. Da $\frac{1}{2}\epsilon < 45°$, so ist $\cos \frac{1}{2}\epsilon > \sin \frac{1}{2}\epsilon$ und $Z_1 > Z_2$, obwohl die Winkelspannung die gleiche ist.

1) Unter Zugrundelegung der durch Gauss in die Flächentheorie eingeführten

als Normaltypus eines Globusstreifens ganz von selbst. Wir bezeichnen mit $2a$ und $2b$ resp. den Hauptdurchmesser PP' und den Nebendurchmesser EE', mit r die Radien CP, CP', $C'P$, $C'P'$, mit 2φ den $\sphericalangle PCP' = \sphericalangle PC'P'$, und zwar soll φ nicht in Grad-, sondern in Bogenmaß angegeben sein. PP' und EE' durchschneiden sich rechtwinklig in O, und es liefert das rechtwinklige Dreieck COP nachstehende Beziehungen ($2l = $ arc $PP' = 2 \cdot$ arc PE):

$$a^2 = r^2 - (r-b)^2 = b(2r-b); \quad \sin\varphi = \frac{a}{r}; \quad \cos\varphi = \frac{r-b}{r}; \quad l = r\varphi.^1)$$

Diese Gleichungen gestatten uns die Lösung einiger einschlägiger Aufgaben. Um den Zentriwinkel φ ausschließlich durch b und l auszudrücken, eliminieren wir aus den beiden letzten Gleichungen den Halbmesser r und finden

$$\cos\varphi + \frac{b\varphi}{l} = 1,$$

wofür wir auch einfacher schreiben können:

$$\sin^2 \frac{1}{2}\varphi = \frac{b\varphi}{2l}.$$

Soll mithin φ aus den Längenangaben allein berechnet werden, so bedarf es stets der Auflösung einer transzendenten Gleichung.

Bislang hatte unsere Darstellung nur eine planimetrische Bedeutung; wollen wir dieselbe für unseren eigentlichen Zweck nutzbar machen, so müssen wir, unter ϱ den Kugelradius verstehend, $l = \varrho\pi$ setzen. Ferner werden wir gut thun, den Flächeninhalt des ebenen Segmentes mit demjenigen des Kugelzweieckes, mit welchem es sich decken soll, rechnerisch zu vergleichen. Ersterer werde gleich F, letzterer gleich f gesetzt. Ein Kreisabschnitt ist gleich dem zugehörigen Sektor, vermindert um ein gleichschenkliges Dreieck; in unserem Falle ist

---

Ausdrücke kann man das Maß der Fläche bekanntlich analytisch durch den Quotienten

$$k = (rt - s^2) : (1 + p^2 + q^2)^2$$

ausdrücken (vgl. Gauss, Disquisitiones circa superficies curvas, Comment. recent. Soc. Gott., 6. Band). Für jede in eine Ebene ausbreitbare Fläche, also insonderheit für alle nicht windschiefen Regelflächen, wie es die zylindrischen und konischen sind, wird $rt = s^2$, also $k = 0$, womit dasjenige, was wir oben aussprachen, näher erläutert ist.

1) Wollte man φ in Graden, Minuten und Sekunden darstellen, so müßte, wie in solchem Falle immer, noch mit einem konstanten Faktor multipliziert werden, und es wäre $l = r\varphi \cdot \sin 1''$.

$$F = 2. \text{ Abschnitt } PE'P'O = 2(\text{Sektor } PE'P'C - \triangle PP'C),$$

$$F = 4r \cdot \frac{l}{2} - PP' \cdot CO = 2\left(r^2\varphi - \frac{1}{2}r^2 \sin 2\varphi\right).$$

Andererseits findet man f, wenn man folgende Proportion ansetzt:

$$f : 4\varrho^2\pi = 2b : 2\pi ;$$

es ist also $f = 4\varrho^2 b$. Das gesuchte Verhältnis hat demzufolge den Wert

$$\frac{F}{f} = \frac{r^2(2\varphi - \sin 2\varphi)}{4\varrho^2 b}.$$

Drückt man endlich, $\varrho = 1$ setzend, die Winkelwerte wieder in Gradmaſs aus, so wird unser Bruch der folgende:

$$J = \frac{F}{f} = \frac{\pi r^2(2\varphi - \sin 2\varphi)}{720\,b}.$$

Dieser Ausdruck hat die Bedeutung eines Kriteriums dafür, ob sich ein Segment besser oder weniger gut der Kugelfläche anschmiegt. Es wird dies umsomehr der Fall sein, je mehr sich J der Einheit nähert.

Wir werden eine Anzahl bekannter Methoden an der Hand unseres soeben gewonnenen Maſsstabes auf ihre Schärfe zu prüfen haben. Ehe wir dies jedoch thun, wollen wir zuvor darthun, daſs schon sehr früh im Entdeckungszeitalter solche aus Segmenten zusammengesetzte Globen im Gebrauche gewesen sind.

Kapitel VIII.

Segmentgloben aus den ersten Jahrzehnten des XVI. Jahrhunderts.

Oben (S. 28) haben wir bereits gesehen, daſs die zu den Globus-„Inkunabeln" gehörige Bünausche Erdkugel, weil in einer „Offizin" hergestellt, zu den mit Segmenten bezogenen gehört haben dürfte. Sicher gehört hierher der Globus des Martin Waldseemüller oder Hylacomylus, des bekannten lothringischen Kosmographen. Auf die Anfertigung solcher geographischer Demonstrationsmittel, welche angesichts der sich stetig drängenden Entdeckungen bald ein Bedürfnis werden muſsten, spielt schon der Titel seines berühmt gewordenen Werkchens[1]) an, welches zur Aufnahme des Wortes „Amerika" in die

------

1) Dasselbe kam 1507 in der damals offenbar noch zum teile deutschen, seitdem aber gänzlich französisch gewordenen Stadt St. Dié (Département Vosges) heraus. Viele Erörterungen sind der anonym auftretenden Schrift gewidmet worden; vor allem kamen in betracht die Untersuchungen von D'Avezac (s. o. S. 28).

geographische Nomenklatur bekanntlich den ersten Anstofs gegeben
hat.[1]) Der Autor des hochmerkwürdigen Werkchens blieb längere

Danach sind im ganzen vier Ausgaben des Büchleins vorhanden; welches nachstehenden Titel führt: Cosmographiae introductio cum quibusdam geometriae ac
astronomiae principiis ad eam rem necessariis. Insuper quatuor Americi naviga-
tiones. Universalis cosmographiae descriptio tam in solido quam in plano; eis
etiam insertis quae Ptholomaeo ignotae a nuperis repertae sunt. Das auffallende
ist, dafs die vier Ausgaben alle die gleiche Jahreszahl 1507 tragen — ein Beweis
für die reifsende Abnahme eines dem Zeitbedürfnisse offenbar auf den Leib ge-
pafsten geographischen Leitfadens. Die Verschiedenheiten der vier nur um wenige
Monate von einander abstehenden Rezensionen sind nicht beträchtlich. Bald legte
Johann Grüninger zu Strafsburg das Buch von neuem auf (1509), und ebenso
erschien zwischen den Jahren 1512 und 1518 eine Lyoner Ausgabe. — A. E. v. Nordenskiöld (a. a. O., S. 76) machte darauf aufmerksam, dafs Peter Apian 1529
ein Lehrbuch der Kosmographie erscheinen liefs, welches den Titelworten nach
völlig mit dem des Waldseemüller übereinstimmt, inhaltlich jedoch eine ganz
selbständige Leistung darstellt. An anderer Stelle (S. 100) bemerkt der erwähnte
Autor zu Apians „Introductio": „This Geographical Compendium, which, in its
turn, is not to be confounded with Waldseemüller's Work with the same title,
also contains, besides a Number of Cosmographical Figures, of which one (in the 8th
chapter) illustrates the Variation of the Compass, Drawings of Globes, and a small
map of Greece". Vgl. Günther, Peter und Philipp Apian, zwei deutsche Mathematiker und Kartographen, Prag 1882, a. v. O. Auch Apians Buch hatte mehrere
Ausgaben zu verzeichnen (Venedig 1535, 1541, 1551, 1554). Hiezu D'Avezac (Martin
Hylacomylus, S. 123 ff.) und Harrisse (Bibl. Amer. Vet., Additions, S. 147).

1) Die betreffende Stelle, durch welche thatsächlich Columbus um den
wohlverdienten Ruhm des Namengebers gebracht ward, hat diesen Wortlaut:
„Nunc vero et hae partes sunt latius lustratae et alia quarta pars per Americum
Vesputium (ut in sequentibus audietur) inventa est, quam non video cur quis iuris
vetet ab Americo inventore, sagacis ingenii viro, Amerigen, quasi Americi terram,
sive Americam dicendam." Dies ist der wahre Ursprung des Namens, und gegen
den so einfach gelagerten Sachverhalt können die Phantasien von Marcou (Sur
l'origine du nom Amérique, Bull. de la société de géographie, 1. Band, S. 587 ff.)
und Lambert de Saint Bris (America, a Name of Native Origin, New-York
1893) nicht aufkommen. Dies hat besonders überzeugend L. Hugues dargethan
(Sul nome America, Turin 1886; Ausland, 67. Jahrgang, S. 575 ff.), und ebenso ist
Porenas hierher gehörige Abhandlung (Sulla questione intorno al nome di „America", Annuario dell' Istituto Cartografico Italiano, 1889, S. 13 ff.) zu nennen. Zunächst ging auf Waldseemüllers Vorschlag ein Walter Ludd (Speculi orbis
declaratio et canon, St. Dié 1507); dann kamen der polnische Geograph Stobnicza
(Introductio in Ptolemaei Cosmographia, Krakan 1512; s. Kretschmer a. a. O.,
S. 364), der Nürnberger Philologe Cochlaeus, dessen zu Nürnberg 1512 erschie-
nener Kommentar zur aristotelischen „Meteorologie" recht eigentlich für die Schule
bestimmt war (s. Günther, Gesch. d. mathem. Unterr., S. 138) und, gleichfalls
in diesem Jahre, Vadian in seinem Sendschreiben an Rudolf Agricola (s. ebenda,
S. 253). Im Jahre 1515 folgte dem gegebenen Beispiele die Globuskarte des
Lionardo da Vinci (s. o. S. 25) und im Jahre 1520 die uns ebenfalls (S. 36)

Zeit unbekannt, weil sein Name nicht auf dem Titelblatte, sondern nur
— und zwar nicht einmal bei sämtlichen Auflagen') — in der Zueignung an den Kaiser Maximilian vorkommt. Es war A. v. Humboldt')
vorbehalten, zu zeigen, daß dieser Hylacomylus, der sich gemäß
der laxen Rechtschreibung des Zeitalters wohl auch Ilacomilus oder
Hylacomilus schrieb, ein deutscher Schulmann Martin Waldsee-
müller³) ist, der zu Freiburg i. B. geboren war und, nach dem Zeugnisse des Ortelius⁴), eine Karte Europas und eine Seekarte lieferte.
Der Zeitsitte entsprach es, daß er gleichzeitig als Lehrer, Schriftsteller
und Buchhändler thätig war.⁵) Er verfaßte auch einen Leitfaden der
Baukunst und Perspektive⁶) und beteiligte sich an der großen Pto-

bereits bekannte, der Solinus-Ausgabe des Camers beigegebene Erdkarte Apians
(Günther, Peter und Philipp Apian, S. 67). Aber auch die Hauslab-Globen
und jener des Louis Boulenger (s. u.), sowie die bereits besprochenen Weltkugeln Schöners trugen dazu bei, die neue Bezeichnung unter die Leute zu
bringen und populär zu machen.

1) Nämlich nur in der ersten und vierten Auflage von 1507, sowie in der
Straßburger Ausgabe von 1509.

2) Humboldt, Krit. Unters., 2. Band, S. 338 ff.; Kretschmer (a. a. O.,
S. 363 ff., nicht 263, wie ein Druckfehler den Index angeben läßt).

3) Der Name wird vielfach, so auch von D'Avezac und Kretschmer,
Waltzemüller geschrieben, indessen scheint kein zwingender Grund dafür vor-
zuliegen, zu glauben, daß nicht Hylacomylus die treue Übersetzung des Fami-
liennamens sei, welcher dann eben doch Waldseemüller gelautet haben
müßte. Gerade Harrisse und Gallois halten sich an die hier gewählte Namen-
schreibung.

4) In der Liste kartographischer Schriftsteller („Catalogus auctorum tabula-
rum geographicarum quotquot ad nostram cognitionem hactenus pervenere"), die
Ortelius seinem „Theatrum orbis terrarum" (Antwerpen 1570) folgen ließ, wird
die Identität des Hylacomylus und Waldseemüller als einigermaßen fraglich
behandelt. Von dem ersteren, heißt es, habe man „Europam, eam alicubi in Germania impressam", und von dem Autor mit dem deutschen Namen „Universalem
navigationem (quam marinam vulgo appellant) in Germania editam". Dann meint
der Niederländer: *puto, hunc eundem esse cum Ylacomylo praedicto".

5) Der vielseitige Mann erzählt dies in seiner „Introductio" selbst: „... nobis, qui librariam officinam apud Lotharingiae Vosagum in oppido, cui vocabulum
est Sancti Deodati, nuper ereximus ..." Eine Druckerei hatte dortselbst Herzog
Renatus bereits begründet, ebenso wie jenes Gymnasium, an welchem Waldseemüller als Lehrer und Rektor angestellt war.

6) Dieser Abriß des geometrischen Teiles der Baukunde kam nicht selbständig heraus, sondern wurde (unter der Aufschrift „Architecturae et Prospectivae
rudimenta") einem damals viel gelesenen Sammelwerke, der „Margaritha Philosophica" des Gregorius Reysch (Günther, Gesch. etc., S. 283) einverleibt, und
zwar der dritten Auflage, welche Schott 1508 bei dem Straßburger Verleger
Grüninger erscheinen ließ.

lemaeus-Ausgabe des Jahres 1513, mit welcher Mathias Ringmann
in erster Linie beschäftigt war.[1])

Daran, dafs eben dieser Hylacomylus der Öffentlichkeit auch
einen Erdglobus übergeben habe, darf nicht gezweifelt werden. Es
bezeugt dies schon der Titel der „Introductio", und nicht minder thut
es das „Anteloquium"[2]), sowie auch noch eine spätere Stelle.[3]) Aus
den zuletzt angeführten Worten darf man schliefsen, dafs der Globus
in bescheidener Gröfse ausgeführt, deshalb aber auch leichter verkäuf-
lich war. Nicht minder spielt er in dem den architektonischen Traktat
einleitenden Widmungsbriefe auf sein Werk an.[4]) Er legte eben mit

---

1) Der eigentliche Herausgeber war Schott (vgl. wegen der ältesten Ptole-
maeus-Drucke Tollin, Michael Servet als Geograph, Zeitschr. d. Gesellsch. f.
Erdkunde zu Berlin, 10. Band, S. 182 ff.). Ringmann — oder Philesius —
wirkte zumal als Sprachkenner mit (Kretschmer, a. a. O., S. 387). Vorher hatte
er des Hylacomylus europäische Reisekarte mit einem erläuternden Texte versehen (Instructio manuductionem praestans in Cartam Itinerariam Martini Hyla-
comyli: cum luculentiori ipsius Europae enarratione a Ringmanno Philesio conscripta, Strafsburg 1511); den Bearbeiter der Karte apostrophiert er mit folgenden
Worten: „Plurimum tibi detincis, Martine, studiosorum pectora, qui cum pridem
generalem totius orbis typum luculentissime publicaveris, et non parvo iam tempore
in describendis tabulis Ptolemaei magnam locaveris operam, putares, id satis non
esse . . ." Dafs die kartistische Arbeit der Ausgabe von 1513 auf Waldseemüllers Verdienstkonto zu setzen ist, erhellt auch aus einem 1507 von jenem an
Amerbach geschriebenen Briefe (s. C. Schmidt, Mathias Ringmann-Phile-
sius, Humaniste alsacien et lorrain, Mémoires de la société d'archéologie lorraine;
3. Band, S. 227), der allerdings ersehen läfst, dafs die Edition ursprünglich etwas
anders geplant gewesen war. „Non credo", schreibt der Schulrektor von St. Dié
seinem Freunde, „te latere, nos Ptholomei cosmographiam, recognitis et adiectis quibusdam novis tabulis, impressuros in oppido Diri Deodati." — Eine eigenartige
Ironie der Geschichte liegt darin, dafs Waldseemüller den fundamentalen
Irrtum, welcher ihm bei der Abwägung der Verdienste des Columbus und des
Vespucci begegnet war, einsah und in dem ptolemäischen Tafelwerke zu ver-
bessern suchte. Die Karte der Neuen Welt trägt eine hierauf abzielende Legende:
„Haec terra cum adiacentibus insulis inventa est per Columbum Ianuensem ex
mandatis Regis Castillae." Es war zu spät, die Kugel war einmal aus dem Laufe,
und wohl keine Gewalt der Erde wäre heute noch die Umtaufe von „Amerika"
in „Columbia" zu bewirken imstande.

2) „Totius orbis typum tam in solido quam in plano velut praeviam quondam
ysagogen pro communi studiosorum utilitate paraverim."

3) „Propositum est, hoc libello quandam cosmographiae introductionem scribere:
quam nos tam in solido quam in plano depinximus. In solido quidem spacio excusi
strictissime. Sed latius in plano: ubi, sicut agrestes signare assueverunt et partire
limite campum, ita orbis terrarum regiones praecipuas dominorum insigniis studuimus."

4) „Cosmographiam universalem tam solidam quam planam non sine gloria et
laude per orbem disseminatam nuper composuimus: depinximus: impressimus."

Recht einiges Gewicht darauf, der Welt ein so brauchbares Mittel für den Unterricht in der Erdkunde dargeboten zu haben.

In dem gleichen Jahre 1509, welches die fünfte Auflage der „Introductio" an das Licht treten sah, ging aus den Pressen der nämlichen Strasburger Offizin ein zweites geographisches Lehrbüchlein hervor[1]), welches ebenfalls dem Hylacomylus zuzuschreiben manche Gründe berechtigen.[2]) Der Umstand, dafs auf den „kleinen" Globus darin ausdrücklich hingewiesen wird[3]), dürfte unter diesen Gründen wohl der am meisten durchschlagende sein. Der Holzschnitt des Titelblattes ist durch v. Nordenskiölds Atlas zur allgemeineren Kenntnis gelangt.[4])

Alle die verschiedenen Arbeiten Waldseemüllers hatten sich hoher Achtung bei den Fachleuten zu erfreuen. Fiorinis sehr plausible Ansicht geht dahin, dafs jene geographischen Objekte, welche Trithemius (S. 28) angekauft zu haben angibt, aus der Offizin von St. Dié hervorgegangen sein möchten. Es ist zwar dort von Strafsburg als Druckort die Rede, allein angesichts des zweifellos überaus engen Verkehres zwischen der grofsen elsäfsischen und der kleinen lothringischen Stadt liegt die Vermutung nahe, dafs man die Artikel von St. Dié nach Strafsburg zum Verschleifse schickte, dort mag sie Trithemius erstanden und dann auch für Strafsburger Fabrikat angesehen haben. Auch Gallois[5]) neigt einer solchen Auffassung zu.

---

1) „Globus Mundi. Declaratio, sive descriptio mundi et totius orbis terrarum globulo rotundo comparati ut sphaera solida. Qua cuivis etiam mediocriter docto ad oculum videre licet antipodes esse, quorum pedes nobis oppositi sunt. Et qualiter in unaquaque orbis parte homines vitam agere queunt salutarem, sole singula terrae loca illustrante: quae tamen terra in vacuo aere pendere videtur, solo Dei nutu sustentata: aliisque permultis de quarta orbis terrarum parte nuper ab Americo reperta." Der Gebrauch, die einzelnen Erdteile mit den Gliedern des menschlichen Körpers zu vergleichen, eine später immer wiederkehrende, vielfach ausgeartete Spielerei, läfst sich auf diesen Abrifs der Kosmographie zurückführen.

2) Harrisse (a. a. O., S. 465) und Kretschmer (a. a. O., S. 365) erachten die Urheberschaft des „Globus Mundi" für nicht sicher gestellt.

3) A. a. O., cap. XII. „Quantum vero locus unus a reliquo distat, difficile cognitu est in hoc parvo globo propter gradus, qui assignari omnes non possunt in eo." Das Demonstrativpronomen „hic" beweist doch, dafs der Verfasser sich einen ganz bestimmten Globus in der Hand des Lesers vorstellte.

4) A. a. O., S. 40. Es gab auch, wie Gallois bemerkte (a. a. O., S. 49), eine deutsche Ausgabe: „der welt kugel, beschreybung der welt und des gantzen Ertreichs." Das kleine Stückchen, welches von Südamerika sichtbar ist, wird als „nüw welt" bezeichnet.

5) Gallois, a. a. O., S. 49.

4*

Leider sind alle diese Dinge — die Weltkarte, die Karte der Globusstreifen und der mit diesen Streifen bezogene Globus selber — spurlos verloren gegangen. Man hat einzelne „Globuskarten" aus dem Anfang des XVI. Jahrhunderts mit dem Streifendiagramme des Hylacomylus identifizieren wollen, allein es läfst sich dafür keinerlei sicherer Beweis erbringen. Man darf vielmehr leider sich überzeugt halten, dafs Sorglosigkeit der Menschen und Ungunst der Verhältnisse jene wichtigen Denkmäler aus dem Wiegenalter der deutschen Erdkunde zu grunde haben gehen lassen.

Dafs der eine der beiden „Hauslab-Globen" eigentlich nur eine Globuskarte sei, bestimmt zur Überziehung einer Kugel von 11 cm Durchmesser, haben wir oben (S. 35) bereits erfahren. Sie dürfte mit Waldseemüllers Globus annähernd gleichzeitig sein. Man hat speziell auch sie mit dem lothringischen Geographen in Verbindung zu bringen gesucht[1]), doch ist die Autorschaft noch immer eine durchaus problematische.

Von weiteren Globuskarten gedenken wir zunächst jener, welche v. Nordenskiöld aufgefunden und bekannt gemacht hat.[2]) Er fand sie, als Einschiebsel in der Ptolemaeus-Ausgabe von 1525, zu Rom bei einem Antiquar. Die zwölf Segmente waren bereits zerschnitten, um sie sofort auf die vom Drechsler herzustellende Kugel zu legen. Jedes der in mangelhaftem Holzschnitt ausgeführten Segmente ist 164 mm lang und 27 mm breit, so dafs mithin der Globus einen Durchmesser von 103 mm erhalten hätte. Der Umstand, dafs nur zwei europäische Städte, Ingolstadt und der internationale Walfahrtsort San Jago di Compostella, verzeichnet sind, legt es nahe, einen

---

1) Nachstehend geben wir Kretschmers Beschreibung (a. a. O., S. 382) wieder. „Eine aus zwölf Globusstreifen bestehende Karte, welche früher der Sammlung des Feldzeugmeisters Fr. R. v. Hauslab in Wien angehörte und jetzt im Besitze des Fürsten v. Liechtenstein ist, führt uns Amerika zum ersten male unter diesem Namen auf. Die Karte zeigt meines Erachtens eine unverkennbare Ähnlichkeit mit Boulengers Globuskarte. Auf beiden ist Südamerika, als ein schmaler Länderzipfel, aus zwei stumpfwinklig zusammenstofsenden Streifen Landes gebildet; auf beiden ist ferner die nordamerikanische Küste mit dem südlichen Ansatzstücke versehen, wie wir es zuerst bei Canerio finden. Für die Datierung der Karte ist nur der eine sichere Anhaltspunkt gegeben, dafs sie nach 1507 angefertigt sein mufs, weil sie den Namen Amerika aufweist. Dafs sie als Beigabe zum Globus Mundi Waldseemüllers gehöre, ist aber mehr als fraglich."

2) v. Nordenskiöld, Om en märklig Globkarta fran Borian of sextonde Seklet, Stockholm 1884 (separat aus der geographischen Zeitschrift „Ymer"); Faksimile-Atlas, S. 76, Tafel XXXVII.

Bewohner der bayerischen Universitätsstadt als Verfertiger des Globus anzusprechen. Afrika und Asien erinnern in ihren Umrissen an die Weltkarte, mit welcher Bernardo Silvano die Ptolemaeus-Ausgabe von 1511 bereicherte.[1] Möglicherweise rührt also auch von diesem Kartographen die Nordenskiöldsche Streifenkarte her.[2] Der Auffinder derselben hält dafür, dafs sie in der Zeit zwischen den Jahren 1511 und 1515 entstanden sei, während Harrisse[3] eine etwas

---

[1] Es ist dies die von Jacobus Pentius de Leuce besorgte Ausgabe (Claudii Ptholemaei Alexandrini liber geographiae cum additione locorum, quae a recentioribus reperta sunt, diligenti cura emendatus et impressus, Venedig 1511). Die Generalkarte des Sylvanus befolgt eine herzförmige Verzeichnungsregel und ist unter diesem Gesichtspunkte von Fiorini eingehend untersucht worden (Lo projezioni cordiformi nella cartografia, Boll. della Soc. Geogr. Ital., Juliheft 1889). Sachlich zeichnet sich das Weltbild Silvanos durch die Umsicht aus, mit welcher er von der ptolemaeischen Länderdarstellung möglichst viel zu retten suchte, ohne doch die neuen Entdeckungen zu kurz kommen zu lassen (Kretschmer, a. a. O., S. 383). Hypothetische Küstenverläufe einzuzeichnen, widerstrebt seiner Gewissenhaftigkeit, und darum läfst er die Küstenlinien lieber abbrechen, wenn ihm keine zuverläfsigen Nachrichten darüber zu gebote stehen.

[2] Als ein Wahrscheinlichkeitsgrund für diese Annahme wird von v. Nordenskiöld (a. a. O.) der angezogen, dafs der anonyme Autor, ganz ebenso wie Sylvanus und allerdings auch Ruysch (S. 309 ff., 380 ff.) eine aus Lissabon nach Italien gebrachte Seekarte des Alberto Cantino als Vorlage für ihre Abbildung Amerikas gebraucht haben. Der italienische Kopist hat die portugiesischen Ortsbezeichnungen mehrfach so wiedergegeben, wie er sie vorfand. Cantino vertrat den Herzog von Ferrara am Lissaboner Hofe und schenkte die von ihm 1502 heimgebrachte, und wahrscheinlich auf seine Anordnung gezeichnete Karte dem genanntem Herzoge; dies bezeugt die Legende des jetzt in Modena verwahrten, wertvollen Dokuments („Carta da navigar per le Isole nuovamente trovate in le parti de l'India: dono Alberto Cantino al S. Duca Hercole"). Den Brief Cantinos hat Harrisse (The Discovery etc., S. 423) publiziert; eine Abbildung hat ebenfalls Harrisse (Les Cortereal et leurs voyages au Nouveau Monde, Paris 1885, 4. Kapitel) mitgeteilt. — Ganz ähnlich wie Cantinos Karte ist diejenige des Genuesen Canerio beschaffen, auf deren Spur Gallois (Le portulan de Nicolas de Canerio, Lyon 1890) im Archive der hydrographischen Abteilung der französischen Marine gekommen ist. Auch hier springt die Benützung eines portugiesischen Archetypus sofort in die Augen. Von beiden nahe verwandten Seekarten handelt auch V. Belli (Notizia delle più antiche carte geografiche che si trovano in Italia riguardanti l'America, Rom 1892, S. 14 ff.).

[3] Harrisse, The Discovery etc., S. 496. Die Insel Hispaniola trägt den Vermerk: „Insula, in qua reperitur lignum Guaiacum". Dieses Holz, in welchem man allgemein — man denke nur an U. v. Hutten — ein Elixier gegen die verheerende Lustseuche erblickte, wurde in Deutschland nicht vor 1518 bekannt, und vor diesem Zeitpunkte möchte sonach wohl auch die Karte nicht anzusetzen sein.

spätere Entstehungszeit in Aussicht nimmt. Als Autor der Karte denkt sich v. Wieser und mit ihm Gallois[1]) den Ingolstadter Mathematiker Peter Apian, der in genannter Stadt von 1527 bis 1552 als Professor wirkte. Gewisse Züge von Familienähnlichkeit zwischen der Segmentkarte und derjenigen, welche Apian 1520 ausführte (S. 49), sprechen ebenso für die erwähnte Hypothese, wie die augenfällige Hervorhebung der einen Stadt Deutschlands, welche doch wahrlich nicht zu dessen Metropolen zählt.

Jedenfalls weicht die Globuskarte, mit welcher wir uns soeben beschäftigten, nicht sehr weit im Alter von derjenigen ab, mit welcher Louis Boulenger im Jahre 1514 hervorgetreten ist.[2]) Wir lassen die Autorschaft dieses sonst wenig bekannten Mannes gelten, denn aus Marcels Veröffentlichung[3]) geht doch hervor, dafs er ein mit mathematischen und geographischen Dingen wohl vertrauter Schriftsteller war. Die Dimensionen der Boulenger-Karte sind beinahe ganz die gleichen, wie bei der vorigen (178 mm in Länge, 29 mm in Breite für einen Streifen, Kugelhalbmesser 55 mm). Auch die Darstellungen der einzelnen Länder in beiden Karten offenbaren manche Übereinstimmung, doch ist die Zeichnung bei Boulenger meist etwas korrekter und in Asien und Afrika auch namenreicher. Umgekehrt kennt für die Neue Welt Boulenger weniger geographische Namen

---

1) Gallois, Les géographes etc., S. 100.

2) Ein Exemplar der Waldseemüllerschen „Cosmographiae Introductio", 1514 durch einen gewissen De La Place nachgedruckt, und ohne Ort- und Zeitangabe, barg die erwähnte Globuskarte und noch zwei Kupfertafeln, die eine „Astrolabium phisicum", die andere „Motus novae spere et trepidacionis spere MDXIV" betitelt, welch letztere „Artificio Ludovici Boulenger, Allelie 1514" ihro Entstehung dankt. Danach lag es nicht ferne, diesen Mann auch als Zeichner der Globuskarte zu erachten. Man weifs, dafs De La Place in Lyon eine Druckerei besafs, und da die Druckausgabe dem Bischof von Alby, Jacques Robertet, gewidmet ist, welcher am 22. November 1517 seinem Bruder Charles in der Verwaltung der Diözese folgte, selbst aber schon am 26. Mai 1518 starb, so war für Harrisse (a. a. O., S. 494) die Möglichkeit gegeben, das Ursprungsdatum von Boulengers Elaboraten — wenn sie wirklich zeitlich zusammengehören, was nicht strenge bewiesen werden kann — zwischen zwei enge Grenzen einzuschliefsen. Das Faksimile Pilinskis bringt Katalog XLVI des Rosenthalschen Antiquariates unter Nr. 2336 zur Anschauung, und ein zweites Faksimile enthält der Nordenskiöldsche Atlas (Tab. XXXVII).

3) Marcel, Louis Boulengier d'Alby, astronome, géomètre et géographe, Paris 1890. Der Name kommt diesem Gewährsmanne zufolge in vier verschiedenen Schreibarten vor: Boulengier, Bolengier, Boulenger, Le Boulanger. Am häufigsten ist wohl die dritte Form.

als der Anonymus; das halbmythische Australland mangelt beiden Karten. Südamerika führt die Bezeichnung. „America noviter reperta".

Nunmehr führt uns der Gang unserer Untersuchung wieder zurück zu jenem Bambergisch-Nürnbergischen Astronomen Schöner[1]), dessen Globen uns bereits oben (S. 37 ff.) Stoff zu mannigfaltiger Erörterung geboten haben. Wir sahen, dafs v. Wieser Gründe zu der Vermutung gehabt hat, Schöner müsse auch im Jahre 1523 einen Erdglobus verfertigt haben, und diese Divination, wie man wohl sagen darf, erwies sich einige Jahre nach Veröffentlichung der Monographie über das Australland als gerechtfertigt. Das Rosenthalsche Antiquariat legte nämlich dem genannten Gelehrten die zwölf xylographischen Streifen einer Weltkarte zur Bestimmung vor, und v. Wieser erkannte darin die Elemente jener Erdkugel, auf welche Schöner in einer seiner Flugschriften[2]) angespielt hatte.[3]) Diese Globuskarte kann nicht vor das Jahr 1522 zurückgehen, denn es ist Magellans Erdumseglungskurs darauf angegeben; da ferner eine vollständige Analogie des Kartenentwurfes mit der im Oktober 1522 niedergeschriebenen, im Januar 1523 gedruckten Schrift des Transsylvanus[4]) „De Moluccis insulis" überall hervorleuchtet, so hielt sich der Innsbrucker Geograph für berechtigt, die Globuskarte in das Jahr 1523 zu verlegen. Für die damit schon sehr wahrscheinlich gemachte Autorschaft Schöners liefsen sich noch andere Argumente ins Feld führen.[5])

---

1) Wir nennen ihn hier so, weil er in den beiden genannten Städten seine wissenschaftliche Wirksamkeit entfaltete. Sein Geburtsort war (S. 40) Karlstadt am Main.

2) Von dieser sehr seltenen Flugschrift hat v. Wieser (a. a. O., S. 118 ff.) einen Neuabdruck veranstaltet. Sie beginnt mit einer Widmung: *„De nuper sub Castiliae ac Portugaliae Regibus Serenissimus repertis Insulis ac Regionibus, Ioannis Schoener Charolipolitani epistola et Globus Geographicus, seriem navigationum annotantibus, Clarissimo atque disertissimo viro Domino Reymero de Streytpergk, ecclesiae Babenbergensis Canonico, dicatae."*

3) Rosenthalscher Katalog, a. a. O., S. 24. Ausführlichere Nachricht gab dann der Erklärer; vgl. Wieser, Der verschollene Globus des Johannes Schöner von 1513, Sitzungsber. d. kais. Akademie d. Wissensch. in Wien, Phil.-Hist. Kl., 117. Band, V.

4) Den Text dieses Sendschreibens gibt gleichfalls v. Wieser wieder (Magalhaës-Strafse und Australkontinent etc., S. 106 ff.)

5) Die Streifen, aus denen Schöner einen Erdglobus von 54 cm Hauptkreisumfang zusammenzusetzen gedachte, vielleicht auch wirklich zusammensetzte, sind offenbar sehr eilfertig gezeichnet und gestochen worden. Die verschiedenen Kugelkreise sind ohne rechte Auswahl, ersichtlich durchweg hastig und nicht mit der erforderlichen Sorgfalt aufgetragen; auch ist keine Graduierung an-

Man hat von dieser Weltkarte drei verschiedene Reproduktionen, die eine von Stevens[1]), die zweite von Rosenthal[2]), die dritte (¹/₃ der Originalgröfse) in der zitierten Akademieschrift v. Wiesers. Die Interpretation des letztgenannten hat, wie nicht unerwähnt bleiben darf, neben Zustimmung[3]), auch eine keineswegs gleichgiltige Gegnerschaft gefunden.[4]) Immerhin erscheint uns

Fig. 3.

gebracht, weder für die Breite noch für die Länge. Dafür sind aber, wie teilweise schon erwähnt, die Reiseroute Magellans und die päpstliche Weltteilungslinie („Linea divisionis Castellanorum et Portugallensium") zu sehen. Einerseits die wenig saubere Art der Ausführung, andererseits jedoch die Berücksichtigung neuester geographischer Ereignisse machen es offenkundig, dafs Schöner nur Hals über Kopf mit einem Globus, auf welchem diese Neuigkeiten veranschaulicht waren, vor das Publikum treten wollte, was ihm denn auch gelungen zu sein scheint. Eine aus Spanien bezogene Weltkarte und ein ebensolcher Globus mufsten ihm dabei Dienste leisten; speziell auf letzteren beziehen sich nachstehende Worte des Schreibens: *„Globum hunc in orbis modum effingere studui, exemplar haud fallibile emulatus, quod Hispanorum solertia cuidam viro honore conspicuo transmisit."*

1) Die Rosenthalsche Streifenkarte wurde von einem Engländer erworben, von dem sie wieder ein Herr Kalbfleisch in New-York kaufte. Dieselbe liegt der im folgenden nach genauer Titelwiedergabe verzeichneten Schrift zu grunde: „Iohann Schöner, Professor of Mathematics at Nuremberg. A Reproduction of his Globe 1523 long lost, his Dedicatory Letter to Reymer von Streytperk and the „De Moluccis" of Maximilianus Transilvanus, with new Translation and Notes on the Globe by Henry Stevens. Edited with an Introduction and Bibliography by C. H. Coote, London 1888.

2) Katalog XLVI der Rosenthalschen Antiquariatsbuchhandlung in München, Nr. 3794.

3) Als ein gewichtiger Vertreter der Ansicht, dafs unsere Globuskarte wirklich ein Zeugnis von Schöners Globen-Industrie darstelle, ist insbesondere Gallois (a. a. O., S. 81) hervorzuheben.

4) v. Nordenskiöld (a. a. O., S. 80 ff.) kann sich von der Einerleiheit der auch von ihm als Nürnberger Produkt aufgefafsten Globuskarte mit Schöners Globus von 1523 nicht überzeugen, sondern erblickt darin ober eine Arbeit des Nürnberger Mathematikers Georg Hartmann (Doppelmayr, Historische Nachricht von den Nürnbergischen Mathematicis und Künstlern, Nürnberg 1730, S. 56 ff.). Harrisse (a. a. O., S. 519) tritt auf dieselbe Seite und stützt sein ablehnendes

die Summe der Wahrscheinlichkeitsgründe als eine so erhebliche, dafs wir vorläufig die Rosenthalsche Streifenkarte als ein Schönersches Werk betrachten zu dürfen glauben.

Wer alte Bibliotheken und Sammlungen durchmustert, kann sich noch auf gar manchen hier einschlagenden Fund Rechnung machen. Wir sind in der Lage, die allem Vermuten nach chronologisch-ersten Segmente zu einem Himmelsglobus nachweisen zu können, von denen bisher in der Litteratur keine Rede gewesen ist. Die Münchener Hof- und Staatsbibliothek besitzt (Signatur: Math. A. 41°, fol.) einen Sammelband von Zeichnungen und Stichen aus dem Nachlasse des vorgenannten Georg Hartmann, und in diesem befinden sich auch zwei Garnituren solcher Segmente. Nr. 16 weist 9 derselben auf, das zugehörige zehnte ist abhanden gekommen; der Stich datiert aus dem Februar 1535. Ebenso besitzt Nr. 116 sämtliche 10 Globusstreifen, diesmal aber in zarterer Ausführung. Unsere Fig. 3 überhebt uns längeren Verweilens bei dieser Globuskarte des gestirnten Himmels.

Urteil vornehmlich darauf, dafs bei allen übrigen und gesicherten Schönerschen Globen die Art, wie die Buchstaben geschrieben und gestellt erscheinen, eine abweichende sei. Endlich pflichtet auch Kretschmer (a. a. O., S. 438) den beiden vorigen Forschern bei, doch zitiert er ausschließlich und thut der gewichtigen Prüfung v. Wiesers keine Erwähnung. „Die Behauptung Stevens', dafs wir in der Globuskarte eines Nürnberger Anonymus den verlorenen Globus Schöners von 1523 wiederzuerkennen haben, dürfte wohl kaum allgemeine Billigung finden". Vgl. auch die Zustimmung Ruges zu dieser Ansicht (Verh. d. Gesellsch. f. Erdkunde zu Berlin, 21. Band, S. 494). Dem gegenüber hält v. Wieser in seiner Anzeige des Faksimile-Atlas (a. a. O., S. 470) die von ihm früher vorgetragene Anschauung vollinhaltlich aufrecht. Er rät davon ab, Schöners Arbeitsmanier zu hoch zu stellen; derselbe war nicht blos Gelehrter, sondern, zumal in seiner früheren Zeit, auch Geschäftsmann, arbeitete auf den Effekt und ließ sich von seinen jeweiligen Vorbildern so sehr beeinflusen, dafs es nicht wohl angeht, Verschiedenheiten, die sich bei seinen selbst von sehr verschiedenen Epochen datierenden Erzeugnissen geltend machen, in der Weise zu deuten, wie dies z. B. von Harrisse geschehen ist. Neuerdings hat Gallois (Revue historique, 1894) die Argumente von Harrisse so treffend widerlegt, dafs die Annahme v. Wiesers wohl als ganz gesichert gelten darf.

Kapitel IX.

Weitere merkwürdige Globen aus dem XVI. Jahrhundert.

Es ist nicht die Absicht dieser Schrift, eine absolut lückenlose Aufzählung aller irgendwo und irgendwann konstruierten Globen zu erbringen, was ja auch über die Kräfte eines Einzelnen weit hinausgehen würde. Vielmehr kommt es uns lediglich darauf an, solche Exemplare namhaft zu machen, welche für die Geschichte der Erd- und Himmelskunde eine gewisse Bedeutung beanspruchen können.

So zieht denn zunächst unsere Aufmerksamkeit auf sich eine Erdkugel des Gemma Frisius, der (geb. 1508, gest. 1555) an der belgischen Universität Löwen Medizin und Mathematik lehrte. Der Globus selbst ist nicht auf uns gekommen, wohl aber in mehreren Ausgaben die Schrift, welche sich mit ihm und seiner Anwendung beschäftigt.[1]) Auf dem Titelblatte ist er abgebildet; er stand auf drei Füßen, hatte bereits eine Magnetnadel auf dem Fußgestelle zur Orientierung nach den vier Weltgegenden und war mit einem Höhenquadranten, sowie mit einem „Gnomon sphaericus" ausgestattet. Seine weitere Bestimmung, Kunde von den neuen Länderentdeckungen der beiden pyrenäischen Nationen zu geben, drückt die „Epistola salutatoria" aus. Ebenso wird gesagt, daß der Globus für den Verkauf gearbeitet und demnach sicher in vielen Exemplaren zu haben war.[2])

Weitere Globenverfertiger derselben Zeit sind Kaspar Vopell und Johann Honter. Über den ersteren (1511—1561) handelt mit besonderer Beachtung des geschichtlich-kartographischen Momentes Michows Monographie „Kaspar Vopell, ein Kölner Kartenzeichner

---

1) Gemma Phrysius, De principiis Astronomiae et Cosmographiae, deque usu globi, ab eodem editi, item de orbis divisione et insulis, rebusque nuper inventis, Löwen-Antwerpen 1530. Vgl. dazu auch Kästner, Gesch. d. Math., 2. Band, S. 579 ff. und Breusing, Leitfaden durch das Wiegenalter der Kartographie bis zum Jahre 1600, Frankfurt a. M. 1883, S. 82. Das Werk des Niederländers kann als die erste eigentliche Globuslehre gelten, deren Zweck es war, jene sphärischen Aufgaben, zu deren exakter Behandlung man der Trigonometrie bedarf, durch manuelle Operationen an der drehbaren Weltkugel zu lösen; hiezu eben waren derselben einige neue, bisher vermißte Ausrüstungsstücke beigegeben.

2) „Vaeneunt cum globis apud Servatium Zassenum et Antverpiae apud Gregorium Bontium sub scuto Basilensi."

des XVI. Jahrhunderts".[1]) Man hat bei seinen Erdgloben diejenigen, welche als Bestandteile einer Armillarsphäre nur eine sekundäre Bedeutung besitzen[2]), zu unterscheiden von dem wirklichen Erdglobus oder, wie ihn Quad nennt[3]), „Erdklotz", auf den erst Breusing[4]) die Aufmerksamkeit der Geographen hinlenkte, und der sich auf der Stadtbibliothek in Köln a. R. befindet. Derselbe hat 28 cm Durchmesser; das Kartenbild ist auf Papiersegmente gezogen, mit denen die aus Pappe bestehende Hohlkugel bezogen wurde. Eine Notiz auf dem Globus besagt, dafs er 1542 gemacht worden ist. Die Kölner Sammlung beherbergt auch zwei Himmelsgloben Vopells von genau gleicher Gröfse. Derjenige von 1532 stellt eine auf überkreidete Pappe aufgetragene Handzeichnung dar, während derjenige von 1536 ganz ebenso wie die Erdkugel angefertigt ist.

Von dem Siebenbürger Sachsen Honter, der auf geographischem Gebiete eine achtungswerte Thätigkeit entfaltete[5]), kennt man[6]) einen Globus aus dem Jahre 1542. Honter gehört zu denjenigen, welche dem Namen Amerika die Bahn brechen halfen.

Buckingham Smith fand in Spanien einen gleichfalls aus dem Jahre 1542 stammenden kupfernen Globus[7]) auf, der laut Legende das Werk eines Venetianers Euphrosynus Ulpius ist, und schenkte ihn der Historischen Gesellschaft zu New-York. Es gedenken seiner

---

1) Hamburgische Festschrift zur Erinnerung an die Entdeckung von Amerika, 1. Band, Hamburg 1892, 4. Teil.

2) Bei v. Nordenskiöld (S. 83) ist nur der eine der beiden zu Ringkugeln gehörigen Globen genannt. Von ihnen ist der eine, der vielleicht einst Tycho Brahe gehörte, jetzt Eigentum des Altnordischen Museums zu Kopenhagen, der andere im Privatbesitze des bekannten Kartographen L. Friederichsen in Hamburg.

3) Quad, Teutscher Nation Herligkeit, Köln a. Rh. 1609, S. 229.

4) Breusing, a. a. O., S. 32. Vgl. auch J. H. Graf, Ein Astrolabium mit Erdkugel aus dem Jahre 1545 von Kaspar Vopellius, Jahresber. d. Geogr. Gesellsch. zu München, 15. Heft, S. 228 ff. — Ein Vopellscher Globus befindet sich auch in Salzburg (Pet. Geogr. Mitt., 1890, S. 275).

5) Eine gründliche Würdigung des Schriftstellers Honter hat der bekannte Historiker des Sachsenstammes F. D. Teutsch geliefert (Archiv des Vereins für siebenbürgische Landeskunde, (2) 13. Band, S. 137 ff., 15. Band, S. 586 ff.).

6) v. Nordenskiöld, a. a. O., S. 83.

7) Die Ulpiussche Erdkugel ist in einen Ständer von Eichenholz eingelassen und von einem Horizonte mit eingegrabenem Tierkreise umgeben. Die Zueignung wendet sich an den Kardinal Marcellus Cervinus, späteren Papst Marcellus II. Die auf die Kugel aufgetragenen Meridiane, deren erster durch die canarischen Inseln geht, folgen sich in Winkelabständen von je 30°. Ein Teil der Globusfläche ist im „Magazine of American History" (6. Band, S. 17) abgebildet zu sehen.

Harrisse[1]), Winsor[2]) und Kretschmer[3]). Sein geschichtlicher
Wert liegt wesentlich in der Übereinstimmung, welche zwischen ihm
und der Karte jenes Giovanni da Verrazzano obwaltet, der 1524
unter französischer Flagge die nordamerikanische Golfküste befuhr.[4])

An wissenschaftlichem Ruhme würde den zuletzt genannten drei
Kosmographen Peter Apian (Bienewitz) vorgehen, aber so bekannt
derselbe auch als Verfasser von Lehrbüchern und als Kartenzeichner
ist[5]), so dürfen wir ihn doch nur unter Reserve auch den Globenverfertigern anreihen (s. o. S. 54). Zweifellos aber gehört zu diesen
Peters Sohn Philipp, zugleich sein Nachfolger auf der mathematischen Lehrkanzel der Universität Ingolstadt. Wenn wir seinetwegen
vorübergehend den chronologischen Faden fallen lassen dürfen, so
haben wir zu berichten[6]), daß seinen Globen, zumal auch nach der

---

1) Harrisse, Notes sur la Nouvelle France, Paris 1872, S. 222.

2) Winsor, Narrative and Critical History of America, 3. Band, London
1889, S. 214.

3) Kretschmer, a. a. O., S. 341.

4) Vgl. hiezu Murphy, The Voyage of Verrazzano, a Chapter in the early
History of Maritime Discovery in America, New-York 1875, Append. III, S. 162 ff.;
Hugues, Di un nuovo documento attinente a Giovanni da Verrazzano, Ca-
sale 1895.

5) Vgl. Günther, Peter und Philipp Apian, a. v. St.; forner H. Wagner,
Die dritte Weltkarte Peter Apians vom Jahre 1530 und die Pseudo-Apianische
Weltkarte von 1551, Nachr. v. d. kgl. Gesellsch. d. Wissensch. zu Göttingen,
Dezember 1892. Für die astronomischen Werke vgl. Wolf, Gesch. d. Astr.,
S. 264 ff.

6) Das folgende ist ein Auszug aus dem Aufsatze: Günther, Die Münchener
Globen Philipp Apians, Jahrbuch für Münchener Geschichte, 2. Jahrgang, S. 131 ff.
Dort wird die geradezu abenteuerliche Entstehungsgeschichte der beiden schönen
Exemplare skizziert. Apian der jüngere hatte als Anhänger des Protestantismus
Bayern unter solchen Umständen verlassen müssen, daß man recht wohl von
Verbannung sprechen könnte; kaum aber hatte er in Tübingen eine neue An-
stellung gefunden, so erwirkte ihm der nämliche Herzog Albrecht V., der seinen
getreuen Unterthanen ungnädig des Landes entlassen, bei seinem neuen Landes-
herrn, dem Herzoge von Württemberg, Urlaub, damit er ihm in München jene
Globen schaffe, welche noch jetzt zu den wertvollen Schaustücken der Hof- und
Staatsbibliothek gehören. Aus dem in betreff dieser Angelegenheit gepflogenen
Briefwechsel, sowie aus den erhaltenen Hofzahlamtsrechnungen geht allerdings
nur für die Erdkugel Apians Autorschaft mit Sicherheit hervor, und zwar fällt
die Zeit ihrer Konstruktion in die Jahre 1575 und 1576. Für die Himmelskugel
gebricht es an authentischen Zeugnissen, doch darf man, da sie äußerlich ihrer
tellurischen Schwester gleicht und auch nach der Überlieferung von dem nämlichen Verfertiger herrührt, wohl annehmen, daß Apian, obwohl ihm zuerst nur
der Erdglobus zugedacht gewesen war, nachher auch noch den Gefährten in
angriff nahm.

künstlerischen Seite hin[1]), eine ehrende Erinnerung an dieser Stelle gebührt. An der Erdkugel verdient als ein bemerkenswertes Einzeldatum angemerkt zu werden, dafs die Demarkationslinie des Papstes Alexander V. ausdrücklich als Isogone Null, als Linie ohne magnetische Mifsweisung aufgefafst worden ist.[2])

Von unserer Abschweifung zu den vierziger Jahren des XVI. Jahrhunderts zurückkehrend, sehen wir unsere Blicke durch den grofsen Namen Gerhard Mercators gefesselt, des Mannes, dessen Name in der Geschichte der Netzentwurfslehre ebenso wie in der der kartographischen Technik mit gleich hohen Ehren genannt wird. Wir gehen darauf nicht näher ein, indem wir auf die ausgezeichnete Spezialarbeit Fiorinis[3]) verweisen, können aber nicht umhin zu bemerken, dafs natürlich bei einem erfinderischen Geiste, wie es der rheinische Geograph war[4]), die Darstellung des Erdganzen in sphärischer Form mit der planen Abbildung hand in hand gehen mufste. Mit Mercators Verdiensten haben sich hauptsächlich der Vlame van Raemdonck[5]) und der Deutsche Breusing[6]) — freilich sehr oft in gegen-

---

1) Dafs übrigens, wie man früher glaubte, der künstlerische Schmuck der Apianschen Globen eine Leistung des unübertrefflichen Miniaturmalers Hans Müelich gewesen sei, ist höchst unwahrscheinlich (s. M. Zimmermann, Hans Müelich und Herzog Albrecht V., München 1885). Trotzdem ist die Malerei als ein kleines Meisterwerk zu bezeichnen, wenn auch freilich die Übersichtlichkeit — zumal bei der Himmelskugel — unter der Wirkung der artistischen Zuthaten leiden mufste. Bei jener bestehen die Sterne aus vergoldeten kleinen Nägeln von verschiedener Gröfse, die man, um der Präcession gerecht zu werden, herausnehmen und wieder neu einstecken kann. Eine Nachbildung der geschmackvollen Fufsgestelle hat L. Gmelin veröffentlicht (Stuttgarter Gewerbehalle, 1885, Tafel 62).

2) Drei benachbarte Bussolen kennzeichnen die Teilungslinie; die Deklination der einen ist eine westliche, die der zweiten eine östliche, während auf der dritten (mittleren) die Magnetnadel gerade nach Norden zeigt.

3) Fiorini, Gerardo Mercatore e le sue carte geografiche, Boll. d. Soc. Geogr. Ital., Januar-Februar-März-Aprilheft 1890.

4) Für einen Deutschen, dessen Geburtsort rein zufällig eine flandrische Stadt geworden sei, hat sich Mercator selbst erklärt. Als er seine „Tabulae Galliae et Germaniae" (Duisburg 1585) erscheinen liefs, sprach er sich in der einleitenden Dedikation, wie folgt, aus: „Obwohl ich in Flandern geboren bin, so sind doch die Herzoge von Jülich meine angestammten Herren, denn unter ihrem Schutze bin ich im Jülicher Lande und von Jülichschen Eltern erzeugt worden" (Breusing, s. u., S. 5).

5) van Raemdonck, Les Sphères terrestres et sphère céleste de Gérard Mercator, St. Nicolas 1875.

6) Breusing, Gerhard Kremer, gen. Mercator, der deutsche Geograph, Duisburg 1869.

seitigem Widerstreite —, sowie auch der Amerikaner Hall[1]) und
zuletzt der Belgier van Ortroy[2]) und der Italiener Ceradini[3]) beschäftigt; die Reminiscenzen von Mercators Thätigkeit, denen man in
Italien begegnet, bilden den Gegenstand einer eigenen Untersuchung
Fiorinis.[4])

Der berühmte Erdglobus von 1541 ist Gerhards Jugendarbeit,
der nur die minder bedeutenden Karten Palästinas und Flanderns
vorangegangen waren. Hören wir, was Breusing über jenen berichtet.[5]) „Auch seine mechanischen Arbeiten hatten bei den Männern
der Wissenschaft eine so günstige Aufnahme gefunden, dafs er dadurch
ermutigt wurde, sich an ein gröfseres Werk, einen Erdglobus, zu
machen, den er nach anderthalbjähriger Arbeit im Jahre 1541 voll-
endete und dem kaiserlichen Geheimrate und Reichssiegelbewahrer
Granvella widmete. Und wenn Ruscelli uns erzählt, er habe mit
Staunen einen herrlichen Globus von drei und einer halben Palme im
Durchmesser betrachten müssen, der von deutscher Arbeit und Granvella gewidmet gewesen sei und an Schönheit der Zeichnung und
Schrift alles früher Geleistete übertreffe, so ist wohl kaum ein Zweifel,
dafs dies der fragliche Globus Mercators gewesen ist. Ich will hier
gleich hinzufügen, dafs im ganzen XVI. Jahrhundert, wenn von aus-
gezeichneten Globen die Rede ist, diejenigen Mercators immer als
die besten genannt werden“. Manche Apparate, welche derselbe im
Anschlufse an den ersten Globus geliefert hat, sind auf eine sehr

1) E. F. Hall-J. C. Brevoort, Gerard Mercator, his Life and Works,
Bulletin of the American Geographical Society, 1878, S. 163 ff., 195 ff.

2) van Ortroy, L'oeuvre géographique de Mercator, Brüssel 1893.

3) G. Ceradini, A proposito dei due globi Mercatoriani 1541—1554, appunti
critici sulla storia di geografia nei secoli XV e XVI, Mailand 1894. Die Schrift
ist leider durch des Autors Tod zum Torso gemacht worden.

4) Fiorini, I globi di Gerardo Mercatore in Italia, Boll. d. Soc. Geogr.
Ital., Juniheft 1890. Dafs Ruscelli das ursprünglich Granvella gehörige, von
ihm aber an Porcellaga geschenkte Exemplar in Venedig sah, wurde oben
angedeutet, aber andere Mercator-Globen wollten sich in Italien anfänglich
nicht nachweisen lassen. Später aber fand sich, dafs Nachbildungen dieses Erdglobus in der Gouvernementsbibliothek zu Cremona und in der Gemeindebibliothek
zu Urbania (ehemals Castel Durante, Romagna) vorhanden sind. Man kann mit
Fiorini annehmen, dafs beide Stücke aus der einstmals reichhaltigen Bibliothek
der Herzoge von Urbino an ihren gegenwärtigen Aufbewahrungsort gelangt sind,
während sie durch Guidobaldo II., einen der Wissenschaft ergebenen, 1574
gestorbenen Herrscher nach Italien gebracht worden sein mögen.

5) Breusing, a. a. O., S. 9.

eigentümliche Weise in Verlust geraten[1]); immerhin blieben noch
genug Erdgloben des rasch berühmt gewordenen Meisters übrig, die
einen gangbaren Verkaufsartikel bildeten.[2]) Auffälligerweise sind nur
zwölf ächte Exemplare (die Streifen mit eingerechnet) davon auf
unsere Zeit gekommen, wenn man die beiden oben angeführten italienischen, wie selbstverständlich, mitzählt.[3]) Das länderkundliche
Wissen, welches sich im Globusbilde ausspricht, macht dem, der es
lieferte, alle Ehre; neben Ptolemaeus und Marco Polo sind die
neueren iberischen Reiseberichte tüchtig ausgenützt, die vorhandenen
Karten zu rate gezogen worden.[4]) Wenn sich manch Irrtümliches ein-
mengte, so ist daran grofsenteils jene aprioristische Konstruktion der

1) Karl V., Mercators Gönner, hatte diese Apparate mit ins Feldlager
genommen, und als bei der Belagerung Ingolstadts, wohin sich der Kaiser vor
dem schmalkaldischen Bundesheere zurückgezogen hatte, eine mit wertvollen
Dingen gefüllte Scheune in Brand geschossen wurde, verbrannten auch die von
Mercator für Karl gefertigten Instrumente mit (Breusing, a. a. O., S. 13).
Das Interesse für geographische Studien war bei den spanischen Herrschern aus
nahe liegender Ursache immer ein reges; führte doch bereits Arnold Florent
van Langren, der Vater des später zu erwähnenden, den Amtstitel eines „königlichen Sphärographen", d. h. doch wohl Globenmachers und Kartenzeichners
(Poggendorff, Handwörterbuch zur Geschichte der exakten Wissenschaften,
1. Band, Leipzig 1863, Sp. 1371).
2) Es ist bekannt (Zeitschr. f. wissensch. Geogr., 1. Jahrgang, S. 180), dafs
Camerarius für Mercator sechs von dessen Erdgloben verkauft hat, dafs
andere auf die Frankfurter Messe gesandt, wieder andere vom Autor als Geschenke
verteilt wurden.
3) Die k. Bibliothek zu Brüssel enthält die fertigen Globusstreifen (van
Raemdonck, Sur les exemplaires qui existent encore aujourd'hui des grandes
cartes de Mercator, Paris 1878); ein fertiges Exemplar besitzt nach A. Steinhausers Mitteilung Wien (v. Wieser, Magalhaesstrafse und Australkontinent etc.
S. 69), und von einem solchen in der Weimarer Militärbibliothek hat man durch
v. Wieser (Der Portulan des Infanten und nachherigen Königs Philipp II.
von Spanien, Sitzungsber. d. kais. Akad. zu Wien, Phil.-Hist. Kl., 1876, S. 547)
Kenntnis erhalten. — Der Güte des Hrn. v. Wieser entnehmen wir die bislang
noch nicht veröffentlichte Nachricht, dafs sich Mercator-Globen in den Klöstern
Stams (Tirol) und Admont (Steiermark) vorfinden.
4) „Die Weltkarte und die Erdkugel sind, wie alle anderen gleichzeitigen
Versuche dieser Art, dem Tagesinteresse und dem Zeitgeschmacke sich anpassende
Verwertungen der alljährlich in einer reicheren Fülle zuströmenden Nachrichten
aus dem transatlantischen Westen. Für die Neue Welt sind die aus Portugal
und Spanien stammenden Seekarten der Entdecker, die Berichte von Columbus,
Vespucci, Cabot und Cortereal das benützte Material, während die Zeichnung der Alten Welt im wesentlichen das auf Behaims Globus fixierte Bild
wiederholt, also die ptolemäischen Umrisse mit den Angaben der mittelalterlichen

Oberflächengestaltung schuld, welche sich das ganze Zeitalter erlauben zu dürfen glaubte.[1])

Im Jahre 1551 folgte dem Erd- ein Himmelsglobus, für den Lütticher Bischof Georg, einen österreichischen Prinzen, gefertigt[2]); auch schrieb Mercator einen begleitenden Text zu seinen Weltkugeln, welcher deren Gebrauch erläutern sollte.[3]) Von Duisburg aus, wohin er 1552 übersiedelte, übermittelte er späterhin seinem wohlgeneigten Kaiser noch zwei Globen, denen allerdings keinerlei wissenschaftlicher Wert zukommt, die aber Mercators Neigung für dieses Genre deutlich bekunden. Der kleine Himmelsglobus war aus Glas gefertigt, auf dessen Aufsenseite die Sternbilder mit Diamant eingeritzt und mit Gold eingebrannt waren; der Erdglobus bestand aus Holz und hatte nur die Gröfse eines Kinderspielballes, soll aber desungeachtet die Umrisse korrekt und gefällig zur Anschauung gebracht haben.[4])

Aus der zweiten Hälfte des XVI. Jahrhunderts sind ein paar be-

---

Asien-Reisenden vereinigt" (Dinse, Zum Gedächtnis Gerhard Mercators, Verhandl. d. Gesellsch. f. Erdk. zu Berlin, 21. Band, S. 575).

1) Wir meinen die Theorie vom Australlande, welche unlängst Raynaud (Le Continent Austral, hypothèses et découvertes, vgl. die Kritik Ruges in Petermanns Geogr. Mitteil., 41. Band, Litter. Ber., S. 16 ff.) monographisch bearbeitet hat. Mercator hatte sich eine statische Beweisführung für die Notwendigkeit eines solchen Kontinentes um den Südpol herum zurecht gemacht, indem er sagte (Günther, Lehrbuch der Geophysik und physikalischen Geographie, 2. Band, Stuttgart 1885, S. 343): *„Haec omnia importat centri gravitatis et mundi constitutio"*. Die Autorität Mercators bewog noch manchen späteren Geographen, den imaginären Landkomplex im Süden, jenseits der Magalhaësstrafse, beizubehalten.

2) Breusing, a. a. O., S. 19.

3) Der „Globi terrestris sculptum" von 1541 folgte (Löwen 1551) die „Globi coelestis sculptura". Ferner gehört hierher ein von Gerhard Mercator in Verbindung mit seinem Sohne Bartholomaeus herausgegebenes Werkchen: Breves meditationes in sphaeram, Köln 1562.

4) Auch in der äufseren Ausstattung der Globen — wie natürlich auch der Landkarten — ist durch Mercator insofern ein bedeutender Schritt vorwärts gemacht worden, als derselbe konsequent die übliche Frakturschrift ablehnte und für exakte, lesbare Darstellung der Buchstaben und Ziffern Sorge trug (s. E. Fischer, Drei Karten von Gerhard Mercator, Ausland, 65. Jahrgang, S. 279). Dafs der in so vielen Sätteln gerechte Mann sich lebhaft für Schönschreibekunst interessiert und für das Duisburger Gymnasium, an dem er ein paar Jahre unterrichtete, wahrscheinlich sogar kalligraphische Vorschriften abgefafst hat, hebt Breusing (a. a. O., S. 8 ff.) hervor. — Auf diese beiden kleineren Globen bezieht sich die Abhandlung Mercators „Declaratio insigniorum utilitatum, quae sunt in globo terrestri, coelesti et annulo astronomico" (herausgegeben von J. van Raemdonck, St. Nicolas 1888).

achtenswerte Himmelskugeln zu nennen. Der einen derselben, derjenigen des Dasypodius, an welcher auch der ältere Isaak Habrecht mitarbeitete, gedachten wir schon vordem (S. 27).[1]) Eine zweite ist bekannter geworden, sie stand auf Tycho Brahes berühmter Sternwarte Uranienborg.[2]) Schon auf seiner ersten Reise durch Deutschland bestellte er dieselbe in Augsburg, wo sich der selbst in astronomischen Dingen erfahrene Bürgermeister Paul Hainzel des Werkes annahm, aber erst fünfundzwanzig Jahre nach Ankunft des gewaltigen Metallkörpers in Dänemark wurden die Sterne eingraviert. Im ganzen waren es 1080, und als Epoche war das Jahr 1600 angenommen worden.[3]) Meridian und Horizont waren gleichmäfsig graduiert, und zwar soll man mittelst der von Tycho sehr gerne angewandten Transversalteilung[4]) noch Bogenminuten haben ablesen können, was bei einem Durchmesser von 6 Fufs ganz glaublich ist. Die ganze Arbeit hatte fünftausend Thaler, eine für jene Zeit ungeheure Summe, gekostet. An sich wäre ein solcher Aufwand für einen begüterten Mann, wie der dänische Gelehrte es war, nicht zu viel gewesen, allein erstlich kam er kaum dazu, seinen Globus in ernsten Gebrauch zu nehmen, weil Tychos halb freiwillige Verbannung schon 1597 ihren Anfang nahm, und dann konnte der Globus auch später nicht mehr viel Nutzen stiften, weil der Kopenhagener Schlofsbrand von 1738 mit vielen anderen Merkwürdigkeiten auch diese verschlang.[5]) Er-

1) Von diesem älteren Habrecht, dessen gleichnamiger Sohn auf einem verwandten Arbeitsfelde thätig war und einen „Tractatus de planiglobis coelesti ac terrestri" (Strafsburg 1628) verfafste, gibt R. Wolf Nachricht (Mitteilungen der Naturforschenden Gesellschaft zu Bern, 1854, S. 69).

2) Die Originalabbildung seines Globus ist in Brahes Lehrbuch der astronomischen Instrumentenkunde — so darf man die „Astronomiae instauratae mechanica" (Wandsbek 1598) wohl nennen — enthalten. Darunter steht „Globus magnus orichalceus"; es ist demnach die mitunter zu lesende Angabe unrichtig, dafs die Kugel aus Holz bestanden habe. Nähere Nachrichten sind, abgesehen von den verschiedenen Biographien Brahes, gesammelt von Kästner (Gesch. d. Math., 2. Band, a. v. O.). Beiläufig sei bemerkt, dafs der junge Tycho seine astronomischen Studien mit einem Zirkel und mit einem zufällig in seinem Besitze befindlichen Sternkügelchen von Faustgröfse zu betreiben anfing.

3) Kästner, a. a. O., S. 374, 393.

4) Diese ursprünglich auf den Portugiesen Nonius zurückgehende und wohl schon zu Anfang des XVI. Jahrhunderts mehrfach benützte Teilungsmethode war dem jungen Tycho durch seinen Studienfreund Scultetus bekannt geworden und wurde von ihm, obwohl sie ja nicht auf völlig korrekten Prinzipien beruhte, mit Erfolg zur feineren Limbusteilung verwendet (Wolf, Gesch. d. Astron., S. 365 ff.).

5) Kaiser Rudolf II. kaufte den Erben Brahes dessen nachgelassenes In-

freulicherweise hatte Tycho Brahe Abbildungen der Kugel anfertigen und an Interessenten verteilen lassen.[1])

In Kürze werde noch einiger weiterer Himmelsgloben des laufenden Jahrhunderts gedacht.[2]) Einen hübschen Himmels- (und zugleich Erd-) Globus besitzt der mathematische Salon Dresdens aus dem Atelier von Chr. Heyden[3]), und nicht minder ist dort ein gröfseres Objekt dieser Art aus Messing, welches dem bekannten sächsischen, bald aber an die Nürnberger Hochschule in Altdorf berufenen Mathematiker Joachim Praetorius sein Dasein verdankt.[4]) Gleichfalls Dresdener Eigentum ist endlich eine durch ein Uhrwerk zu bewegende künstliche Himmelskugel von unbekannter Provenienz aus dem Schlufsabschnitte des uns hier beschäftigenden Zeitraumes.[5])

strumentarium ab und liefs es in Prag aufbewahren, doch gelangte es nachmals in den Besitz des berühmten, zeitweise von dem verdienten Sonnenforscher Chr. Scheiner geleiteten Jesuitenkollegiums zu Neisse. Diese Stadt wurde 1623 von einem protestantischen Heere unter Führung des Dänenprinzen Ulrich eingenommen, und infolge dieses Ereignisses kam der Globus wieder nach Kopenhagen, wo er in der Kunstkammer aufgestellt und durch Tychos Lieblingsschüler Longomontanus mit einer Inschrift versehen wurde (Wolf, a. a. O., S. 280). Sein Untergang vollzog sich in der beschriebenen Weise.

1) Kästner, a. a. O., S. 393. „In eben dem Jahre" — 1596 — „erschienen in Niederdeutschland Himmelskugeln mit Sternen nach Tychos Berichtigung, aber nur mit den 800, die sich im ersten Buche der 'Progymnasmata' finden. Tycho hatte von den gedruckten Blättern, auf denen sie stunden, Exemplare verteilt, auch eines an einen Amsterdamer Künstler, Florentium". Da van Langren der Ältere (s. o.) ein geborener Däne war und da nach den Niederlanden übersiedelte, da ferner in dieser Familie der Vorname Florent herrschend war, so ist es erlaubt, daran zu denken, dafs die „sphärographische" Thätigkeit der van Langren durch Tycho Brahe inspiriert worden sein möchte.

2) Vgl. E. Gerland, Beiträge zur Geschichte der Physik, Leopoldina, 18. Heft — eine wertvolle Materialiensammlung für Globengeschichte.

3) A. a. O., S. 69. Heyden (1525—1576) war nach Doppelmayr (Hist. Nachr. etc., S. 75) ein sehr geschickter Mechaniker und wurde von Maximilian II. nach Wien berufen, um dem Kaiserhofe eine automatische Maschinerie zur Darstellung der Planetenbewegung vorzuzeigen.

4) E. Gerland, S. 68; Doppelmayr, S. 88; Drechsler, a. a. O., S. 53 ff. Der vergoldete Globus hat einen Durchmesser von 320 mm und jene vollständige Adjustierung, welche die Lösung sphärischer Aufgaben notwendig macht. Der ebenfalls in Dresden befindliche Erdglobus des Praetorius aus dem Jahre 1568 ist etwas kleiner (280 mm Durchmesser) und wird von einem reich verzierten Ständer getragen.

5) Drechsler, a. a. O., S. 53: „Himmelsglobus, mess., verg., 352 mm D., mit Uhrwerk zu täglicher Rotation. Auf dem mess. Horizontalring sind der alte und der neue Kalender, die zwölf Monate, Festtage u. s. w. angegeben. Der

Zwei schöne Exemplare von Himmelsgloben birgt fernerhin das Museum zu Kassel. Der eine Globus wurde 1592 von Sanderson gefertigt[1]); der andere, dessen Entstehungszeit nicht genau festgelegt werden kann, ist ein Ergebnis der gemeinsamen Arbeit des gelehrten Landgrafen Wilhelm IV. von Hessen-Kassel mit seinem Hofastronomen Bürgi.[2]) Weiter verdient noch der mehrerwähnte Langren eine

Globus ist von einer Armillarsphäre umgeben und das Stativ desselben, mit vier Greifenklauen, ist reich verziert. Es wurde dieser Globus auf Verordnung des Kurfürsten Christian II. für die Kunstkammer gekauft 1693". Wir entsinnen uns (S. 15), dafs dieses Herrschers Vorgänger auch den Ankauf der arabischen Himmelskugel von Merngah veranlafst hatte.

1) E. Gerland, a. n. O., S. 69. Sanderson war ein wohlhabender Privat-mann zu London, der sich mit der Verfertigung von Globen gerne abgab und solche, wie es scheint, teils selbst herstellte, teils auch, wie sich weiter unten zeigen wird, durch andere sach- und kunstverständige Leute herstellen liefs. Robert Hues rühmt sein Verdienst in der Vorrede zu einer etwas später bei Jodocus Hondius erschienenen Schrift (Tractatus de globis coelesti et terestri eorumque usu. Primum conscriptus et editus a Roberto Hues Anglo semelque atque iterum a Jodoco Hondio excusus et nunc elegantibus iconibus et figuris locupletatus . . ., Amsterdam 1617). Dort wird nämlich mit Rücksicht auf die Sandersonschen Globen folgendes gesagt: „Hac intelligenda volumus de iis, qui maiori forma editi sunt Guilelmo Sandersono cive Londinensi (de quorum praecipue usu conscripsimus hunc tractatum). Nam et minores edidit et mole et magnitudine minores, sic etiam pretio riliori, ut tenuiorum studiis consultum esse videatur." Eins dieser „kleineren" Exemplare mag wohl das in Kassel befindliche sein.

2) Näheres über die gemeinsame „astronomische" Thätigkeit Wilhelms und seiner beiden Gehilfen, des „Hofmathematikers" Rothmann und des „Hofuhr-machers" Bürgi, erfährt man bei Wolf (Biogr. z. Kulturgesch. etc. 1. Zyklus, S. 57 ff.). Einen von letzterem konstruierten Himmelsglobus brachte Bürgi auf Geheifs seines Landgrafen selbst zu Kaiser Rudolf II. nach Prag, doch war dies wohl mehr ein Planetarium, denn in einem Briefe an Brahe vom 15. Mai 1590 sagt Wilhelm ausdrücklich, es seien „darauff die Motus Planetarum eingebracht." Jedenfalls hatte das Geschenk die Folge, dafs der Kaiser den geschickten Mecha-niker selbst in seine Dienste herüberzuziehen versuchte, und in der That siedelte Bürgi nicht lange nachher als „Kammeruhrmacher" nach Prag über. Ob der erwähnte „Globus" mit einem künstlichen Abbilde des Weltsystemes überein-stimmte, welches von Bürgi zur Erläuterung des tychonischen Systemes angegeben worden war und in dem bekannten Prioritätsstreite zwischen Brahe und Rey-marus Ursus eine gewisse Rolle spielte, das läfst sich nicht mit Sicherheit ent-scheiden, doch ist es nicht eben unwahrscheinlich. — Übrigens besafs der Land-graf noch aufser Bürgi tüchtige Hilfskräfte, wie eine jüngst erschienene Ver-öffentlichung darthut (v. Drach, Die zu Marburg im mathematisch-physikalischen Institute befindliche Globusuhr Wilhelms IV. von Hessen als Kunstwerk und astronomisches Instrument, Marburg i. H. 1894). Der hier gemeinte Himmelsglobus, der sich durch ein Uhrwerk selbstthätig in je 24 Stunden einmal um seine Achse

5 *

Stelle.[1]) „Die einzigen uns bekannten übrigen Globen des XVI. Jahrhunderts sind zwei Paare von F. A. van Langren; das eine wird in der Nationalbibliothek zu Paris, geogr. Abteilung Nr. 405, aufbewahrt, und das zweite fand Cortambert 1855 in der Bibliothek von Grenoble." Endlich ist noch der Globus des Maurolycus zu nennen.[2])

Somit können wir uns jetzt zu denjenigen Erdgloben zurückwenden, welche noch dem XVI. Säkulum angehören und die Beachtung des Geschichtschreibers verdienen. Da fällt uns denn zuvörderst der eiserne Globus der Universitätsbibliothek zu Turin ins Auge.[3]) „Derselbe besteht aus einer 54 cm im Durchmesser haltenden Hohlkugel, auf welcher die Kartenzeichnung in gelbem und weifsem Metall (Gold und Silber?) ausgelegt ist. Die Autorlegende lautet: Franciscus Bassus Fecit 1570." Was die wissenschaftsgeschichtliche Würdigung dieses Exemplares angeht, welches lange Zeit gar nicht beachtet wurde, so müssen wir deshalb auf die bezeichnete Quelle verweisen.[4])

In der zweiten Hälfte des XVI. Jahrhunderts hatte ferner seine Blütezeit François de Montgenet, dessen Globus vom Jahre 1552 bei v. Nordenskiöld abgebildet ist (Tafel XL). Man kennt auch noch andere Erd- und Himmelsgloben von ihm, und u. a. ist auch eine von ihm hergestellte Globuskarte dem Zahne der Zeit entgangen.[5]) Mit ihr nahe verwandt ist (private Mitteilung des Hrn. Prof. v. Wieser) eine zu Rom von Lorenzo della Vaccheria in Kupfer gestochene Globuskarte des Dalmatiners Natalis Bonifacius.

---

drehte, ist von den Meistern Balduin und Hans Buch angefertigt worden. Derselbe war nicht blofs Luxusgegenstand oder astronomisches Demonstrationsmittel, sondern der Fürst bediente sich desselben wirklich bei Himmelsbeobachtungen und liebte es, ihn sogar auf seine Reisen mitzunehmen.

1) Zeitschr. f. wissensch. Geogr., 1. Jahrgang, S. 234.

2) Von ihm wissen wir freilich nichts näheres. In der dankenswerten Monographie Napoli (Intorno alla vita ed ai lavori di Francesco Maurolico, Bullettino di bibliografia e di storia delle scienze matematiche e fisiche, 9. Band, S. 11) wird eine Schrift des gelehrten Siziliners angezogen, die „De instrumentis astronomicis" betitelt war. Darin behandelte er das geometrische Quadrat, den Quadranten, das Planisphär u. s. w., „infine la sfera solida, che rappresenta il cielo intero coi circoli, e le posizioni degli astri."

3) Kretschmer, a. a. O., S. 436.

4) Bei Bassus findet sich der mystische „Golf Anian". Vgl. darüber Ruge, Abhandlungen und Vorträge zur Geschichte der Erdkunde, Dresden 1888, S. 53 ff.; Sandler, Die Anianstrafse und Marco Polo, Zschr. d. Gesellsch. f. Erdkunde zu Berlin, 29. Band, S. 401 ff.

5) Vgl. Günther, Die mathematische Sammlung des Germanischen Museums zu Nürnberg, Leopoldina, 14. Heft, S. 110.

Zum Schlusse wenden wir unseren Blick noch hinüber nach England. Hier ist es namentlich der Mathematiker, Seemann und Geograph Emery Molyneux, der uns interessiert, ein sehr geachteter
Mann, wahrscheinlich der nach Irland übergesiedelten britischen Familie dieses Namens entsprossen. Wir ersehen aus einer etwas späteren Schrift von Hues — derjenigen, die soeben in einer Note zitiert
wurde —, dafs Molyneux 1592 der Königin Elisabeth zwei wertvolle
Globen, einen der Erde und einen des gestirnten Himmels, vorgelegt
hat.[1]) Beide waren gleich grofs und besafsen, wenn man das englische Mafs in das uns jetzt geläufige umrechnet, einen Durchmesser
von 637 Millimeter.[2])

Auch hier hatte Sandersons Munifizenz die Ausführung ermöglicht, wie dies eine Inschrift auf der Erdkugel anzeigt: „Emery Mullineux Angl. sumptibus Guliem. Sanderson Londinensis descripsit".
Auf der Himmelskugel befindet sich gleichfalls eine Notiz, der zufolge
der bekannte Kartograph Hondius in Amsterdam (1563—1611) den
Druck der Streifen besorgt hat. Die Molyneuxschen Globen waren
denn auch nicht blofse Geschenke für das Staatsoberhaupt, sondern sie
wurden reproduziert, und es scheinen davon viele Exemplare verkauft
worden zu sein. Umsomehr darf man sich darüber wundern, dafs
nur noch ein einziges Exemplar, dasjenige in der Bibliothek des
Middle-Temple zu London, übrig geblieben zu sein scheint, und auch
dieses ist nicht intakt, insofern überflüssigerweise 1818 die Inhaber
eines Globengeschäftes in London (J. und W. Newton, Chancery-Lane)
„Verbesserungen" an dem Globusbilde vorgenommen haben.

In manchen Dingen ist für dieses Globusbild gewifs Mercators
Beispiel mafsgebend gewesen, so vor allem in der Berücksichtigung
der erst durch jenen in der Kartographie heimisch gemachten loxodromischen Linien.[3]) Sonst aber sind die geographischen Errungenschaften der neueren Zeit gebührend berücksichtigt. Die Reiserouten von
Francis Drake und Th. Cavendish sind durch rote und blaue Züge
angedeutet, und in den Nordpolargegenden wurden die Entdeckungen

---

1) Zeitschr. f. wissensch. Geogr., 1. Jahrgang, S. 233.

2) Hues kennzeichnet (a. a. O., S. 50) diese Globen, wie folgt: „*Existimo
hos globos, de quibus tractare instituimus, caeteris omnibus, qui hactenus editi sunt,
iure praeferendos, quod et capaciores reliquis sunt, enim diametri pedum duorum
et partis sextae.*"

3) Vgl. Günther, Geschichte der loxodromischen Kurve (Studien zur Geschichte der mathematischen und physikalischen Geographie, 6. Heft), Halle a. S.
1879; Fiorini, Le projezioni etc., S. 39 ff.

von Frobisher und Davis vermerkt.[1]) Minder abweichend ist begreiflicherweise der Molyneuxsche Himmelsglobus, der aber immerhin auch erkennen läfst, dafs die genauere astrognostische Aufnahme der Südhemisphäre durch die Holländer damals bereits im Gange war.

Wesentlich der Erklärung dieser beiden Globen, auf welche England als auf die ersten bedeutenderen Erzeugnisse solcher Art sehr stolz war, ist eine Schrift von Hood[2]) gewidmet. Mehr wissenschaftlicher Wert kommt jedoch derjenigen zu, welche R. Hues, der soeben erst von einer Entdeckungsfahrt in sein Vaterland zurückgekehrt war, zwei Jahre später abfafste.[3]) Dieses Buch erlebte denn auch verschiedene Neuauflagen.[4]) Es gewann für den Seemann insonderheit dadurch einen besonderen Wert, dafs für dasselbe von dem gelehrten Mathematiker Thomas Harriot ein Abrifs der Lehre von der Loxodrome — „Rhumb Line" war die zeitgenössische Bezeichnung — ausgearbeitet worden war.[5]) Man hat hier bereits die Elemente

---

1) In seiner „Hydrographical Description" (London 1595) soll Davis selbst sich dahin geäufsert haben: „Wie weit ich vordrang, ist ersichtlich aus dem von Emery Mullineux gefertigten Globus."

2) Hood, The Use of both the Globes, Celestial and Terrestrial, most plainly delivered in Form of a Dialoge, London 1592.

3) Tractatus de globis et corum usu. Accomodatus iis, qui Londini editi sunt anno 1593. Sumptibus Guglielmi Sandersonii, civis Londinensis. Conscriptus a Roberto Hues. Londini. In aedibus Thomae Dawson, 1594.

4) Das schon erwähnte Werk Hues' von 1617 ist eigentlich nur eine Überarbeitung des vorgenannten. In englischer Sprache gab ebendasselbe der Oxforder Professor John Chilmead heraus (London 1638). Endlich hat die bekannte, thätige Hakluyt-Society noch in unseren Tagen eine Neu-Ausgabe veranstaltet (Tractatus de Globis et corum usu. A Treatise Descriptive of the Globes conducted by Emery Molyneux, and published in 1592 by Robert Hues. Edited, with Annotated Indices and an Introduction by Cl. R. Markham, London 1889).

5) Harriot ist in der Geschichte der exakten Disziplinen bekannt genug durch den nach ihm benannten algebraischen Lehrsatz, durch seine Tafeln der Juppitertrabanten und durch seinen Briefwechsel mit Kepler (Opera Omnia, 2. Band, S. 71 ff.) über schwierige dioptrische Fragen. Der ihm zugeschriebene Schlufsteil des Hues'schen Werkes trägt die Aufschrift: „De Rumbis in terrestri globo delineatis, et eorum usu." Seine Absicht, selbständig diesen Gegenstand abzuhandeln, scheint er nicht verwirklicht zu haben. Dafs er sie jedoch hegte, erhellt aus einer Note in einem der Nachdrucke jenes Werkes. Dort sind nämlich folgende Worte zu lesen: „De Rumborum ortu, natura, et usu, integrum tractatum exspectamus a Thoma Harrioto Matheseos et universae Philosophiae peritissimo. A quo in hoc argumento multa subtiliter et acute excogitata, magna industria elaborata, summo iudicio exposita sunt, ed ad geometricarum demonstrationum trutinam perpensa: quem propediem edendam speramus. Haec interim de eorum usu, quatenus in globis delineantur, aut nostrum quod spectat institutum, dicta sufficiant." Dafs

der sogenannten loxodromischen Trigonometrie[1]) vor sich: im loxodromischen Dreieck sind die beiden sphärischen Seiten die Komplemente
der Polhöhe von Anfangs- und Endpunkt der Fahrt, die dritte Seite
ist der vom Schiffe zurückgelegte Weg, ihr liegt die Differenz der
Längen von Anfangs- und Endpunkt als sphärischer Winkel gegenüber,
und die beiden loxodromischen Winkel ergänzen sich zu zwei Rechten.
Wenn von diesen sechs (genauer fünf) Stücken drei gegeben sind,
sollen die übrigen durch Rechnung, Zeichnung oder Manipulieren mit
dem Globus — wie es schon Nonius machte — gefunden werden.

Kapitel X.
Ältere Methoden zur Verzeichnung der Globusstreifen.

Wer zuerst Regeln angegeben hat, nach welchen sich die Umrisse der Segmente, mit denen die fertige Kugel zu überziehen war,
herstellen liefs, ist nicht mit Sicherheit bekannt, doch mufs wahrscheinlich dieses Verdienst dem grofsen Künstler Albrecht Dürer
(1471--1528) zuerkannt werden, der bekanntlich als geometrischer
Schriftsteller sich eines nicht minder wohl verdienten Rufes erfreute.[2])
Er war, und damit bahnte sich ein wichtiger Fortschritt in der Geometrie an[3]), auf den Gedanken gekommen, für jede Art von Körpern
ein zusammenhängendes „Netz" derart zu konstruieren, dafs man durch

Harriots litterarischer Nachlafs sehr reichhaltig und mannigfaltig ist, beweisen
Aufsätze in Bodes Astronomischem Jahrbuch für die Jahre 1788 und 1794.

1) Vgl. Grunert, Loxodromische Trigonometrie, Leipzig 1869; Fiorini, Le
projezioni etc., 4. Kapitel, §. 30.

2) Neben anderen mehr auf die künstlerische Verwertung geometrischer
Kenntnisse abzielenden Schriften kommt hier besonders das Hauptwerk in betracht:
Underweysung der mefsung mit dem zirkel und richtscheyd, in Linien ebnen und
ganzen corporen, Nürnberg 1525. Dürers merkwürdige Bücher haben eine Menge
von berechtigten und unberechtigten Nachdrucken erlebt, sowie auch Übersetzungen in die lateinische, italienische und holländische Sprache (näheres darüber
bei Günther, Gesch. d. math. Unterr., S. 368 ff.).

3) Auf die Neuheit des Dürerschen Gedankens macht Cantor aufmerksam
(Vorles. etc., 2. Band, S. 428). In seiner Anwendung der neuen Idee ging der
Nürnberger Geometer auch über alle Vorlagen hinaus, die ihm einzig in den so-
genannten archimedischen Körpern (Cantor, Vorles. etc., 1. Band, S. 292 ff.) hätten
geboten werden können, und erdachte mehrere vollkommen neue Gebilde (vgl.
Kästner, De corporibus polyedris data lege irregularibus Dissertationes quatuor,
Comment. Gotting., 6—9. Band).

Zusammensetzung der einzelnen Bestandteile des Netzes den Körper
selbst entstehen lassen konnte. In diesem Sinne gab er die Netze der
fünf regelmäfsigen und ebenso diejenigen einer Reihe halbregelmäfsiger
Polyeder an, und da mufste der Gedanke in ihm erwachen: kann man
auf die gleiche Weise auch ein Netz der Kugelfläche in der Ebene
zeichnen? Der Scharfblick Dürers mufste ihm, der von dem Gegensatze zwischen developpablen und nicht-developpablen Flächen ein
klares Verständnis gehabt zu haben scheint[1]), bald sagen, dafs eine
solche Zeichnung immer nur annähernde Richtigkeit gewähren könne,
und in diesem Sinne begnügte er sich wohl auch mit einer ganz
kurzen Anweisung.[2]) „Die spera oder ein kugel wenn man sie durch
jr mittag linien zerschneydet, und in ein planum legt, so gewinnt sie
ein gestalt eins kams, wie ich das hie hab auffgerissen." Es sind 16
sich — natürlich mit Ausnahme der beiden äufsersten — berührende
Zweiecke mit Äquator und je drei nördlichen und südlichen gleich-
abständigen Parallelsehnen[3]); die spitzen Figuren machen allerdings
ganz den Eindruck der Zähne eines Kammes. Die Zahl 16 dürfte
wohl darauf deuten, dafs Dürer sich von rein geometrischen Erwä-
gungen leiten liefs und, zunächst wenigstens, nicht an Globographie
in dem uns hier angehenden Sinne dachte.

Wollte man doch nach seiner Manier eine Konstruktion ausführen
und — nach Mafsgabe der oben (S. 47) aufgestellten Formeln — die
hierbei zu erreichende Genauigkeit ermitteln, so würde man, die gleiche
Bezeichnung wie damals angewandt, $b = \frac{180^0}{16}$; $r = 360^0$; $l = 90{,}24^0$;
$a = 89{,}29^0$; $\varphi = 14^0 21' 41''$ und den charakteristischen Bruch $\frac{F}{f} = 1{,}04$
erhalten. Dieser Wert unterscheidet sich nur wenig von der Einheit,
darf mithin als recht genau bezeichnet werden. Man kann dies auch

---

1) Es scheint dies aus dem Umstande geschlossen werden zu können, dafs
Dürer für sphärische und zylindrische Flächen seine eigene deutsche Nomenklatur
hat; ein Zylinder ist ihm „Eyn bogne ebene", was also auf den nahen Zusammenhang mit dem „Planum" hinweist, wogegen die Kugelfläche „Eyn knglete Ebene"
ist. Das Wort „Ebene" wird von Dürer konsequent da gebraucht, wo der heutige
Sprachgebrauch die „Fläche" setzt.

2) Dürer, Underweysung etc., 4. Büchlein, S. 5 ff.

3) Der Zeichner hatte somit eine orthographische Abbildung der Kugel im
Auge (Fiorini, Le projezioni etc., Cap. II, Art. 4). Auffällig ist, dafs Kästner,
der eine sehr eingehende Analyse des Dürerschen Werkes mitteilt (Gesch. der
Math., 1. Band, S. 684 ff.), von 15 Segmenten spricht, während ihm doch für seinen
bibliographischen Bericht eben die Nürnberger Originalausgabe von 1525 zur Verfügung stand. Soll man an ein blofses Verzählen denken?

noch durch eine andere Betrachtung darthun, indem man nämlich den Äquatorgrad als Einheit wählt, $b = 11,25°$ und $l = 90°$ setzt, um so die Werte von φ, r und a zu berechnen. Die Bestimmungsgleichung für φ kann in einer der folgenden beiden Formen geschrieben werden:

$$\cos \varphi_1 + \frac{\varphi_1}{8} = 1; \quad \sin^2 \frac{\varphi_1}{2} = \frac{\varphi_1}{16};$$

daraus berechnet man, mit Hilfe der bei einfachen transzendenten Gleichungen gewöhnlich die besten Dienste leistenden Regula falsi, approximativ[1]) $\varphi = 14°23'58''$, $r = 358°$, $a = 89,06°$. Die so erhaltenen Werte[2]) weichen natürlich von den zuerst angegebenen unerheblich ab, dafür aber ist der Indikator J — mit diesem Namen werden wir den Quotienten $F':f$ künftighin einfürallemal belegen — auch diesmal wieder gleich 1,04. Man sieht hieraus, dafs Dürer, wenngleich unbewufst, eine gute Wahl getroffen hatte.

---

1) Der charakteristische Zentriwinkel ist im folgenden bald im Grad-, bald im Bogenmafse verwendet; da ersteres die gewöhnliche Darstellungsweise ist, so bleibt ihr der Buchstabe φ reserviert, während φ_1 den äquivalenten Wert des nämlichen Winkels als Bruchteil von 2π bedeuten soll.

2) Da ähnliche Berechnungen noch zum öfteren vorkommen, so mag es gut sein, dieses erste Beispiel näher auszuführen. Soll die Regula falsi, als „Regula elchataym" bereits den Arabern bekannt (s. Hankel, Zur Geschichte der Mathematik im Altertum und Mittelalter, Leipzig 1874, S. 259), platz greifen, so mufs man zuvor einen ungefähren oberen und unteren Näherungswert kennen. Solche liefert uns mühelos die bekannte goniometrische Reihenentwicklung. Aus $\cos \varphi_1 + \frac{\varphi_1}{8} = 1$ fliefst mit Weglassung höherer Potenzen: $1 - \frac{\varphi_1^2}{2} + \frac{\varphi_1}{8} = 1$, woraus, da der Wert $\varphi_1 = 0$ keinen Sinn gibt, $\varphi_1 = \frac{1}{4}$ folgt. Will man den zugehörigen Wert φ in Bogenmafs besitzen, so schreibt man die Proportion $\varphi_1 : \pi = \varphi : 180$ an, woraus $\varphi = \frac{45°}{\pi}$ sich ergibt. Diese Gröfse liegt zwischen $14°20'$ und $14°30'$, und damit sind die beiden Grenzen gegeben. Nun gilt, wenn wir ganz allgemein mit x einen gesuchten Wert, mit x_1 und x_2 die beiden Grenzwerte ($x_2 > x > x_1$) bezeichnen, folgende weitere Proportion:

$$(x_2 - x) : (x - x_1) = x_2 : x_1.$$

Aus ihr bestimmt sich

$$x = \frac{2 x_1 x_2}{x_1 + x_2}.$$

In unserem Falle ist $x_1 = 14°20' = 860'$, $x_2 = 14°30' = 870'$ zu setzen, so dafs — ein wenig zu grofs — $x = \varphi = 14°25'$ wird. Ebenso kann man jetzt mit den Grenzwerten $x_1 = 860'$ und $x_2 = 865'$ weiter rechnen, dann wird $x = \varphi$ etwas zu klein, nämlich $= 14°22'$. Nunmehr werde mit $x_1 = 862'$ und $x_2 = 865'$ weiter gerechnet, und es wird $x = \varphi = 14°23'$ (etwas zu klein). So gelangt man schliefslich zu dem oben angegebenen Werte $x = \varphi = 14°23'58''$.

Zwei Jahre später behandelte der gelehrte Glareanus[1]) die hier obschwebende Frage unter dem geographischen Gesichtspunkte. Das 19. Kapitel seines geographischen Werkchens („De inducendo papyro in globo") giebt uns die bekannte Kammfigur, und zwar sind es zwölf Segmente mit gleichmäßig kreisförmiger Begrenzungslinie, sodaß also der Querdurchmesser eines jeden einem Äquatorbogen von $30°$ entsprechen soll. Für $b = 15°$, $r = 360°$ erhält man in bekannter Weise

$$a = 93{,}67°; \quad \varphi = 18°11'41''; \quad l = 95{,}27°; \quad J = 1{,}09.$$

Jedenfalls hat Glarean das Verfahren, welches er beschreibt, den

---

1) Über die Person und Leistungen dieses vielseitigen, in der Zeit der humanistischen Bewegung oft genannten Mannes (1488—1561) geben nachstehende Schriften Aufschluß: Schreiber, Heinrich Loriti Glareanus, seine Freunde und seine Zeit, Freiburg i. B. 1837; Wolf, Biographien etc., 1. Zyklus, S. 1 ff.; Fritzsche, Glarean, sein Leben und seine Schriften, Frauenfeld 1890. Die falsche, jedem Kenner schweizerischer Onomatologie sofort in ihrer Unrichtigkeit einleuchtende Schreibart *Loritz* statt *Loriti* scheint durch D'Avezac (Coup d'oeil historique etc., S. 69) in Aufnahme gekommen zu sein; auch stammte Glarean nicht aus dem Flecken Glarus selbst, sondern aus dem nahe gelegenen Mollis. Der thätige Gelehrte gab auch eine eigene Art der Kartenprojektion an (vgl. neben D'Avezac auch Gretschel, Lehrbuch der Kartenprojektion, Weimar 1873, S. 253), der gerade kein höherer Wert zukommt, die sich aber doch längere Zeit einer gewissen Geltung erfreute. Ihr entsprechend sind die von Oberhummer (Zwei handschriftliche Karten des Glareanus in der Münchener Universitätsbibliothek, Jahresber. d. Geogr. Gesellsch. in München, 14. Heft, S. 67 ff.) beschriebenen Originalfederzeichnungen gehalten, welche Loriti seinem — nunmehr eben in München befindlichen — Handexemplare der „Cosmographiae Introductio" von Waldseemüller (s. o. S. 48) hatte einheften lassen; für die Darstellung der den Stillen Ozean einschließenden Ländermassen war ein Werk des Polen Stobnicza (Introductio in Ptholomaei Cosmographiam, Krakau 1512) als Vorlage gebraucht worden. Über die Zusammensetzung der zwölf Streifen zu einem Globusnetze spricht sich D'Avezac (a. a. O.) aus, wie folgt: *„Il y a plus d'intérét à signaler la façon de tracer à plat, sur le papier, de manière à pouvoir être multipliée à volonté par la gravure, une projection destinée à s'appliquer après coup sur une monture sphérique, pour imiter à peu de frais les globes terrestres artificiels, qu'on avait jusqu'alors dessinés un à un directement sur la sphère même: procédé d'imitation médiocrement exact, mais progressivement amélioré depuis et qui se fonde sur une loi de déeloppement successif des parallèles et des méridiens, officiellement appliquée en Angleterre . . ."* Hierauf wird später zurückzukommen sein. — Um dem Glarean ganz gerecht zu werden, muß man anführen, daß er sich über das geometrisch Unzureichende seiner Aufziehmethode nicht täuschte; „*superne*", schreibt er (a. a. O.), „*propter sphaerae coarctationem nonnihil superabit. Sed id corrigere haud magno negocio quis exercitatus potest*"? Die Folgezeit hat von diesem einschränkenden Zusatze mehrenteils absehen zu dürfen geglaubt (Kästner, Gesch. d. Math., 2. Band, S. 586), der sehr für Loritis richtiges Urteil spricht.

Globenverfertigern seiner Zeit[1]) abgesehen und nur in eine formulierte Vorschrift gebracht, was schon allseitig geübt wurde. In Wahrheit haben etliche Globenmacher, von denen wir bereits früher handelten, eine etwas höhere Genauigkeit erreicht. Prüft man in entsprechender Weise z. B. die v. Nordenskiöldsche Globuskarte (S. 52), sodann diejenige des Boulenger (S. 54) und endlich die Schöners von 1515 (S. 37), so erhält man für J resp. die drei Zahlen 1,07; 1,08; 1,06.[2]) Die Größe r ist in diesen drei Fällen kleiner als 300°, und ebenso ist J kleiner als der aus der Glareanschen Regel folgende Wert 1,09. Natürlich kann ein solches, auf Nachmessung sich gründendes Resultat keinen Anspruch auf absolute Genauigkeit erheben.

Übrigens giebt es noch ein weiteres, bemerkenswertes Beispiel dafür, daß die Kosmographen des XVI. Jahrhunderts es liebten, die einschließenden Bogen der Segmente mit einem Halbmesser zu beschreiben, der kleiner als der zehnfache Betrag des Querdurchmessers genommen wurde. Aus einer photolithographischen Nachbildung jener Zweiecke, welche Mercator für seine Erdkugel von 1541 und für seine Himmelskugel von 1551 (s. S. 62) konstruiert hatte, ergaben sich die nachstehend verzeichneten Werte:

$$r = 240°; \quad a = 83{,}52°; \quad \varphi = 20°21'51''; \quad l = 85{,}30°; \quad J = 0{,}98.$$

Auch hier geht also der Indikatorwert sehr nahe an die Einheit heran.

Die meisten Kompendienschreiber des in Rede stehenden Jahrhunderts gaben einfach die Regel des Glarean wieder, ohne daran irgend eine wesentliche Änderung vorzunehmen.[3]) So machten es z. B.

---

1) Daß solche damals wirklich schon thätig waren, ist von uns oben (S. 29) durch gesicherte Belege nachgewiesen worden.

2) Die den Zahlen zu grunde liegenden Daten wurden durch Messung an den im Faksimile-Atlas enthaltenen Abbildungen gewonnen, insoweit nicht v. Nordenskiöld selbst die Maße seiner Vorlagen mitgeteilt hatte.

3) Die Anzahl der dem XVI. Jahrhundert angehörigen Schriften über Globuskunde ist eine sehr stattliche, und gelegentlich wird in ihnen auch die Frage gestreift, wie denn eigentlich die Globusfläche wissenschaftlich und artistisch herzustellen sei. Manche dieser Schriften sind uns schon bekannt; einige werden weiter unten aufgeführt; der Vollständigkeit halber nennen wir jedoch auch die minder bedeutenden, für deren Zusammenstellung uns Weidlers „Historia Astronomiae" und das nicht genug zu schätzende Repertorium Lalandes (Bibliographie Astronomique, avec l'histoire de l'astronomie depuis 1781 jusqu'à 1802, Paris An XI) trefflich zu statten gekommen sind. Mitunter sagt der Titel mutmaßlich etwas anderes aus, als Lalande, der natürlich nicht alle Bücher unter den Händen hatte, annahm; so dürfte sich des Delphinus „Tractatus de globis coelestibus et motibus" (Bologna 1559) wohl schwerlich auf die künstlichen Himmels-

Ruscelli[1]), Barbaro[2]), Miriti(?)[3]), Coronelli[4]). Und auch während der beiden folgenden Jahrhunderte verblieben die Meisten im

kugeln beziehen, sondern eher ins Bereich der theorischen Astronomie gehören. Ganz zweifellos gehören hierher die folgenden fünf Schriften: Garcaeus, De tempore sive de ortu et occasu stellarum fixarum, de usu globi coelestis, speculum firmamenti, quod globum coelestem vulgariter nominant, Wittenberg 1565; Gallucius, De fabrica et usu hemisphaerii Uranici tractatus, Venedig 1569; Jacobi Cheynei Scoti de sphaerae seu globi coelestis fabrica praeceptio, Douay 1575; Dryander, Spaerae materialis sive globi coelestis descriptio, Nenfs 1581; Nic. Petrus, Des globes célestes et terrestres, Amsterdam 1588 (in holländischer Sprache). Die erwähnte, von uns nach Lalande zitierte Schrift des Dryander (recte Eichmann), Professors der Medizin an der Universität Marburg i. H., ist wahrscheinlich ein Nachdruck, denn D'Avezac berichtet von einem älteren Werke, dessen voller Titel ist (a. a. O., S. 49): Cosmographiae aliquot descriptiones Ioannis Stoefleri Iustingensis mathematici insignis: de Sphaera cosmographica, hoc est de globi terrestris artificiosa structura; de duplici Terrae projectione in planum, hoc est, qua ratione commodius chartae cosmographicae, quas mappas mundi vocant, designari queant; omnia recens data per J. Dryandrum, medicum et mathematicum, Marburg 1537. Demzufolge würde also der uns von früher her (S. 31) bekannte Astronom Stöfler als der eigentliche Autor anzusehen sein. Erwähnung verdient endlich auch der durch Fiorini der Vergessenheit entrissene Moleto. In seinem hierher gehörigen Buche (Discorso, nel quale con via facile e breve si dichiarono e insegnano tutti i termini e tutte le regole appartenenti alla Geografia, Venedig 1573) führt das zweite Kapitel die Aufschrift: „Come si possa descrivere la terra in una balla." Ebenso der noch näher zu behandelnde Ruscelli. Auch er hat das zweite Kapitel eines umfassenderen Werkes (Espositione et introduttioni universali sopra tutta la Geografia di Tolomeo, Venedig 1561) unserem Gegenstande gewidmet: „Del modo di fabricar la palla materiale per poter segnar sopra i circoli e l'altre cose che vi convengono". Und so würden sich beim Suchen in älteren Katalogen noch manche einschlägige litterarische Erzeugnisse ausfindig machen lassen.

1) Girolamo Ruscelli, ein begeisterter Verehrer der Erdkunde, schrieb über die Geographie des Ptolemaeus, nachdem er zuvor von derselben eine italienische Ausgabe veranstaltet hatte (La Geografia di Claudio Tolomeo Alessandrino nuovamente tradotta di greco in italiano, Venedig 1561) einen Kommentar (Espositioni et introduttioni universali sopra tutta la Geografia di Tolomeo, ebenda 1561), und in diesem hat das vierte Kapitel die Aufschrift: „Del modo di fare la descrittione del mondo in Carta piana et accomodar poi giustamente sopra il corpo tondo della palla materiale". Ruscelli (s. S. 62) steht völlig auf dem Boden des Loritischen Werkchens und fügt dessen Weisungen lediglich noch einige praktische Ratschläge für bequemes und sicheres Aufziehen der Streifen bei.

2) Barbaro, La pratica della prospettiva, Venedig 1569, 6. Teil, cap. 1.

3) So nennt diesen Schriftsteller Fiorini (S. 59), während er selbst sich Myritius schreibt. Derselbe war Johanniterritter, und da er sich als Komtur einer deutschen Ordensprovinz (der Regensburger) bezeichnet, auch sein Buch dem

alten Gleise, wie dies die Namen Nicolosi[1]), Kaspar Schott[2]),
Chr. v. Wolf[3]), Liebknecht[4]) beweisen. Indessen sah auch das

hessischen Freiherrn v. Riedesel widmet, so scheint uns des Mannes italienische
Abkunft nicht sicher gestellt; das Wort „Melitensis" deutet doch blofs an, dafs
der Orden seinen Sitz auf der Insel Malta hatte. Biographische Nachrichten über
Myritius ausfindig zu machen, gelang uns nicht. Das Werk, mit welchem wir
uns hier zu beschäftigen haben, führt folgenden Titel: Opusculum geographicum
rarum, totius eius negotii rationem, mira industria et brevitate complectens, iam
recens ex diversorum libris ac chartis, summa cura ac diligentia collectum et
publicatum per Ioannem Myritium Melitensem, Ordinis Hospitalis sancti Ioannis Hierosolymitani, Commendatorem Alemanni Monasterii, ac domus Rati-
sponensis, Ingolstadt 1590. Uns geht hier zunächst das 19. Kapitel an („De in-
ducenda papyro in globum eiusque pictura"). Myritius erzählt, dafs er den Inhalt des Kapitels aus dem unmittelbaren Unterrichte Glareans („a D. Heinrico
Glareano piae memoriae praeceptore meo observandissimo") überkommen habe; er
mufs also selbst — in den Jahren 1529 bis 1563 — Zuhörer des Freiburger Professors gewesen sein, eine Thatsache, welche die Wahrscheinlichkeit für Myritius' deutsche Abstammung noch erhöht. Ob vielleicht an ein in der Nähe von
Merseburg gelegenes Dorf Myritsch zu denken wäre? — Das sehr elementar ge-
haltene, breit angelegte Lehrbuch verleugnet auch in seinen kartographischen
Bestandteilen das Glareansche Vorbild nicht. Das Erdbild, publiciert bei v. Nordenskiöld (Atlas, Tafel XLIX), verdient einige Beachtung, indem es in einer
Zeit, welcher doch bereits schattenhaft das fretum Anianum vorschwebte (s. S. 68),
einen breiten Landzusammenhang zwischen Ostasien und Nordamerika zur Anschauung bringt und den Grofsen Ozean ganz ebenso im Norden geschlossen
sein läfst, wie es der Indische in Wahrheit ist. Auch hat der Australkontinent,
von dem „terra ignis" eine Halbinsel bildet, eine ganz ungeheuerliche Ausdehnung angenommen.

pag. 76, 4) Coronelli, Epitome cosmografica, Köln 1693, S. 343 ff. Statt
„amandorla" (s. S. 44) heifst es hier „amendola". Wir werden im nächsten Kapitel
uns mit dem Buche noch zu beschäftigen haben.

1) Nicolosi, Guida allo studio geografico, Rom 1642, S. 136. Ein Schreib-
fehler besagt, man solle die Breite eines Streifens dem dritten Teile des Kugelhalbmessers — statt dem dritten Teile eines Hauptkreisquadranten — gleich setzen.

2) Schott, Cursus Mathematicus seu absoluta omnium mathematicarum
disciplinarum Encyclopaedia, Würzburg 1661, S. 368 ff. Der Verfasser nennt zweierlei
Arten „Globum Geographicum delineandi". Zuerst teilt er die Kugelfläche direkt
mit Hilfe sphärischer Lineale; dann folgt die Verzeichnung der Segmente. „Hac
arte delineatae chartae inciduntur in aes, et magno deinde numero imprimuntur, ac
globis inducuntur. Eodem modo fiunt globi Astronomici."

3) v. Wolf, Elementa Matheseos Universae, 3. Band, Genf 1747, S. 396. In
dem älteren deutschen Kompendium des gleichen Autors (Der Anfangsgründe aller
Mathematischen Wissenschaften dritter Teil, Halle i. M. 1717, S. 601) wird zwar
auch auf die Anfertigung einer künstlichen Erdkugel näher eingegangen (Aufgabe 8
der „Geographie"), aber von den Streifen ist keine Rede. Es wird nur gezeigt,
wie auf die Sphäre die notwendigen Kreise aufzutragen sind, aber die Zurichtung

XVII. Jahrhundert einen Verbesserungsvorschlag der üblichen Glareanschen Methode entstehen; durch denselben sollte zielbewufst das
erreicht werden, was (s. o.) die älteren Praktiker, und insbesondere
Mercator, durch ein richtiges Gefühl geleitet auch ihrerseits schon
geleistet hatten. Es war der bekannte Mathematiker Milliet Deschales, welcher den Rat gab[1]), den Querdurchmesser eines Streifens
zwar mit 30 Äquatorgraden zu identifizieren, die Grenzkreise aber mit
dem neunfachen dieses Querdurchmessers als Radius zu zeichnen.
Offenbar entspringt diese Empfehlung eines kleineren Wertes für den
Radius aus der Überlegung, dafs beim Auflegen der ebenen Figur auf
die Sphäre Verzerrungen nicht ausbleiben können.[2])

Diese neue Vorschrift, welche in viel späterer Zeit Majocchi zu
neuem Leben erweckte[3]), führt, weil also $b = 15^0$, $r = 270^0$ ist, zu
nachstehendem Wertsysteme:

$$a = 88{,}74^0; \quad \varphi = 19^0 11' 17''; \quad l = 90{,}42^0; \quad J = 1{,}04.$$

Die Verbesserung gegenüber dem Originalmodus des Glareanus ist
somit nicht zu leugnen.

Es läfst sich hier eine nicht uninteressante theoretische Betrachtung anknüpfen, indem man nämlich die Frage stellt: Welcher Halbmesser ist den Grenzkreisen eines ebenen Kreiszweieckes zu geben,

---

der Fläche selbst bleibt aufser betracht. Es wird z. B. gelehrt: „Hänget die
Kugel an den Polen der Ekliptik innerhalb den Meridianum und beschreibet in
der Weite von 90 Graden einen Circul umb die Kugel herumb, welcher die
Ecliptick ist. Ihr müfst aber bey dem Punkte des Aequatoris ihn zu beschreiben
anfangen, wo ihr den Anfang der Grade zu zehlen machet. Theilet die Ecliptick
in ihre 12 himmlische Zeichen und jedes Zeichen in seine 30 Grade."

pag. 77, 4) Liebknecht, Elementa geographiae generalis triplici sectione
exposita, Frankfurt a. M. 1712, §. 260.

1) Deschales, Cursus seu Mundus Mathematicus, 4. Band, Lyon 1690, S. 104 ff.
Die Beschreibung ist sehr detailliert; beim Erdglobus wird u. a. erwähnt, dafs
Manche auch die loxodromischen Linien eingezeichnet wissen wollen.

2) Die Hauptschwierigkeit, welche es zu heben galt, hat Deschales (a. a. O.)
ganz klar erkannt: „Praecipua difficultas in eo posita est, ut chartae, quae typus
mandantur, et quae consequenter planae sunt, cum globo congruant eumque exacte
amplectantur." Es ist bezeichnend, dafs es so lange dauerte, bis eine überaus
einfache geometrische Wahrheit, die sich den Männern der Praxis fühlbar genug
machen mufste, ihren sinngetreuen Wortausdruck fand.

3) Majocchi, Manuale di geometria practica, Mailand 1832, S. 154 ff. Majocchi macht nirgends den Grund namhaft, der ihn zur Wahl des von ihm ange-
ratenen Radius veranlafst habe, und ebensowenig ersieht man, ob er seinen Vorschlag aus sich selbst oder aus irgend einer litterarischen Quelle schöpfte.

damit deren zur Begrenzung dienendes Bogenstück dem halben Meridiane der Kugel, auf welche das Zweieck gelegt werden soll, gleich werde? Die hierzu erforderlichen Formeln sind uns bekannt.

Hier ist $b = 15°$, $l = 90°$ zu setzen, und aus der einen oder anderen der beiden Gleichungen

$$\cos \varphi_1 + \frac{\varphi_1}{6} = 1, \quad \sin^2 \frac{\varphi_1}{2} = \frac{\varphi_1}{12}$$

berechnen sich die Werte

$$r = 267,46°; \quad a = 88,31°; \quad J = 1,033.$$

Wie erwartet werden durfte, weichen dieselben von denjenigen, zu denen Deschales und Majocchi geführt wurden, nur unbeträchtlich ab.

Will man die gleiche Aufgabe unter der Bedingung lösen, daß einmal 18, ein zweites mal 24 Zweiecke aufgelegt werden, so sind die Bestimmungsgleichungen und charakteristischen Zahlen resp. die folgenden:

$$\cos \varphi_1 + \frac{\varphi_1}{9} = 1;$$

$$\varphi = 12°47'8''; \quad r = 403,32°; \quad a = 89,26°; \quad J = 1,041;$$

$$\cos \varphi_1 + \frac{\varphi_1}{12} = 1;$$

$$\varphi = 9°34'17''; \quad r = 538,75°; \quad a = 89,58°; \quad J = 1,044.$$

Von der Art und Weise, wie man bei der Konstruktion der Segmente von 30° Querdurchmesser Parallelkreise und (Zwischen-)Meridiane im ebenen Bilde wiedergab, haben uns die oben erwähnten Schriftsteller nichts überliefert. Doch ist es, wie die Prüfung der Globuskarten von Boulenger, von Mercator u. s. w. zeigt, als das wahrscheinlichste zu betrachten, daß man den halben Hauptdurchmesser in neun gleiche Teile teilte, eine gleiche (approximative) Teilung auch für die äußeren Halbmeridiane ausführte und sodann durch je drei zusammengehörige Punkte einen Kreisbogen legte, um die Parallelkreise in Abständen von je 10° zu erhalten. Wenn man dann einen jeden dieser Kreisbogen in eine gewisse Anzahl gleicher Teile teilte und homologe Teilungspunkte freihändig verband, so konnten diese Linien als die Meridiane des Streifens betrachtet werden.

Wir sind nunmehr an dem Wendepunkte angelangt, da sich herausstellen mußte, daß die bisher geübte Zeichnungsart dem Bedürfnisse, sobald ein höheres Maß von Exaktheit angestrebt ward, nicht mehr genügte. Somit wird jetzt auf die mit dem Ausgange des XVI. Jahr-

hunderts hervortretenden Verbesseruugen der überkommenen Methode
Rücksicht zu nehmen sein; zuvor aber soll noch kurz der merkwürdi-
geren Globen eben des nächsten Jahrhunderts im Zusammenhange
gedacht werden, bei deren Herstellung — soweit es mit Papier über-
zogene Kugeln waren — denn auch keine anderen als die bisher gekennzeichneten Verfahrungsweisen Verwendung gefunden haben.

Kapitel XI.

Bemerkenswerte Globen des XVII. Jahrhunderts.

Auch diesmal registrieren wir wesentlich nur die bedeutenderen
Leistungen des geographisch-astronomischen Kunstgewerbes, indem wir
die mancherlei litterarischen Arbeiten, welche für die wirkliche Ausführung von Globen nur untergeordnete Bedeutung haben, in eine
Randnote verweisen.[1]) Als Schriftsteller wie als Praktiker ragt gleichmäfsig hervor W. J. Blaeu, der allerdings in seinem hierher gehörigen
Buche die Frage der Segmente und ihrer Konstruktion nicht weiter
berührt.[2]) Aus der ersten Hülfte des vorwürfigen Jahrhunderts sind

----

1) Laurenberg, Astraea, Leyden 1609 (eine Anleitung zum Studium der
Sternkunde mit besonderer Benützung der Globen); Adr. Metius, De usu utriusque globi tractatus, Franeker 1624 (als Anhang Sonnenuhr- und Steuermannskunde);
Havemann, Astraea, in qua de hypothesibus astronomicis disseritur, coelestis
globus probe explicatur, Rostock 1624); Treatise of the Use of the Globe Celestial
and Terrestrial, London 1647 (anonym); Schnitzler, Tractatio astronomica de
globo coelesti, Wittenberg 1661; Moxon, A Tutor to Astronomy and Geography,
or an easy and speedy Way to know the Globes Terrestrial and Celestial, London
1665; Sprenger, Succincta praxis et usus globi coelestis et terrestris, Frankfurt a. M. 1665; Beckmann, Dissertatio de circulis utriusque globi coelestis et
terrestris, Frankfurt a. O. 1667; De Guignes, Sfera geografico-celeste, Rom 1700.
— Von jenem Engländer Moxon befindet sich je ein Erd- und Himmelsglobus
in der uns bereits (S. 67) bekannten Kasseler Sammlung (E. Gerland, a. a. O.,
S. 72). Von einem Globenverfertiger Roll, der um 1600 einen jetzt zu Dresden
aufbewahrten Erdglobus, ferner einen ebensolchen und einen mit Uhrwerk versehenen Himmelsglobus lieferte, welche sich beide jetzt in Wien zusammengefunden
haben (E. Gerland, a. a. O., S. 69), wissen wir irgend näheres nicht mitzuteilen.

2) Die Anzahl der Blaeuschen Globen, die aus dem damals weltbekannten
Atelier hervorgingen, mufs sehr grofs gewesen sein, und auch nach dem Tode des
Begründers blühte das Geschäft fort (P. Gérard, Les Globes du géographe Ar-
nould Florent van Langren et de Guill. Blaeu, Bull. de la Soc. R. Géogr.
d'Anvers, 1883). Von Blaeus Erben wurde um 1650 eine aus St. Petersburg bestellte Erdkugel von 7 Fufs Durchmesser dorthin geliefert, welche sich wohl noch

sonst keine Namen von hervorragenden Praktikern bekannt, während gegen das Ende desselben Bartsch, Coronelli und Weigel sich durch Arbeiten auf diesem Gebiete eine gewisse Berühmtheit erworben haben. Die an der Wende des hier in Frage kommenden Zeitraumes stehende Globographenfamilie Valck wird besser einem späteren — dem XIV. Kapitel — vorbehalten bleiben.

Von Gottfried Bartsch, einem Vetter des bekannteren Jakob Bartsch (1600—1633), der als Keplers Schwiegersohn letzterem bei verschiedenen Untersuchungen zur Hand ging[1]), wissen wir, dafs er um 1670 als Verfertiger von Globen beiderlei Art in einigem Ansehen stand.[2]) Von dem grofsen Himmelsglobus, den 1683 ein Augsburger Mechaniker Treffler erstellt haben soll, sind wir nur durch eine Notiz[3]) des nunmehr sofort zu nennenden Globographen unterrichtet. Bei weitem nämlich wurde ihr beiderseitiger Ruhm überstrahlt durch denjenigen des gleichzeitig lebenden Venetianers Marco Vincenzo

---

im dortigen Kunstkabinette befinden dürfte; einen grofsen und kleinen Erdglobus von ihm verwahrt man in Kassel (E. Gerland, a. a. O., 69) und zwar sind dies Originalien aus dem Jahre 1662. Sonderbarerweise thut die von Hortensius edierte Blaensche Globuskunde (dieselbe erschien zuerst 1620 unter dem Titel „Onderwiis van de hemelsche en aardsche Globen", dann 1634 unter dem Titel „Institutio Astronomica de usu Globorum Coelestium ac Terrestrium" zu Amsterdam) der technischen Fragen gar keine Erwähnung. — Blaeu ist in der Wissenschaft auch unter den Namen Caesius oder Guilelmus Janssonius bekannt; er bezeichnete sich selbst als Schüler Tycho Brahes. Er hat auch über die beste Konstruktion der Globusstreifen nachgedacht, aber nur eine Andeutung darüber an die Öffentlichkeit gelangen lassen. Kästner besafs (Gesch. d. Math., 4. Band, S. 86 ff.) zwei Blaensche Globen von 1599, und auf einem derselben fand er folgende Aufschrift: „*Spectatori meo salutem. Hanc terrae marisque faciem sic inspice, ne dispicias multa mutata, sed nihil temere, quae nisi attendas facile fugiant. Ratio constructionis in multis nova, sed proba. Gibbum planum plano globo commutavimus, duplicato labore sed certiori, idque ut rentorum spirae iustis per orbem terrarum spiris discurrerent, hinc factum, ut in omnibus terrarum oris praeter parallelorum et meridianorum, etiam plagae ratio nobis fuerit habenda . . .*" Es mufs also bei der Verzeichnung der Segmente irgendwie auf die loxodromischen Kurven Rücksicht genommen gewesen sein; bei den Himmelskugeln dagegen laufen die Zweiecke einfach in den Polen der Ekliptik zusammen. Nach G. Vossius (De universae matheseos natura et constitutione liber, cui subiungitur chronologia mathematicorum, Amsterdam 1650, S. 263) stand der ältere Blaeu, dessen Sohn später in seine Fufstapfen trat, um 1628 unter den zeitgenössischen Globenverfertigern obenan.

　1) Vgl. über ihn Kästner, Gesch. d. Math., 2. Band, S. 407 ff.
　2) Gesch. d. Astronomie, S. 382.
　3) Coronelli, a. a. O., S. 333 ff.

Coronelli (gest. 1718)[1]), der sich zuerst als Landkartenzeichner hervor-
gethan hatte und nachher in der Ausführung gigantischer Globen, die
freilich weit mehr den Charakter von Schaustücken als von wissenschaftlichen Objekten an sich trugen, es zu hoher Meisterschaft brachte.
Der Kardinal D'Estrées überbrachte ihm die Aufforderung, für den
König Louis XIV. ein paar Riesengloben von je 15 Fufs Durchmesser
zu konstruieren.[2]) Es geschah dies denn auch schon im Jahre 1683,
aber erst 1704 wurden die beiden Kugeln endgiltig in dem königlichen
Lustschlosse Marly bei Paris aufgestellt, worauf dann De la Hire
ihnen eine ausführliche Spezialschrift widmete.[3]) Es wird gerühmt,
dafs der Mechanismus, welcher mit den Globen verbunden war, mit
äufserster Leichtigkeit funktionierte, sodafs ein leiser Fingerdruck hin-
reichte, um beide in Umdrehung zu versetzen. Die künstlerische Ausführung war dem Maler Giambattista Cornelio übertragen gewesen,
der u. a. die Sternbilder auf Azurgrund aufzutragen hatte. Der Nutzen,
den die beiden Ungeheuer dem Sonnenkönige und seinen Unterthanen
ebenso wie der astronomisch-geographischen Wissenschaft gebracht
haben, war schwerlich ein besonders grofser, und es dürften die kleinen
Globen, welche Coronelli fabrikmäfsig für das Publikum herstellen
liefs[4]), in dieser Hinsicht wohl viel förderlicher sich erwiesen haben.
Bemerkt mufs werden, dafs beim Überziehen seiner Globusgerüste mit
Papier Coronelli nicht die ganzen, sondern nur die halben Globusstreifen anwandte, wie dies bereits Blaeu angeraten hatte, und wie
es, sobald es sich um gröfsere Exemplare handelte, auch von anderen
Technikern gehalten worden ist.[5])

1) Fiorini, Vincenzo Coronelli ed i suoi globi cosmografici, Annuario
Astro-Meteorologico, 1893.

2) Die zuverlässigsten Nachrichten über das damals von ganz Europa ange-
staunte Wunderwerk bietet uns natürlich der Meister selbst in seinem schon
mehrfach zitierten Traktate (a. a. O., S. 334 ff.). Eine Menge anderer Bücher handelt ebenfalls darüber.

3) De La Hire, Description et explication des Globes qui sont placés dans
les pavillons du château de Marly par ordre de Sa Maiesté, Paris 1704.

4) Diese kleineren verkäuflichen Globen Coronellis waren seinem eigenen
Berichte (a. a. O.) gemäfs ganz den beiden Pariser Mustern nachgebildet und
hatten einen immer noch respektablen Durchmesser (3½ Fufs). Der Erlös sollte
der damals in Venedig blühenden Accademia Cosmografica degli Argonauti zu
gute kommen. Coronelli rühmt den Erdglobus nach, dafs sie die allerneuesten
geographischen Entdeckungen zur Anschauung brächten, so in Nordamerika die
Landschaft Louisiana, den Oberen See und den Lauf des grofsen Stromes Mississippi.

5) Dieser Gebrauch, die zwei Halbstreifen längs des gemeinsamen, jetzt zur

Nicht ganz so gewaltig wie die Globen von Marly war der sogenannte „Gottorpsche Globus", welcher in den Jahren 1656 bis 1674
durch den Mechaniker Andreas Busch aus Limburg für den Herzog
Friedrich von Holstein ausgeführt wurde, und welcher 11 Fufs im
Durchmesser hielt.[1] Der als astronomischer Schriftsteller wie auch
durch weite Reisen[2] bekannte herzogliche Bibliothekar Olearius
führte bei dem Werke die Oberaufsicht. Der Globus sollte gleichmäfsig den Zwecken der Erd- und Himmelskunde dienen und trug
deshalb auf seiner Aufsenseite die Umrisse der Länder und Meere, auf
seiner Innenseite die Sterne und Sternbilder. Ein verschliefsbares
Thürchen gestattete einem Dutzend Personen, einzutreten und auf einer
kleinen, an der eisernen Drehungsachse befestigten Plattform Platz zu
nehmen, worauf dann der Mechanismus in Gang gesetzt ward, und die
Rotation der scheinbaren Himmelskugel begann. Eine Gallerie vertrat den Horizont, sodafs man also den Auf- und Untergang der einzelnen Gestirne deutlich zu verfolgen vermochte. Natürlich war eine
zweite Art der Bewegung bei solchen Kolossen nicht wohl denkbar,
und so blieb der Globus einfürallemal auf die Polhöhe von 54½° ein-
gestellt. Im Jahre 1713 kam derselbe nach Rufsland[3], wo inzwischen
ein holsteinsches Fürstengeschlecht feste Wurzel gefasst hatte.

Da wir von monströsen Globen eben zu sprechen haben, so gedenken wir auch gleich des Jenaer Professors Erhard Weigel. Seine
Bestrebungen auf diesem wie auf manchem anderen Gebiete wurden
von der Mitwelt ungemein hoch gewertet, bei weitem höher als von
der kritischer veranlagten Nachwelt.[4] In einer seiner Schriften[5] sind

Basis für jeden einzelnen gewordenen Querdurchmessers aneinanderzusetzen, ist
u. a. auch bei Greuter und bei dem Holländer Valck (S. 81) nachzuweisen.

1) Coronelli, a. a. O., S. 330 ff.; Poppe, a. a. O., S. 68 ff.

2) Olearius, Moskowitisch-Persische Reisebeschreibung; vgl. Mädler, Gesch.
d. Himmelsk., 1. Band, S. 103. Hier erzählt Olearius, dem wir zumal auch wich-
tige Nachrichten über den Betrieb der Astronomie im Orient verdanken, dafs ein
seinerzeit berühmter altpersischer Himmelsglobus in einem der Kriege der Perser-
könige mit den Türken vernichtet worden sei.

3) Ob nach Moskau, ob nach St. Petersburg, darüber gehen die Angaben
auseinander.

4) Eine gründliche, auch die Kunstarbeiten des gewifs vielseitigen Mannes
berücksichtigende Studie hat man von Bartholomaei (Erhard Weigel; ein
Beitrag zur Geschichte der mathematischen Wissenschaften auf den deutschen
Universitäten im XVII. Jahrhundert, Zeitschr. f. Mathematik u. Physik, 13. Jahrgang, Supplementheft, S. 1 ff.).

5) Weigel, Universi corporis pansophici prodromus, Jena 1672; vgl. auch
Beschreibung der verbesserten Himmels- und Erdgloben, ebenda 1681.

6*

die uns hier berührenden Globen und verwandten Mechanismen, welche
Weigel an die Öffentlichkeit gebracht hat, des näheren beschrieben:
„Globus mundanus"; „Viceglobus" (zur Bestimmung sphärischer Entfernungen); „Globus coelestis perpetuus"; „Geocosmus". Letzteres mufs
übrigens eine ganz artige Spielerei gewesen sein. Weigel selbst kennzeichnet sie mit diesen Worten: „Die wirkende Erdkugel. Welche nicht
allein die Landschaften, sondern auch die Jahres- und Tageszeiten an
allen Orten weiset; ferner Wind und Regen, wie auch die Feuerspeiung
der Berge gar anmuthig nachahmet und vorstellet." Doppelmayr
erklärt es für einen besonderen Vorzug der Weigelschen Globen, dafs
dieselben nicht aus leicht zerbrechlichem Stoffe, sondern aus Metall —
Messing oder Kupfer — gemacht gewesen seien, sowie dafs er an den
Sterngloben eine Vorrichtung angebracht habe, um die aus dem Rück-
gange der Äquinoktialpunkte entspringenden Ortsveränderungen ersichtlich machen zu können.[1]) Von mehr Belang war, dafs er auf Hohl-
kugeln drang, denn in der That leidet der gewöhnliche astrognostische
Unterricht unter dem Umstande, dafs man die Katasterismen am kon-
vexen Globus in einer etwas von der Wirklichkeit verschiedenen Si-
tuation erblickt. Ein Himmelsglobus, den König Christian V. von
Dänemark 1696 bei Weigel bestellte[2]), bestand ebenfalls aus Kupfer
und hatte einen Durchmesser von 10 Fufs, war auch ähnlich wie der
Schleswigsche (s. o.) für die Aufnahme von zehn Menschen eingerichtet;
innen waren neben den Fixsternen auch die Planeten angebracht. Die
im Zentrum befindliche kleine Erdkugel stand still oder bewegte sich,
je nachdem das ptolemäisch-tychonische oder das coppernicanische
System versinnlicht werden sollte. Man sieht, jene künstelnde Päda-
gogik, welche später im Philanthropinismus ihren Höhepunkt erreichen
sollte, war bereits für Weigel bestimmend, der überhaupt das rein
wissenschaftliche Element nur zu gerne hinter sehr fremdartigen Neben-
rücksichten zurücktreten liefs.[3])

---

1) Bion-Doppelmayr, Dritte Eröffnung der neuen Mathematischen Werk-
schule, Nürnberg 1741, S. 9 ff.

2) Ebenda, S. 14.

3) Bekannt ist Weigels ungeheuerliche Idee, die überlieferten Sternbilder
vom Firmamente zu verdrängen und dieselben durch die Wappen der europäischen
Herrscherfamilien an dem Himmel zu ersetzen. Eine ausführliche Darlegung
(Sphaerica, Euclidea methodo conscripta, accessit globorum heraldicorum ipsius-
que pancosmi descriptio et usus, Jena 1688) sucht Propaganda für diese Neuerung
zu machen, welche allerdings in den „christlichen" Sternbildern eines Schickard,
J. Schiller, J. Bartsch und Ph. Harsdörfer schon Vorläufer hatte (Wolf,
Gesch. d. Astr., S. 425 ff.). Er wollte, „dafs statt der mehrenteils abscheulichen

Es war eben eine Periode der Künsteleien, wie selbst ein Dominic Cassini sich solchen wissenschaftlichen Scherzen nicht ganz zu entziehen imstande war.[1]) Nicht minder kann der viel besprochene „englische" Globus vom Ende des XVII. Jahrhunderts, dem ja allerdings eine recht sinnreiche Einrichtung nachzurühmen ist[2]), nur als Erzeugnis einer Zeit betrachtet werden, welche das Einfache und Natürliche durch barocke Ausschmückung zu einem Künstlichen umzugestalten liebte.[3])

und fabulosen Bilder, womit die Poeten den sonst reinen Himmel beschmitzt, und der abgeschmackten, sogar garstigen Possen Gottes und der klugen Menschen Werke, Ordnungen und Thaten am Himmel betrachtet würden." So wurde aus dem Grofsen Bären der dänische Elephant, aus dem Orion der österreichische Doppeladler, und nur der Adler mit dem Antinous durfte als brandenburgischer Adler seine Stelle behalten. Ob noch Globen in Weigels Sinne sich erhalten haben, ist fraglich, wenn man von einem Exemplare absieht, welches sich (als Nr. 111) in der mathematischen Sammlung des Germanischen Museums zu Nürnberg befindet (Leopoldina, 14. Heft, S. 109 ff.). Einem kleinen Himmelsglobus ist ein sphärischer Deckel übergestülpt, auf welchem in erhabener Arbeit die Weigelschen Sternbilder abgebildet erscheinen.

1) Bion-Doppelmayr, a. a. O., S. 11 ff. „Herr Cassini, der älter, hat auch eine Verbesserung der Globorum intendiert, daher hat er auch Nicolaum Bion, unsern Autoren, eine gleiche Machination, wie Herr Weigelius, nämlich die beede Coluros, den Aequatoren, die Ecliptic, die 2 Tropicos, und zwey Polares von starken messingen Drähten, wie eine Sphaeram Armillarem, immediate über den Kugeln anordnen lassen, dabey man ebenso wohl, wie er der Französischen Academie vorgezeiget, jene innerhalb solcher Sphaeren um ihren Polum drehen, als eben diesen Polum in einem Cirkel, den solche erst innerhalb 25200 Jahren in der ganz langsamen Bewegung absolviren muste, in der beständigen Distanz von dem Polo Eclipticae um 23½ Graden fortschieben kan, also dafs man auch, wie der Stand des Himmels vor alten Zeiten gewesen, und wie er ins künfftige beschaffen seyn dürffte, dabey gar wohl determiniren mag." Man erinnere sich auch an das, was oben über Ph. Apians Globus gesagt wurde (S. 61). Ein wirklicher Praecefsionsglobus (s. S. 8) war das natürlich nicht.

2) Dieser Globus war Eigentum des Earls von Castelmaine (Coronelli, a. a. O., S. 325 ff.). Seine Eigenart sollte darin bestehen, dafs er ebensogut als Himmels- wie als Erdglobus verwendet werden konnte. Er war ohne Horizont, als Kugel rein terrestrisch, und liefs sich für eine beliebige geographische Breite justieren; dafür aber war auf dem Fufsgestelle ein Planisphär des gestirnten Himmels abgebildet, und dessen Rand war in die 24 Stunden des Sterntages eingeteilt. Von den vielerlei Vorteilen, welche diese Einrichtung nach Coronelli gewähren soll, ist der reellste wohl der, dafs man Süd- und Nordhalbkugel zusammen überblicken kann, ohne durch den trennenden Horizont sich gestört zu sehen. Man weifs, dafs eben aus diesem Grunde moderne Schulgloben häufig genau in der Weise zugerichtet werden, wie es der Castelmainesche Globus vorgemacht hat.

3) Nicht ganz unerwähnt darf bleiben, dafs im Jahre 1670 auch zuerst ein Ostasiate Hand an das grofse Werk eines Erdmodelles zu legen versucht hat (s.

Kapitel XII.

Globusstreifen mit nicht-kreisförmiger Begrenzung.

Die ungeheure Mehrzahl der gewöhnlichen, mit Papier überzogenen Globen, welche das XVI. und XVII. Säkulum entstehen sahen, war nach der alten, leidlich bewührten Vorschrift des Glareanus (S. 74) angefertigt worden. Dem Nachteile, dafs in der Nähe der Pole sich beim Aufspannen der Segmente klaffende Stellen oder Überschiebungen zeigten, begegnete man durch Aufkleben einer kleinen Polarplatte von kreisförmiger Gestalt, welche die Endpartien der Zweiecke verhüllte, wie dies ein gewiegter Fachmann ausdrücklich vorschreibt.[1]) Indessen blieb es doch einzelnen schärfer blickenden Globographen nicht verborgen, dafs eine andere Gestalt der Begrenzungslinien auch ein besseres Aneinanderschliefsen der Streifen bewirken könne, und es reichen, wie wir durch Fiorini erfuhren, Versuche, um dem erkannten Übel auf diese Art abzuhelfen, bis in eine ziemlich weit zurückliegende Vergangenheit hinauf.

Antonio Floriani (auch Floreani) ist der Name des Kartographen[2]), welcher als der erste eine neue Bahn bei der Konstruktion

Heeren, Eine japanische Erdkugel, Mitteil. d. Gesellsch. f. Erd- u. Völkerkunde Ostasiens, 1. Band, 2. Heft, S. 9 ff.). Offenbar unter dem Einflusse der damals schon einige Zeit auf dem Inselchen Desima bei Nagasaki angesiedelten Holländer hatte ein japanischer Geograph diese, eine ganz neue Perspektive für seine Volksgenossen darbietende Arbeit ausgeführt. „Bisher", so äufsert er sich selbst darüber, „sah man die Erde als flach an; weshalb hast Du nun die Erde rund dargestellt? So hat man mich gefragt. Ich habe geantwortet: In To-schio-schen steht geschrieben: die Erde ist rund wie eine Kugel, darum habe ich sie so dargestellt." Es war dies die Zeit, in der unter dem Einflusse der Jesuiten auch im benachbarten China die exakten Wissenschaften einen neuen Aufschwung nahmen.

1) Bion-Doppelmayr, a. a. O., S. 8.

2) Floriani war einer Künstlerfamilie entsprossen. Der Vater Giovanni, mit dem Beinamen Delle Cantinelle, war Maler und Bildhauer (1486—1550): er lebte in Udine, wie sich auch der Sohn selbst als Antonius Florianus Utinensis auf seiner Karte einführt. Giovannis Brüder Pietro und Francesco waren gleichfalls künstlerisch, als Graveure und Architekten, thätig. Ein sehr universeller Künstler scheint auch unser Antonio gewesen zu sein (Joppi, I Pittori e Scultori carnici e i loro discendenti, Miscellanea pubblicata dalla R. Deputazione Veneta sopra gli studi di storia patria, 5. Band, Venedig 1881). Im Jahre 1545 empfing er sechs Dukaten für ein Gemälde von der Stadtverwaltung Udines; neun Jahre darauf wurde er Mitglied dieser Verwaltung, und im gleichen Jahre 1554 ist die Auszahlung seines Honorars für Kirchenrestourierung in einer benachbarten furlanischen Gemeinde verzeichnet. Das Privilegium für die erwähnte Welt-

der Globussegmente betrat.[1]) Die Weltkarte, welche er als „Globuskarte" zeichnete, so dafs damit eben sofort das Netz der Globusfläche
gegeben war, existiert in mehreren Abzügen[2]) in den Büchersammlungen Italiens.[3]) Ceradini, der in der Lage war, eines dieser Blätter

karte stellte der Senat Venedigs am 18. Januar 1553 ans (Joppi, u. a. O., S. 71 ff.).
Als Baumeister berief ihn Kaiser Maximilian II. an seinen Hof nach Wien
(Vasari, Vite dei più eccellenti Architetti, Pittori e Scultori italiani, ed. Sansoni,
5. Band, Florenz 1880, S. 110; Ticozzi, Dizionario degli Architetti, Scultori o
Pittori italiani, Mailand 1881, Art. Floriani). Joppi verlegt das Todesjahr des
Künstlers auf 1565, und damit schien auch zu stimmen, dafs die Karte nicht ganz
vollständig ist. Allein da jener deutsche Kaiser erst 1564 den Thron bestieg,
welchen er dann bis 1576 inne hatte, so kann obige Nachricht unmöglich die
richtige sein. Auf alle Fälle mufs jedoch daran festgehalten werden, dafs die
wesentliche Arbeit an der Globuskarte um 1555 erledigt war. Vgl. auch Marinelli, Venezia nella storia di geografia, Venedig 1889, S. 52.

1) Allerdings gedenkt v. Nordenskiöld (u. a. O., S. 94) noch einer grofsen,
kolorierten Weltkarte auf Pergament, welche eine ganz ähnliche Projektion auf-
weise; dieselbe ist im Besitze der k. Bibliothek in Stockholm. Ihr Titel lautet:
„Nova verior et integra totius orbis descriptio nunc primum in lucem edita per
Alphonsum de Sancta Cruce Caesaris Caroli V archicosmographum A. D.
MDXLII." Weitere Untersuchungen werden uns darüber vergewissern müssen,
ob und inwieweit dem ganz unbekannten Spanier vor dem Italiener, dessen
Leistungen sich doch einigermafsen klarer überblicken lassen, wirklich in dieser
Angelegenheit die Priorität gebührt. Einer Notiz in Wagners Geographischem
Jahrbuche zufolge hat Dahlgren im Jahre 1894 ein Faksimile der Weltkarte
des Santa Cruz der Öffentlichkeit übergeben.

2) Dahin gehört das Staatsarchiv in Turin, die St. Markusbibliothek in Venedig, die Bibliothek Viktor Emanuel in Rom; letztere enthält drei Kartenbände
mit dieser Einlage; vgl. Castellani, Catalogo ragionato delle più rare o più
importanti opere geografiche a stampa che si conservano nella Biblioteca del
Collegio Romano, Rom 1876. In dem grofsen Atlas der Ambrosiana zu Mailand
(Katalogbezeichnung S. C. G. IX. 26; Buchtitel „Mappamondi del 1400 al 1800") ist
Florianis Kartenblatt das elfte der Reihenfolge. Ein Exemplar war schliefslich auch
notiert in dem antiquarischen Kataloge der Buchhandlung E. Müller in Amsterdam
(Géographie, Cartographie, Voyages, Amsterdam 1891, Nr. 93) und neuerlich in dem
Rosenthalschen Auktions-Kataloge der Bibliothek Lobris (München 1895, Nr. 174).

3) Ungewifs ist, ob jener Florianus, der schon 1525 als Kartograph auf-
trat, irgendwie mit unserem Floriani zusammenhängt. Das dem „Theatrum Orbis
Terrarum" des Ortelius angehängte Bücherverzeichnis (s. S. 49) hat folgenden
Eintrag: „Florianus (in lucem dedit) tabulam Sarmatiae, Regni Poloniae, et Unga-
riae, utriusque Valachiae, nec non Turciae, Tartariae, Moscoriae et Lituaniae par-
tem comprehendentem. Cracoviae 1528." Mit v. Nordenskiöld (a. a. O., S. 114)
werden wir in dieser Persönlichkeit kaum unseren Floriani von Udine, sondern
vielleicht jenen Florianus Unglerius zu erkennen haben, der 1512 in Krakau
das geographische Lehrbuch („Introductio in Ptholomaei Cosmographiam") des
uns (S. 48) schon bekannten Johannes de Stobnicza in Druck legte.

unmittelbar mit der Mercatorschen Weltkarte in herzförmiger Projektion vergleichen zu können, hat ermittelt, daſs der rein geographische
Bestandteil der Floriani-Karte einfach aus jener, selbst mit Beibe-
haltung von Druckfehlern, herübergenommen wurde, und daſs auch
die Abbildung in beiden Fällen auf den nämlichen Grundgedanken
hinauskommt, ist nicht zu bestreiten. Bei alledem bleibt dem Kartographen von Udine, der nicht zugleich auch Geograph war und bezüglich der Länderkunde ganz und gar von seiner Vorlage abhängig
sein muſste, das Verdienst, eine Weltkarte in Sektoren, d. h. also eben
eine Globuskarte von ganz verschiedenem äuſseren Ansehen gezeichnet
und damit der Kunst, Globusflächen zweckmäſsiger herzustellen, einen
kräftigen Anstoſs erteilt zu haben.

Indem Floriani jedem einzelnen Sektor einen Querdurchmesser
von 10° gab, verzeichnete er je in einem Kreise die 36 Halbsegmente
der nördlichen und südlichen Erdhalbkugel. Der Halbmesser jedes
dieser beiden Kreise wurde von ihm einem Hauptkreisquadranten der
Kugel gleichgesetzt, und die Umfänge wurden in 36 gleiche Bogen
abgeteilt.[1]) Jeder solche Teilungspunkt wurde mit dem Kreiszentrum
verbunden[2]), und jeder so erhaltene Kreisradius diente als Mittelmeridian (Hauptdurchmesser) für den entsprechenden Sektor. Um den

Fig. 4.

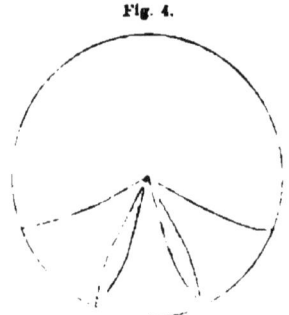

Mittelpunkt wurden den Parallelkreisen entsprechende konzentrische Kreislinien beschrieben, welche die Parallelen der Kugel
darstellen sollten. Setzen wir nun den Radius einer solchen Kreislinie gleich ϱ[3]), so
besteht der Kern von Florianis Verfahren
darin, daſs von dem Punkte aus, in welchem
der Hilfskreis den gradlinigen Mittelmeridian durchschneidet, je ein Bogen von 5°,
äquivalent mit $\frac{\varrho \pi}{36}$, abgetragen wird, und

zwar nach beiden Seiten hin. Verbindet man alle die so erhaltenen
Punkte sowohl rechts als links von der Symmetrielinie durch einen
Kurvenzug, so erhält man die Begrenzungslinien des der Kugel aufzu-
legenden Streifens. Allerdings füllen die so erhaltenen Sektoren die

---

1) Diese Teilung kann natürlich nur angenähert erfolgen, da die Neuntei-
lung der Peripherie auf geometrischem Wege nicht möglich ist.

2) Die Verbindungslinien sind auf der Karte selbst nicht ausgezogen.

3) Der zu der geographischen Breite Φ gehörige Parallelkreis hat einen Radius gleich $\varrho = r \cos \Phi$, wenn r den Halbmesser des Grenzkreises bedeutet.

Kreisfläche nicht völlig aus, sondern es bleibt zwischen je zwei Nachbar-
figuren ein leerer Raum, der selbst wieder die Gestalt eines (vollständigen) Zweieckes besitzt, wie aus Fig. 4 zu ersehen, wobei übrigens die Zahl der aliquoten Teile, in welche die Peripherie geteilt
ist, der Übersichtlichkeit halber < 36 gewählt wurde.

Mit einigen Abänderungen befolgte wesentlich das gleiche Verfahren späterhin Varenius[1]), indem er nur Halbsegmente von 30°
Öffnung verwendete. Nur darin ging derselbe selbständig vor, dafs
er als Äquator nicht einen zu den Parallelen konzentrischen Kreis,
sondern eine auf dem Mittelmeridiane senkrecht stehende grade Linie
wählte.

Untersucht man das Prinzip, welches der Sektorenbildung sowohl
bei Floriani als auch bei Varenius zu grunde lag, so kann man als
leitendes Motiv bei beiden den Wunsch erkennen, die „herzförmige“ Abbildung zur Geltung zu bringen, welche sich im Wiegenalter der Kartenprojektionslehre besonderer Wertschätzung erfreute und als hervor-
ragend geeignet für die Darstellung der ganzen Erdoberfläche erachtet
wurde.[2]) Angewandt auf das Problem der Verzeichnung von Hemi-
segmenten, die auf eine Kugel gelegt werden sollen, hat die fragliche
Methode ganz allgemein den folgenden Charakter. An die Stelle des
Mittelmeridianes tritt eine gerade Linie, und zwar soll α das Verhältnis sein, in welchem die den Meridian repräsentierende Strecke ersterem
gegenüber vergröfsert worden ist; in demselben Verhältnis α sind dann
natürlich auch die Längen der einzelnen auf dem Mittelmeridiane ab-
getragenen Breitengrade vergröfsert. Durch jeden so erhaltenen Tei-

---

1) Der berühmte Begründer einer neuen Auffassung des Wesens der Geographie war geboren zu Hitzacker (Prov. Hannover) 1622 und verstarb bereits 1650;
alle anderen Angaben sind unrichtig, wie Breusing (Lebensnachrichten von
Bernhard Varenius, Petermanns Geogr. Mitteil., 26. Band, S. 136 ff.) darthat;
die erste zusammenhängende Würdigung seiner grofsen, über einen winzigen
Lebensraum verteilten Leistungen gab F. G. Hahn (Die Klassiker der Erdkunde
und ihre Bedeutung für die geographische Forschung der Gegenwart, Königsberger
Studien, 1. Band, S. 218 ff.). Das Hauptwerk Varens ist es, welches uns hier angeht (Geographia generalis, in qua affectiones telluris explicantur, 32. Kapitel
prop. V). Die erste Ausgabe kam 1650 zu Amsterdam heraus, und an sie schlofs
sich in der Folge eine Reihe anderer Auflagen an. Eine derselben, durch den
Herausgeber mit manchem verbessernden Zusatze versehen, erschien 1681 unter
Newtons Aufsicht in Cambridge (in Kapitel 32 steht die erwähnte Stelle).

2) Eine Reihe hübsch ausgeführter Zeichnungen in v. Nordenskiölds Atlas
(S. 88 ff.) erläutert das Wesen der herzförmigen Abbildung. Vgl. auch D'Avezac,
a. a. O., S. 45 ff.; Fiorini, Le projezioni cordiformi nella cartografia (Boll. della
Soc. Geogr. Ital., Juliheft 1889).

lungspunkt geht die Peripherie eines Kreises, und alle diese Kreise
haben zum gemeinsamen Mittelpunkt jenen Punkt der Meridianlinie,
welcher als Pol angenommen wurde. $2\,A$ sei die — im Äquator ab-
gemessene — Breite des Hemisegmentes, und nun werde, unter $\varPhi$
wieder die Polhöhe verstanden, vom Schnittpunkte aus auf jeder Kreis-
peripherie ein Bogen gleich $\pm \beta\,A \cos \varPhi$ abgetragen, wo β, wie vorhin α, eine ganz willkürliche konstante Zahl vorstellt. Zu beiden
Seiten des Meridianes hat man dann je eine Punktreihe bekommen,
und legt man durch jede dieser Punktreihen den entsprechenden Kurvenzug, so sind die Umfassungslinien des Halbstreifens fertig.[1]

Das Verhältnis, in welchem ein ebenes Flächenelement dieser
Kopie zum sphärischen Original-Flächenelemente steht, ist gleich $\alpha\beta$,
und es können dann die linearen und angularen Verzerrungen bestimmt
werden, welche sich bei der Projektion ergeben.[2] Für $\alpha = \beta = 1$
wird die Abbildung flächentreu (äquivalent).[3] Dieser Fall deckt sich
mit dem Netzentwurfe Werners, der von Orontius Finaeus und
Mercator in deren doppelt-herzförmigen Karten, sowie auch von demselben Finaeus, von Peter Apian, von Cimerlino und Hadschi
Ahmed bei ihren das Erdganze in eine einzige Herzform einschliefsenden Weltkarten zur Geltung gebracht wurde.[4]

---

1) Die innige Beziehung zwischen den herzförmigen und sinusoidalen Abbildungen wurde lange nicht als das erkannt, was sie wirklich ist, und so kam
es, dafs in die kartographische Terminologie eine gewisse Verwirrung hinein-
getragen wurde, welche es erst in neuerer Zeit vollkommen zu beseitigen gelang.

2) Eine generelle Regel zur Berechnung der Verzerrungsgröfsen aufgestellt
zu haben, ist das grofse Verdienst eines Werkes von A. Tissot (Die Netzentwürfe
geographischer Karten nebst Aufgaben über Abbildung beliebiger Flächen auf
einander, deutsch bearbeitet von E. Hammer, Stuttgart 1887). Als eine Ergänzung
dient eine selbständige Schrift von Hammer (Über die geographisch wichtigsten
Kartenprojektionen, insbesondere die zenitalen Entwürfe nebst Tafeln zur Verwandlung von geographischen Koordinaten in azimutale, ebenda 1889).

3) Vgl. Breusing, Das Verebnen der Kugeloberfläche für Gradnetzent-
würfe, Leipzig 1892, S. 14 ff.; Fiorini, Le projezioni quantitative ed equivalenti
nella cartografia, Boll. della Soc. Geogr. Ital., Oktober- bis Dezemberheft 1887.

4) Vgl. die oben (S. 60) zitierte Abhandlung von H. Wagner. Cimerlino
war Kupferstecher in Verona und veranstaltete 1566 eine neue Ausgabe der Weltkarte des Oronce Finée von 1536 (v. Nordenskiöld, a. a. O., S. 89). Eben
dieser Autor fügt bei: *„It is evident, that the original map of Finaeus also ser-
red as a model for the large Turkish cordiform map engraved on wood at Venice
by Haggy' Ahhmed from Tunis, and dated year 967 of the Mohammedan chro-
nology, which corresponds with our year 1559."*

Kapitel XIII.

Die sinusoidale Begrenzung der Globusstreifen.

Die rein graphische Konstruktion der oben erwähnten Punktreihen genügt dem Bedürfnisse des praktischen Kartenzeichners. Jedoch
versteht es sich von selbst, dafs die wissenschaftliche Betrachtung
sich hiemit nicht zufrieden geben kann, sondern dafs sie die geometrische Natur der Begrenzungskurven zu ermitteln sich verpflichtet
fühlen mufs. Eine einfache Betrachtung führt uns zu dem gewünschten
Resultate.

OX (Fig. 5) sei der gradlinige Mittelmeridian, OY das ebenfalls
gradlinige Bild des Äquators, P der Pol, $OE = b$ die Hälfte des

Fig. 5.

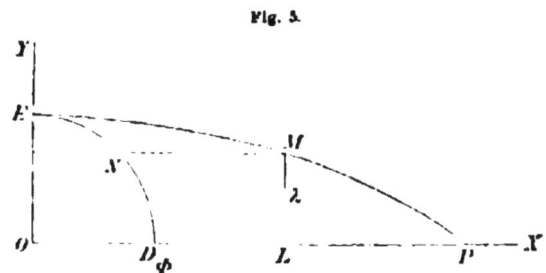

Querdurchmessers eines (vollen) Segmentes, ϱ der Kugelradius. Nach
unserer früheren Bezeichnung ist $OP = a$ zu setzen. Wir denken
uns, EP sei die nach der besprochenen Vorschrift gezogene Kurve,
M ein willkürlicher Punkt auf ihr, dessen geographische Breite und
Länge durch $\varPhi$ und λ gegeben sein mögen. Sind dann x und y die
Koordinaten von M, so ist

$$x = \alpha \varrho \varPhi, \quad y = \beta \varrho \lambda \cos \varPhi.$$

Dann liefert die Wegschaffung der Gröfse $\varPhi$ sofort die gesuchte
Kurvengleichung:

$$y = \beta \varrho \lambda \cos \frac{x}{\alpha \varrho} .$$

Indem wir nun den Halbmesser der Kugel zur Einheit erheben,
können wir, da

$$a = \frac{\alpha \pi \varrho}{2}, \quad b = \beta \varrho \lambda$$

ist, unserer Gleichung auch eine der beiden nächstfolgenden Formen
erteilen:

$$y = b \cos \frac{x}{\alpha} = b \sin \left(90^0 - \frac{x}{\alpha}\right).$$

Die zweite Form ist es, welche für die dadurch charakterisierte krumme Linie den allerdings wenig geschickten Namen Sinusoide (besser Sinuskurve) und für eine die Meridiane durch Linien dieser Art wiedergebende Abbildung den Namen der sinusoidalen Projektion erwirkt hat.[1])

Ein einfaches Hilfsmittel, die Sinusoide zu zeichnen, bietet sich nunmehr ungesucht dar. Man teilt die Strecke OP in n gleiche Teile und in ebensoviele den Viertelkreis ED. Ist dann etwa

$$OL = \frac{p}{n} OP \quad \text{und} \quad \text{arc } EN = \frac{p}{n} \text{ arc } ED,$$

so errichtet man in L auf OP eine Senkrechte und fällt von N auf EO eine Senkrechte; der Punkt M, in welchem die beiden Perpendikel (das zweite rückwärts verlängert) sich begegnen, liegt auf der E mit P verbindenden Sinusoide.

Die sinusoidale Abbildung gehört zu denjenigen Netzentwürfen, welche der Kartograph als quantitative definiert; es ist unser Indikator $J = \alpha\beta$. Will man den Winkel ψ haben, den eine im Punkte (x, y) an die Kurve EP gelegte Berührende mit der X-Achse einschliefst, so ist

$$\text{tang } \psi = - \frac{\beta}{\alpha} \lambda \sin \Phi;$$

der Winkel χ, unter welchem die beiden Begrenzungslinien eines Streifens im Pole zusammenstofsen, wird mittelst der Gleichung

$$\text{tang } \frac{1}{2} \chi = - \frac{\beta}{\alpha} \lambda,$$

da im Pole $\sin \Phi = 1$ wird, gefunden. Endlich kann auch gefragt

---

1) Die sinusoidale Projektion wird vielfach, nicht mit Recht, dem französischen Geographen Sanson oder dem englischen Astronomen Flamsteed zugeschrieben, welch letzterer sie allerdings für seinen berühmten Sternatlas (Atlas Coelestis, London 1729) sich angeeignet hatte (D'Avezac, a. a. O., S. 80 ff.; Gretschel, a. a. O., S. 160). In Wirklichkeit wird man sie, wenn man auf historische Treue hält, als die unächtzylindrische Projektion des Mercator zu bezeichnen haben (Tissot-Hammer, a. a. O., S. 54 ff.). Hier wird auch betont, dafs die erwähnte Manier dem Kontinuitätsprinzipe der Verzerrungen nicht entspricht, dafs vielmehr die charakteristischen Verzerrungswerte für den Pol verschieden ausfallen, je nachdem man diesen als auf der einen oder anderen Grenzkurve liegend betrachtet. Zieht man nämlich für den Pol die Tangenten an beide Kurven, so fallen diese beiden graden Linien nicht in eine zusammen.

werden, in welchem Verhältnis m durch die Abbildung sich ein Linien-element der Kurve EP vergröfsert hat. Der pythagoreische Lehrsatz zeigt, dafs

$$m = \sqrt{\alpha^2 + \beta^2 \lambda^2 \sin^2 \Phi}$$

ist; ersetzt man Φ durch ψ, so wird einfacher

$$m = \alpha \sqrt{1 + \tan^2 \psi} = \alpha \sec \psi.$$

Damit ist demnach der analytische Charakter des Entwurfes klargestellt.

Der erste Geometer, welcher in diesem Sinne die Grenzlinien der Globussegmente zu verzeichnen lehrte, war der Franzose Bion, der

$$a = 6\rho \sin 15^\circ, \quad b = 2\rho \sin 7\tfrac{1}{2}^\circ$$

setzte.[1]) Daraus erschliefsen sich die Proportionalitätsfaktoren

$$\alpha = \frac{12}{\pi} \sin 15^\circ = 0{,}9886; \quad \beta = \frac{24}{\pi} \sin 7\tfrac{1}{2}^\circ = 0{,}9971.$$

Wir nehmen wieder den Äquatorgrad als Einheit und bekommen

$$a = \frac{1080^\circ}{\pi} \sin 15^\circ = 88{,}975^\circ; \quad b = \frac{360^\circ}{\pi} \sin 7\tfrac{1}{2}^\circ = 14{,}957^\circ.$$

Endlich wird

$$J = \alpha\beta = 0{,}9858; \quad \chi = 29^\circ 35' 1'';$$

und diese beiden Werte rechtfertigen vollkommen den Wert des Bionschen Verfahrens, denn J unterscheidet sich nur wenig von 1 und χ nur wenig von 30°.

Lassen wir die Breite Φ zwischen 0° und 90° je immer um zehn Grade wachsen, so erhalten wir für ψ und m die im nächsten Täfelchen zusammengestellten Wertepaare:

Φ	ψ	m	Φ	ψ	m
0°	0° 00′ 00″	0,9886	50°	11° 06′ 27″	1,0086
10	2 37 31	0,9897	60	12 52 55	1,0141
20	5 09 38	0,9926	70	13 56 08	1,0186
30	7 31 16	0,9972	80	14 34 36	1,0215
40	9 37 59	1,0027	90	14 47 30	1,0225

1) Bion, L'usage des globes céleste et terrestre et des sphères suivant les différens systèmes du monde, Paris 1721, S. 261 ff. Der Verfasser entwickelt seine Regel, „*l'expérience nous ayant appris qu'en collant les fuseaux sur les Globes, le papier s'étend en longueur et largueur suffisament pour que la corde de 15. deg., prise deux fois, couvre entièrement l'arc qui fait la douzième partie du Globe, et la corde de 30. deg., prise trois fois, couvre le quart du même Globe, la figure du fuseau étant cause que le papier s'étend un peu plus en longueur qu'en largeur.*" Bei anderer Gelegenheit (Bion-Doppelmayr, a. a. O., S. 1 ff.) wird ein aus

Auch die für m gefundenen Zahlen sprechen, wie die früheren, für die Genauigkeit der Regel, indem sie nach der einen oder anderen Seite nur unmerklich von 1 sich entfernen.

Seinen praktischen Sinn hat Bion in der Wahl der Größen für die beiden Durchmesser seiner Zweiecke bethätigt. Er nimmt die beiden Diameter des Segmentes etwas zu klein, weil erfahrungsgemäß das mit Leim bestrichene Papier, sobald man es der Globusfläche anpaßt, sich etwas ausdehnt, so daß dann die Durchmesser sich genauer den Bögen anschmiegen, mit welchen sie zusammenfallen sollen. Diese Ausdehnung pflegt in der Längenrichtung stärker als in der Breitenrichtung vor sich zu gehen, und eben aus diesem Grunde wurde die Verkleinerung des äquatorialen Durchmessers geringer als die des meridionalen angenommen. Über alle diese Verhältnisse war sich Bion auf grund seiner ausgedehnten Praxis selbst klar geworden.

Wer an die relativ geringe Krümmung der in ein einzelnes Segment fallenden Parallelkreisstücke denkt, könnte sich veranlaßt fühlen, diese Stücke lieber geradlinig einzutragen. Denn wenn man das Papier, auf welchem sie gezeichnet sind, der Sphäre anpaßt, so ergibt sich die Krümmung schon als eine Konsequenz dieses Prozesses. Bion ging nicht so weit, aber er lehnte doch die von der Theorie geforderten homozentrischen Kreise ab und substituierte ihnen andere. Man solle, meint er, die Grenzlinien durch Probieren in ebensoviele gleiche Teile teilen, wie den Zwischenmeridian, und dann durch je drei zusammengehörige Punkte einen Kreis legen. Mit anderen Worten: die Mittelpunkte der einzelnen Kreise sollen zwar sämtlich auf dem Meridiane liegen, nicht mehr aber mit dem Pole zusammenfallen; vielmehr soll, um das jeweilige Zentrum zu finden, vom Teilungspunkte des Meridianes aus auf diesem eine Strecke proportional cotang Φ abgetragen werden. Damit ist also eigentlich bei der bekannten Regel für die polykonische Projektion eine Anleihe gemacht.[1])

Bions Vorschrift machte sich zunächst Lalande mundgerecht.[2])

Metall zu fertigendes Kurvenlineal zur bequemeren Ausziehung der Sinusoiden in einem Zuge angegeben.

1) Vgl. Fiorini, Le projezioni etc., Cap. VIII, Art. 1.

2) Lalande, Astronomie, 3. Band, Paris 1771, S. 736 ff. Der berühmte Astronom meint, Bions Methode sei bei aller praktischer Verwendbarkeit wenig geometrisch, allein darin irrt er, denn wer die vorstehenden Ausführungen verfolgt hat, weiß, daß Bion mathematischen Blick und technisches Geschick sehr wohl zu vereinigen gewußt hat. Vortrefflich unterrichtet erweist sich Lalande über alles, was mit Dehnungen und Zusammenziehungen einer befeuchteten Pa-

Aber auch die betreffenden Abschnitte der französischen und englischen Enzyklopädie[1]) akkomodieren sich derselben; und wenn man $\alpha = \beta = 1$ setzt, so dafs also sowohl für den Äquator wie auch für den Mittelmeridian die Distanzen gewahrt werden, so ordnen sich die praktischen Anweisungen zur Anfertigung der Streifen ein, welche verschiedene Schriftsteller über die Konstruktion von Luftballonen, ein **Faujas de Saint Fond**[2]), ein **De Parcieux**[3]) und ein **Dupré**[4]) gegeben haben.

------

piermasse zusammenhängt; wunder nehmen kann dies freilich nicht, wenn man weifs, dafs der Genannte auch ein namhafter Technologe war und sich sogar schriftstellerisch mit Papierfabrikation befafste (L'art de faire le papier, Paris 1761). Er beruft sich wegen des Betrages der Kontraktion auf die Studien jenes Kartographen **Bonne**, dessen Netzentwurf, aller Gegnerschaft zum trotz, ein überaus zähes Leben bekundet hat; man soll fraglichen Betrag 1 Linie auf 6 Zoll (duodezimal) gleichsetzen. *„Ainsi il faut encore prévenir cet inconvenient dans la gravure des fuseaux"*. — Es verdient Erwähnung, dafs **Lalande**, der an der besten Art, Globen anzufertigen, so lebhaften Anteil nahm, auch deren Nutzen zur übersichtlichen Lösung der verschiedenartigsten astronomischen Aufgaben sehr hoch stellte. So zeigte er im Anschlusse an **Ferguson** (Astronomy Explained upon Sir **Isaak Newton's** Principles, London 1757, S. 280), dafs man den Erdglobus leicht so aptieren kann, um die Verdunklungsfläche bei Sonnenfinsternissen dem Auge ersichtlich zu machen (Astronomie, 2. Band, S. 457). Ebenso konstruierte er (Astronomie, 2. Band, S. 620) auf der künstlichen Erdkugel denjenigen kleinen Kugelkreis, für dessen sämtliche Punkte der Eintritt eines der unteren Planeten in die Sonnenscheibe zu gleicher Zeit erfolgt. Indem man die Zeit von Minute zu Minute variiren läfst, erhält man auf der Globusfläche eine Schaar solcher konzentrischer Kreise, die den Gang der Erscheinung in deren einzelnen Stadien zu überblicken gestatten.

1) Encyclopédie ou Dictionnaire raisonné des sciences, 3. Auflage, 7. Band, S. 695 ff. (der Artikel „Globe" ist von **Robert de Vaugondy** bearbeitet); Encyclopaedia Britannica, 7. Band, 2. Teil, S. 788 ff.

2) **Faujas de la Fond**, Description des expériences de la machine aerostatique de M. Mongolfier, Paris 1783, S. 295 ff. Das Werk hat auch deutsche Bearbeitungen gefunden: Beschreibung der Versuche mit den aerostatischen Maschinen von **Faujas de la Fond**, aus dem Französischen, Leipzig 1784; Fortgesetzte Beschreibung der Versuche mit aerostatischen Maschinen, aus dem Französischen, mit Zusätzen des Übersetzers, Leipzig 1785. Aufserdem ist der wesentliche Teil des Originalwerkes übergegangen in die durch eigene, namentlich analytische Untersuchungen ausgezeichnete Monographie von **Kramp**: Geschichte der Aerostatik, historisch, physisch und mathematisch ausgeführt, zwei Bände, Strafsburg 1784.

3) **De Parcieux**, Dissertation sur les globes aerostatiques, Paris 1783, S. 24 ff. Dafs diese Arbeit, obwohl im gleichen Jahre erschienen, durch diejenige **Faujas'** beeinflufst sei, bemerkt der Verfasser selbst (a. a. O., S. 36).

4) **F. Du Pré**, Memoria sull' aerostato di **Pasquale Andreoli**, esposto nella Chiesa di San Giorgio Maggiore il dì 21. Nov. 1806, Venedig 1807, S. 52 ff.

Der Erstgenannte geht von den Streifen aus, die eine Öffnung von 15° aufweisen. Er betrachtet den Hauptmeridian als gradlinig, teilt ihn in 12 gleiche Teile, deren jeder somit einem Meridianbogen von 15° entspricht, errichtet in den Teilungspunkten gradlinige Senkrechte, deren jede dem zugehörigen Parallelkreisbogen an Länge gleichkommt, so dafs auf jeder Seite ein Bogen von $7\frac{1}{2}°$ sich befindet, und zieht durch die Endpunkte dieser Senkrechten beidseitig die Begrenzungskurven, welche sich also als Sinuslinien darstellen.

Bei De Parcieux hat jedes Zweieck eine Apertur von 30°. Der Hauptdurchmesser wird in 36 gleiche Teile geteilt, aber im übrigen ist die Methode von der soeben beschriebenen nicht verschieden. Nur werden die auf den Querleisten abzutragenden Stücke tabellarisch berechnet, und zwar für einen Radius = 100000. Auch De Parcieux hat, wie Bion, konstatiert, dafs beim Auflegen des befeuchteten Streifens auf die Kugel eine Streckung in jeder Richtung, am stärksten aber in der Richtung des Hauptdurchmessers, eintritt; für den von ihm angestrebten Zweck ist dies aber natürlich belanglos, weil die Ballonstreifen nicht geleimt, sondern nur an den Rändern zusammengeheftet werden. Auf dem gleichen Boden steht Dupré, der allerdings das Verfahren von Faujas nicht ganz glücklich nachahmt.

An eben diesen Autor knüpfen noch mehrere andere Schriftsteller an, sei es, dafs sie ebenfalls die Interessen der Luftschiffahrt, sei es dafs sie die der eigentlichen Globographie im Auge haben: solche sind Malte Brun[1]), Perrot[2]) und Majocchi (s. o. S. 78). Auch deutsche Gelehrte haben sich mit der Frage beschäftigt, welchergestalt die Ballonstreifen am zweckmäfsigsten zu verzeichnen würen.[3])

———

1) Malte-Brun, Précis de la Géographie Universelle, Paris 1810, 31. Buch.

2) Perrot, Nouveau manuel complet pour la construction et le dessin des cartes géographiques, Paris 1847, S. 180 ff.

3) Vor allem ist hier Kramp selbst zu nennen (a. a. O., 2. Band, S. 11 ff.). Er bezeichnet etwas unzutreffend die Figuren, um deren Verzeichnung es sich handelt, als „Rauten" und gedenkt der Regeln von Faujas und De Parcieux, erläutert auch die übliche (Bionsche) Vorschrift für Globusstreifen. „Allein die Rauten zu einer Aerostatischen Maschine," führt er fort, „die nicht in ihrer ganzen Fläche, sondern nur auf ihrem Umfange befeuchtet werden, um zusammenzukleben, müssen nach einer andern Regel zugeschnitten sein, wenn eine Kugelfläche daraus werden soll." Alsdann gibt er seine eigene graphische Methode für die Darstellung der Grenzkurven, verzichtet aber, was bei seiner sonstigen Neigung für Exerzitien auf dem Gebiete der höheren Mathematik auffallen kann, auf eine genauere Untersuchung des Kurvencharakters. Dies hat auch Muncke in seinem Lexikon-Artikel „Aerostat" (Gehlers Physikalisches Wörterbuch, 2. Auf-

Unter einem weit allgemeineren Gesichtspunkte ist neuerdings Hoefler an die hier obschwebende Frage herangetreten, ohne allerdings in seinem vielfach interessanten Aufsatze das geschichtliche Moment, dem gerade hier eine besondere Tragweite beizulegen ist, zu seinem Rechte kommen zu lassen.[1])

Daſs nicht einunddasselbe Zeichnungsverfahren für Ballonstreifen und Globusstreifen gleichmäſsig geeignet sein kann, erhellt aus dem vorstehenden zur genüge. Die Gründe sind in dem verschiedenen

lage, 1. Band, Leipzig 1826, S. 247 ff.) unterlassen. Er begnügt sich damit, in den Teilungspunkten des Meridianes die Senkrechten zu jenem zu ziehen und auf den Senkrechten nach jeder Seite hin Strecken von gegebener Länge aufzutragen. Diese Länge wird genau (4 Dezimalstellen) angegeben, aber über den Berechnungsmodus selber bleibt der Leser im unklaren.

1) A. Hoefler, Netz, Oberfläche und Kubikinhalt des Zylinderstutzes und der Kugel, Zeitschr. f. mathem. u. naturw. Unterricht, 18. Jahrgang, S. 1 ff. Das Verdienst der hier über das Kugelnetz angestellten Betrachtungen beruht wesentlich darin, daſs letztere ein ganz elementares Gepräge tragen; von Infinitesimalrechnung wird lediglich in Randnoten Gebrauch gemacht. Bemerkenswert, vorab für den Unterricht, ist die Berechnung der Oberfläche einer aus sinusoidalen Segmenten zusammengesetzten „Netzkugel" (a. a. O., S. 18). Eine solche besteht aus n Zweiecken, und jedes derselben ist begrenzt durch vier (kongruente) Sinuslinienstücke von der Höhe ($U : 2n$) und der Basis ($U : 4$), wo U den Umfang eines gröſsten Kugelkreises vorstellt. Unter r den Kugelradius verstanden, ist

$$r = \frac{U}{2\pi}.$$

Die Oberfläche der Netzkugel vom Radius r ist gleich

$$4n \cdot \frac{U}{2n} \cdot \frac{U}{2\pi} = \frac{U^2}{\pi} = \frac{(2r\pi)^2}{\pi} = 4r^2\pi,$$

d. h. ebenso groſs wie die Oberfläche einer wirklichen Kugel vom Radius r. Des ferneren wird mit Voraussetzung bloſs der einfachsten stereometrischen Kenntnisse berechnet, wie viel einem aus n Zweiecken zusammengesetzten Netze fehlt, um den vollen Winkel von vier Rechten am Pole auszufüllen. Es findet sich für diesen Defekt der Wert

$$2n\left(\frac{\pi}{n} - \operatorname{arc\,tang} \frac{\pi}{n}\right).$$

Eine Grenzbetrachtung ergibt, daſs für $n = \infty$ die „Netzkugel" in eine wirkliche Kugel übergeht, während bei einem aus lauter Kreiszweiecken zusammengefügten Netze ein Schluſsfehler auch dann noch übrig bleiben würde, wenn man die Anzahl der Bestandteile unendlich groſs nehmen könnte. Durch Betrachtungen dieser Art wird die Überlegenheit der Sinuskurve in ihrer Eigenschaft als Grenzlinie eines Globusstreifens, wie sie sich uns in Verfolgung eines ganz anderen Grundgedankens ergeben hat, in ein noch helleres Licht gesetzt. Auch der rein geometrische Beweis dafür, daſs eben die Sinuslinie die geeignete Grenzkurve ist, ist didaktisch zu beachten.

Verhalten trockener und befeuchteter Segmente gegeben. Im zweiten Falle, bei der Herstellung künstlicher Erd- und Himmelsgloben, empfiehlt es sich im allgemeinen nicht, die Koeffizienten α und β mit der Einheit zu identifizieren.

Die Wahl dieser Größen, welche resp. den Haupt- und Querdurchmesser eines Zweieckes bestimmen, hängt vorzugsweise von der Beschaffenheit des Papieres ab, auf welches die Figur gezeichnet oder gedruckt werden soll. Der mechanische Prozeß des Druckens zumal bringt gewisse, nicht unbeträchtliche Veränderungen zuwege, und auch abgesehen davon können namhafte Verzerrungen eintreten. Das Papier, welches, um unter die Presse zu gelangen, befeuchtet sein muß, erleidet Dehnungen und wieder Verdickungen beim Austrocknen; wiederum beim Aufspannen des unten mit Kleister oder Leim bestrichenen Papieres tritt eine Ausdehnung in der Längenrichtung ein, wie wir dies bereits gesehen haben. Nur fortgesetztes Probieren kann über die Wahl der Proportionalitätsfaktoren α und β im Einzelfalle entscheiden lassen, und zwar dürfen dieselben von 1 nicht sehr verschieden sein, müssen aber immer etwas kleiner sein. Wenn, wie wir dies als Norm voraussetzen, der Äquatorgrad den Wert 1 hat, so wird der halbe Hauptdurchmesser ein wenig kleiner als 90^0 und der halbe Transversaldurchmesser ein wenig kleiner als 15^0 oder 10^0 zu nehmen sein, je nachdem die Apertur des Streifens zu 30^0 oder zu 20^0 angesetzt ist. Auch sei regelmäßig $\alpha < \beta$, damit eben die Ausdehnbarkeit des Streifens im Sinne des Hauptdurchmessers gewahrt bleibe.

Hat man 18 Streifen mit je einer Öffnung von 20^0, so wird man neben den beiden Begrenzungslinien auch noch die Mittellinien ausziehen, damit auf der Kugel die Meridiane in Abständen von 10 zu 10 Grad auf einander folgen. Das Verhalten bei 12 Streifen wurde bereits gekennzeichnet. Bezüglich der Einzeichnung der Parallelkreise wurde das notwendige bereits bei Erörterung der Bionschen Methode beigebracht.

Kapitel. XIV.

Theoretische Studien über Streifenbegrenzung im XVIII. Jahrhundert.

Unter den Mathematikern, welche sich im Laufe des XVIII. Jahrhunderts mit tiefer gehenden Untersuchungen über die Wahl einer möglichst geeigneten Begrenzung abgegeben haben, dürfte zunächst der durch sein unglückliches Ende zu trauriger Berühmtheit gelangte Astronom Lowitz[1]) zu nennen sein. Derselbe hat auf die Konstruktion von Globen, wie sich im nächsten Kapitel noch weiter herausstellen wird, viel Fleifs verwendet und demgemäfs auch die Frage erörtert, welche Gestalt man am passendsten den Globusstreifen zu geben habe.[2]) Er ging von der Ansicht aus, dafs die beiden Grenzlinien sich ganz den betreffenden Meridianen der Kugel anpassen sollten, dafs dagegen Haupt- und Querdurchmesser etwas kleiner als die entsprechenden Hauptkreisbogen zu nehmen wären; so könnte beim Auflegen des genäfsten Papieres ein vollkommenes Anschmiegen ohne Rifs und Faltung bewirkt werden.

Um diesen Zweck zu erreichen, projiziert Lowitz radial die Punkte des Streifens auf eine Regelfläche, welche durch eine stets durch die beiden Gegenmeridiane gehende und zugleich zur Äquatorebene parallel verbleibende Grade bei deren Fortbewegung entsteht. Diese Fläche weist sich als eine zylindrische aus und ist mithin ab-

---

1) G. M. Lowitz (1722—1774) wurde von Nürnberg, wo er für den Homannschen Verlag (s. d. nächste Kapitel) und zugleich als Gymnasiallehrer thätig war, 1754 zur Übernahme der Professur der praktischen Mathematik nach Göttingen, 1767 aber an die Akademie in St. Petersburg berufen und mit Vermessungsarbeiten an der unteren Wolga betraut. Die Horden des Rebellen Pugatschew überfielen ihn bei dieser Thätigkeit und ermordeten ihn auf das grausamste.

2) Die älteren Schriften von Lowitz haben es mit praktischer Globographie zu thun: Homannischer Bericht von Verfertigung grofser Weltkugeln, Nürnberg 1746; Description complette ou Second avertissement sur les grands globes terrestres et célestes, auxquels la Société Cosmographique de Nuremberg fait travailler actuellement, ebenda 1749; Troisième avertissement etc., ebenda 1752. Die theoretische Abhandlung wurde niedergeschrieben schon 1755, veröffentlicht aber erst 1778 (Commentatio de figura et divisione segmentorum, quibus magni globi coelestes et terrestres obducuntur, Comment. Soc. Reg. Scient. Gott. Ant., 1. Band, S. 6 ff.). Vorgedruckt ist eine höchst sonderbare redaktionelle Notiz des Inhaltes, dafs Lowitz nicht genug Latein, der Übersetzer hinwiedernm nicht genug höhere Mathematik verstanden habe.

7*

wickelbar auf einer Ebene, und damit ist ein Mittel zur Darstellung des Segmentes gegeben. Indessen wird die hier angedeutete Methode nicht rein durchgeführt, sondern derart abgeändert, daſs ihr Nutzen wesentlich abgeschwächt erscheint, und so erscheint auch die Verwendbarkeit der zur Verzeichnung der Meridiane und Parallelkreise aufgestellten Formeln als eine ziemlich prekäre. Es ist deshalb wohl gestattet, hier von weiterem Eingehen abstand zu nehmen.

Gleicherweise liegt kein Anlaſs vor, lange bei der angeblich von Gamaches erfundenen Regel zu verweilen, der auf dieselbe bei seinen Bemühungen um die Inhaltsbestimmung von Fässern[1]) verfallen sein soll. Von Savérien[2]) werden uns über diese Regel nur ganz unzureichende Mitteilungen gemacht. Gamaches sei von dem k. Ingenieur Baradelle zum Entwurfe von Tafeln für die Bestimmungsstücke der Globusstreifen vermocht worden, allein auf welchem Grunde diese Tafeln aufgebaut gewesen seien, das wisse er, Savérien, selbst nicht zu sagen.[3]) Umsoweniger wird dies anderen Leuten möglich sein.

Ungleich ernster zu nehmen ist die von dem bekannten Göttinger Mathematiker A. G. Kästner[4]) unserem Gegenstande gewidmete Arbeit, welche denn auch eine sorgfältige Analyse erfahren soll. Wie der Autor selbst angibt, lehnt er sich zunächst an eine jetzt so gut wie verschollene Schrift des Niederländers Smit[5]) an, gestaltet aber die von da empfangene Anregung durchaus selbständig aus. Man kann sein Prinzip ein polykonisches nennen, denn er nimmt die Oberfläche der Kugel als aus sehr vielen Zonenflächen zusammengesetzt an, welche man ohne wesentlichen Fehler als Mantelflächen abgestumpfter Kegel gelten lassen mag, welche der Kugel umbeschrieben sind. Jede dieser Flächen ist demnach abwickelbar. Unter ϱ und Φ dasselbe,

---

1) Gamaches, Traité de jaugeage, Paris 1726.

2) Savérien, Dictionnaire universel de mathématique et physique, 1. Band, Paris 1753, S. 448 ff.

3) Es heiſst hier (im Artikel „fuseau"): *„Supposé que dans un temps plus favorable je développe ce principe, je me hâterai de le publier et de calculer des tables, pour des globes de différentes grandeurs, qui puissent conduire sûrement les Ingénieurs pour les instruments de Mathématique ... Heureux celui qui la mettra au jour!"*

4) Kästner, Fasciarum, quibus globi obducuntur, ex conis sphaerae circumscriptis constructio, Comm. Gott., Cl. Math., 1. Band, 6. Abhandlung (jede derselben ist für sich paginiert).

5) P. Smit, Cosmographia of Verdeelinge van de gehele wereld..., Amsterdam 1689 (2. Auflage 1720). Weder Hrn. Fiorini noch dem Bearbeiter stand das einzig durch Kästners Hinweis bekannter gewordene Buch zu gebote.

wie bisher verstehend, können wir die Seitenlinie eines solchen Elementarkegelstumpfes gleich ϱ tang $d\Phi$, die des ganzen Kegels $= \varrho$ cotang Φ setzen.

Smit, mit dessen Anschauungen wir eben durch Küstner bekannt gemacht werden, stellt sich, mit analytischen Methoden wahrscheinlich wenig vertraut, auf den rein geometrischen Standpunkt. OQ (Fig. 6) ist der in eine Grade ausgestreckte Querdurchmesser des

Fig. 6.

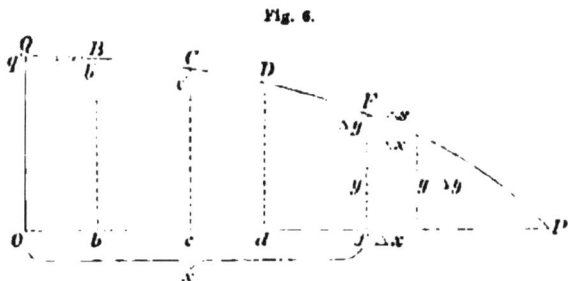

Streifens, OP der Meridionalquadrant, resp. dessen an Größe hinter ihm etwas zurückstehender gradliniger Vertreter. Man denkt sich das Kurvenstück QP durch eine sehr große (strenge genommen unendlich große) Anzahl von Punkten B, C, D ... in lauter gleichgroße Stücke zerlegt, dann die Parallelen Bb, Cc, Dd ... zum Querdurchmesser und die Parallelen Bq', Cb', Dc' ... zum Hauptdurchmesser gezogen. Die rechtwinkligen Dreiecke $Qq'B$, $Bb'C$, $Cc'D$ ... können als gradlinig betrachtet, und es kann auf jedes derselben der pythagoreische Lehrsatz angewandt werden. Setzt man die Länge des Bogens QF, wo der Punkt F durch seine Koordinaten $Of = x$ und $Ff = y$ bestimmt ist, $= s$, so ist offenbar, wenn mit Δ die sehr kleinen Wertänderungen von s, x und y bezeichnet werden,

$$\Delta s^2 = \Delta x^2 + \Delta y^2; \quad \Delta x = \sqrt{\Delta s^2 - \Delta y^2}.$$

Für gleich große Änderungen der geographischen Breite bleibt Δs konstant. Und daraufhin hat Smit, ohne die Natur der Begrenzungslinie festzulegen, Tabellen berechnet, welche eine Zeichnung des aus gradlinigen Stücken sich zusammensetzenden Linienzuges QP ermöglichen. Wir lassen uns darauf nicht ein, weil Küstners Rechnungsverfahren den analogen Zweck ungleich allgemeiner zu erreichen gestattet.

Wir denken uns, daß die Bogenlängen der Parallelkreise, soweit diese in das Innere eines gegebenen Segmentes fallen, vollständig gewahrt bleiben. F sei ein willkürlicher Punkt der Grenzkurve mit den Koordinaten x und y; die Tangente FO' werde $= \varrho'$, $\sphericalangle FO'P = \varepsilon$, die Breite von F wieder $= \Phi$ gesetzt. Erinnert man sich nun, dafs der Radius eines Parallelkreises von der Polhöhe Φ den Wert $\varrho \cos \Phi$ (ϱ Kugelhalbmesser, $2b$ Querdurchmesser) besitzt, so erkennt man auch die Richtigkeit der Gleichung

$$\varrho' \varepsilon = b \varrho \cos \Phi.$$

Es ist aber ferner $\varrho' = \frac{\varrho \cos \Phi}{\sin \Phi}$, somit auch

$$\varepsilon = b \sin \Phi.$$

Aus dem Dreieck FfO' folgt

$$Ff = y = \varrho' \sin \varepsilon;$$

sonach ist auch

$$y = \varrho \cotang \Phi \sin (b \sin \Phi).$$

Um nun ferner x in die Rechnung einzuführen, geht Kästner mit Smit auf die vorerwähnte Relation $ds^2 = dx^2 + dy^2$ zurück, und da die Distanzen auf der Grenzlinie gewahrt bleiben sollen, ds also $= \varrho d\Phi$,

$$dx = \sqrt{\varrho^2 d\Phi^2 - dy^2}$$

wird, so kann nach dem binomischen Lehrsatze

$$dx = \varrho \left[1 - \frac{1}{2\varrho^2} \left(\frac{dy}{d\Phi}\right)^2 - \frac{1}{8\varrho^4} \left(\frac{dy}{d\Phi}\right)^4 - \cdots \right] d\Phi$$

gesetzt werden. Um explizite Ausdrücke zu erhalten, setzen wir, unter Anwendung der bekannten Sinusreihe, die wir mit dem zweiten Gliede abbrechen lassen,

$$y = \varrho \cotang \Phi \left(b \sin \Phi - \frac{1}{3!} b^3 \sin^3 \Phi \right)$$

$$= \varrho \left(b \cos \Phi - \frac{1}{6} b^3 \cos \Phi \sin^2 \Phi \right),$$

$$\frac{dy}{d\Phi} = \varrho \left(- b \sin \Phi + \frac{1}{6} b^3 \sin \Phi \sin^2 \Phi - \frac{1}{3} b^3 \sin \Phi \cos^2 \Phi \right),$$

und diesen Wert des Differentialquotienten substituieren wir oben in der eckigen Klammer. Da jedoch b immer nur ein ziemlich kleiner Bruch gegenüber ϱ sein wird, so ist es erlaubt, keine höheren als die vierten Potenzen von b zu berücksichtigen, und indem wir also integrieren, finden wir

$$x = \varrho \int \left[1 - \frac{b^2}{2} \sin^2 \Phi - \frac{b^4}{24} (8 \sin^2 \Phi - 9 \sin^4 \Phi) \right] d\Phi.$$

Die Integration ist, da man es nur mit goniometrischen Functionen zu thun hat, ausführbar, und wenn man der Kürze wegen

$$A = 1 - \frac{b^2}{4} - \frac{5b^4}{48},$$

$$B = \frac{b^2}{8} - \frac{b^4}{24},$$

$$C = \frac{3b^4}{64}$$

setzt, kann endlich x in folgender Weise explizit durch die geographische Breite Φ dargestellt werden:

$$x = \varrho \, (A\Phi + B \sin 2\Phi + C \sin 4\Phi).$$

Beschreibt man um O' als Mittelpunkt einen Kreis mit $O'F'$ als Halbmesser, so schneidet dieser Kreis die x-Achse in F'', und die Distanz fF'' ist gleich

$$\varrho' - \varrho' \cos z = \varrho'(1 - \cos z) = 2\varrho' \sin^2 \frac{z}{2} = v.$$

Küstner hat nun, indem er noch $w = x - v$ setzt, für einen gegebenen Transversaldurchmesser $2b$ Tabellen berechnet, welche von Breitengrad zu Breitengrad die Werte von x, y, ϱ', v und w entnehmen lassen. Damit ist denn also auch das Geschäft der Konstruktion eines Segmentes wesentlich erleichtert. Die Koordinatenwerte x und y liefern ohne weiteres die Grenzkurven, welche sonach punktförmig verzeichnet werden können, während ebenso die Parallelen, deren Radius man kennt, und deren Mittelpunkte auf den Hauptmeridian zu liegen kommen, leicht zu beschreiben sind. Auf die Einzelheiten verzichten wir einzugehen.

Die von Fiorini auf grund der Küstnerschen Formeln berechneten Tabellen werden im folgenden mitgeteilt. Für die erste ward eine Segmentöffnung $2b = 20°$, für die zweite eine Segmentöffnung $2b = 30°$ angenommen. Die Breitengrade schreiten von 10 zu 10 fort.

Φ	x	y	ϱ'	v	w
0°	0,00000	10,00000	∞	0,00000	0,00000
10	9,99843	9,84651	324,94045	0,14922	9,84921
20	19,98770	9,39133	157,41882	0,28038	19,70732
30	29,95981	8,64926	99,23919	0,37763	29,58218
40	39,90893	7,64437	68,28245	0,42925	39,47968
50	49,83211	6,40874	48,07685	0,42906	49,40305
60	59,72854	4,98098	33,07973	0,37715	59,35139
70	69,60449	3,40489	20,85396	0,27984	69,32465
80	79,46286	1,72794	10,10280	0,14889	79,31397
90	89,31243	0,00000	0,00000	0,00000	89,31243

Φ	x	y	ρ'	v	w
0°	0,00000	15,00000	∞	0,00000	0,00000
10	9,99737	14,76702	324,94045	0,33572	9,66166
20	19,97167	14,07649	157,41882	0,63063	19,34104
30	29,90768	12,95331	99,23919	0,84900	29,05868
40	39,79143	11,43650	68,28245	0,96455	38,82688
50	49,61670	9,57731	48,07685	0,96360	48,65310
60	59,38451	7,43590	33,07973	0,84658	58,63793
70	69,10262	5,07871	20,85396	0,62788	68,47474
80	78,78332	2,57596	10,10280	0,33392	78,44941
90	88,44687	0,00000	0,00000	0,00000	88,45870

Will man haben, dafs auf dem fertigen Globus sämtliche Meridiane sichtbar werden, die in Bogenabständen von 10 zu 10 Graden auf einander folgen, so mufs man darauf bei Herstellung der Segmente bereits Rücksicht nehmen. Falls $b = 10°$ genommen wird, reicht es hin, einfach immer den gradlinigen Hauptdurchmesser auszuziehen, aber für $b = 15°$ ist ein anderes Verhalten zu beobachten. Man läfst nämlich hier den Mittelmeridian unausgezogen, teilt aber jeden der verzeichneten Parallelkreise in drei gleiche Teile und verbindet die entsprechenden Teilungspunkte durch freihändigen Zug. Die so erhaltenen Kurven sind die gewünschten äquidistanten Meridiane.

Kästner erörtert selbst sehr gründlich die Beziehungen zwischen seiner Auffassung des Problems, welche er dem „ziemlich seltenen" Buche von Smit entlehnt zu haben angiebt, und derjenigen von Lowitz. In der That kann man ihm nur zustimmen, wenn er sagt, die Methode des letzteren sei gar nicht ohne geometrisches Interesse, gewähre aber dem Mechaniker, der wirklich Globen herstellen wolle, keine rechte Hilfe. Und eben nach dieser Seite hin sollen seine Tafeln sich nutzbar erweisen.[1])

---

1) Kästner, a. a. O., S. 10. „*Post, Lowizii scriptum sollicite legi, calculos vidi magno artificio et labore subductos, sed quomodo pertineant ad figuram planam in superficiem sphaericam extendendam, fateor nondum me perspicere. Qua in re alii forte me essent magis perspicaces, si posset Lowizii dissertatio edi, quod opto*", — es geschah dies erwähntermafsen (S. 99) bald nachher — „*nam omnia, quae ex ejus sententia ad segmenta sua delinenda faciunt, subtiliter explicavit, tabulis etiam computatis: Et iam quaedam segmenta globi terrestris, ex aeneis laminis, in quibus scalpta habentur, exprimi curavit bibliopolium Vandenhökianum. Haec, ne quis, explatae hereditatis Lowizii crimen mihi intendat. — Est vero inter figuram, quam Lowizius sphaerae circumflectit, et illam, qua ego cum Smitio utor, hoc inprimis discrimen, quod nostrae, tres termini, singuli, iam in plano, aequales sint arcubus, in quos debent flecti, Lowizius, planae suae figurae basin det, chordam ejus arcus, quem sphaerae imposita exhibere debet. Ea re quid efficiatur, ad finem propositum*

Auch der jüngere Tobias Mayer hat sich deswegen in diesem Punkte ganz an Kästner angelehnt.[1]) Für $2b = 30°$ gibt er, den Kugelradius zur Einheit nehmend, zwei Tafeln, die für alle Breitengrade, deren Ordnungszahlen Vielfache von 10 sind, die Werte z, x, y, $\triangle x$, $\triangle y$, und ϱ entnehmen lassen.

Kapitel XV.

Globentechnik im XVIII. Jahrhundert.

In der Kunst, schöne und didaktisch zweckmäfsige Erd- und Himmelsgloben zu erzeugen, hat dasjenige Jahrhundert, welches auf dem theoretischen Gebiete die im vorigen Kapitel näher gekennzeichneten, tüchtigen Leistungen entstehen sah, ebenfalls manchen Fortschritt sich vollziehen lassen, ohne dafs allerdings die direkten Beziehungen zwischen Theorie und Praxis sich immer klar und deutlich nachweisen liefsen. Das Ziel, dem die Vergangenheit nachstrebte, war im allgemeinen das gleiche geblieben, und die an sich recht wohl gemeinten, in letzter Instanz aber doch verfehlten Bemühungen, den Globen Körper von anderer, einfacherer Gestalt zu substituieren, welche beim geographisch-astronomischen Unterrichte den gleichen Zweck erfüllen sollten, vermochten auf die Dauer keinen rechten Boden zu gewinnen.[2]) Es kann nicht entfernt unsere Absicht sein, alle Einzel-

---

vel exactius vel facilius attingendum, fateor me non intelligere. Itaque mihi supervacuum visum non est, theoriam exponere, ejus methodi, qua forte, secundum Smitii praecepta, ab artificibus theoriae ignaris, globi constructi sunt, cum nulli extent ad Lowizii leges facti." Man kann bedauern, dafs Kästner von diesen nach Smit gefertigten Globen keine näheren Nachrichten beigebracht hat.

1) T. Mayer, Vollständige und gründliche Anweisung zum Verzeichnen der Land-, See- und Himmelscharten, und der Netze zu Conoglobien und Kugeln, Erlangen 1794, S. 595 ff. Klügel, der dieses Buch sehr ausführlich rezensierte (Hindenburgs Archiv der reinen und angewandten Mathematik, 1. Band, S. 236 ff.), rühmt dem betreffenden Abschnitte nach, dafs „auf eine gute Art für ungeübte Leser die Integralrechnung in eine Rechnung mit endlichen Unterschieden verwandelt" worden sei. Das heifst eben nichts anderes, als dafs Mayer wieder auf die erste Quelle, auf Smit, zurückgegangen ist.

2) Hierher gehört u. a. der Gedanke J. A. v. Segners, das Erdmodell aus einem Zylinder (für die heifse Zone), zwei Kegelstumpfen (für die gemäfsigten Zonen) und zwei Kegeln (für die beiden Polarkalotten) zusammenzusetzen, sodafs also jede Zone abwickelbar geworden wäre. Fig. 7 versinnlicht diesen Plan,

erscheinungen globographischer Natur hier vorzuführen und kritisch
zu würdigen, und namentlich hinsichtlich der hierhergehörigen Schriften
glauben wir uns auch diesmal, wie früher schon, auf eine gedrängte
Zusammenstellung[1]) beschränken zu dürfen.

mit dem sich das dritte Kapitel des Mayerschen Werkes (am Schlusse) beschäftigt.
Ferner haben wir hier im Auge die Erd- und Sternkegel, die zuerst J. J. Zimmer-

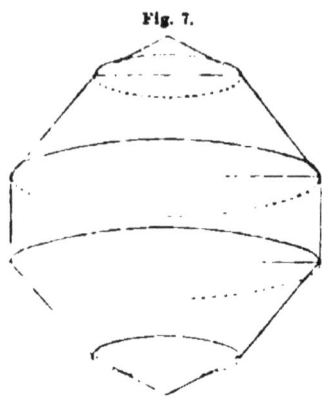

Fig. 7.

mann (Coniglobium nocturnale stelligerum
seu Conus astroscopicus geminus, Hamburg
1704; deutsche Ausgabe 1706) in Vorschlag
gebracht hat; man könnte allerdings mit
Kästner (Gesch. d. Math., 2. Band, S. 105)
auch Schickards Sternkarte, die man „nach
Art einer Krämerdüte" zusammenrollen konnte,
um so etwas der Konkavität ähnliches zu erhalten, als Vorläufer der Sternkegel gelten
lassen. Der fraglichen Schickardschen Schrift
(Astroscopium pro facillima stellarum cogni-
tione excogitatum et commentariulo illustra-
tum, Tübingen 1623; 2. Auflage, Stuttgart-
Leipzig 1698) ist weiter oben (S. 84) aus einem
ganz anderen Grunde gedacht worden. In späterer Zeit haben Funk (Anweisung zur Kennt-
nis der Gestirne auf zwei Planiglobien und zwei Sternkegeln nach Bayer und
Vaugondy, Leipzig 1777) und T. Mayer (a. a. O.) sich der Sache angenommen.
Von Funk gehört in diesen Bereich noch eine andere Schrift (Anweisung zum
Gebrauche der Erdkörper und Erdplanisphären, Leipzig 1781).

1) Beyer, Descriptio globi coelestis et terrestris nova ratione compositi,
Hamburg 1718; Andrae, Zweifache Sternkugel oder Himmelskugel, 1724 (s. l.);
Hocker, Einleitung zur Erkenntnis und Gebrauch der Erd- und Himmelskugeln,
Nürnberg 1734; Kraft, Kurze Einleitung zur mathematischen und natürlichen
Geographie, nebst dem Gebrauch der Erdkugeln und Landcharten, St. Petersburg
1738; Wright, The Use of the Globes, London 1740; Rommerick, Sphärologia,
oder kurtze Übersicht, wie sowohl die Himmels- als die Erdkugel beschaffen und
zu gebrauchen, Lemgo 1745; Savérien, Description et usage de la sphère et des
globes, Paris 1750; More, A Supplement to the Treatise of the Use of the Globes, London 1751; Jennings, An Introduction to the Use of Globe and Orrery,
ebenda 1752; Nettin, Description d'un globe céleste, dont les pôles peuvent être
transposés, Harlem 1757 (vgl o. S. 8 und S. 65); Martin, An Essay on the Na-
ture and the Utility of the Globes, London 1758; Fanning, A Treatise upon the
Use of the Globes both Celestial and Terrestrial, ebenda 1760; Åkerman, Globes
céleste et terrestre de vingt-doux pouces, Upsala 1766 (mit Berücksichtigung der
neuesten Lacailleschen Positionen vom Südhimmel); Brion, Tablettes astronomiques ou abrégé élémentaire de la sphère et des différens systèmes, avec l'usage
des globes, Paris 1774. Von einigen anderen Schriften, denen eine höhere Bedeutung in technischer Beziehung zukommt, wird noch besonders gesprochen
werden müssen; einzelner hatte auch bereits das vorige Kapitel zu gedenken gehabt.

Im Anfang des Jahrhunderts scheint der Kartograph **Gerhard Valck** auch als Verfertiger von Globen sich hohen Ansehens erfreut zu haben.[1]) In England ragten die Namen der Künstler **Moll** und **Senex** hervor[2]); in Frankreich wurde ein Himmelsglobus von **Delisle**, an welchem **Simoneau** die künstlerische Ausstattung besorgt hatte, besonders gerühmt.[3]) In Deutschland wird aus früherer Zeit namentlich **Eimmart** als ein auch auf diesem mechanischen Arbeitsfelde thätiger Mann bezeichnet[4]), während um die Mitte des Jahrhunderts die deutschen Firmen **Andreae & Klinger** in Nürnberg, **Endersch** in Elbing den Markt mit ihren Fabrikaten versorgten.[5]) Weitaus die bedeutendste Anregung jedoch erhielt die Globentechnik durch jene Arbeiten, welche direkt oder indirekt mit dem Namen **Johann Baptist Homann**[6]) in Verbindung stehen.

1) Nachrichten über G. **Valck** sind, wenn überhaupt, so jedenfalls schwer zu erlangen. Zedler (Großes Universallexikon aller Wissenschaften und Künste, 46. Band, Leipzig-Halle 1745, Sp. 153) weiß nur zu berichten: „Valck (Gerhard), ein Holländer, welchem man die besten der holländischen Land-Charten mit zu danken hat." Zwei seiner Atlanten, deren einer ausschließlich prächtig ausgestattete Tafeln zur astronomischen Geographie enthält, gehören der k. Hof- und Staatsbibliothek in München. Valck brachte in den Handel Globen, welche 6, 9, 12, 15, 18 rheinländische Zolle im Durchmesser hatten, und zwar entlehnte er die Sternörter dem Hevelschen Kataloge. Ein von ihm und seinem Verwandten L. Valck gemeinsam konstruierter Erdglobus steht in Kassel (Gerland, a. a. O., S. 83).

2) S. Bion-Doppelmayr, a. a. O., S. 15.

3) Lalande, Astronomie, 1. Band, S. 291 ff. Je ein Erd- und Himmelsglobus Delislescher Mache (aus Papiermasse) ist nach Gerland (a. a. O., S. 91) ebenfalls in Kassel zu sehen.

4) Doppelmayr (Von den Nürnbergischen Mathematicis etc., S. 127) sagt von Eimmart: „Endlich applicirte er sich A. 1704 auf eine Anfertigung neuer Globorum, deren Diameter einen Schuh beykame, welche aber, wie noch mehr andere schöne Werke, wegen seines noch allzu früh hierauf erfolgten Todes nicht gäntzlich zu ihrer Vollkommenheit gelanget." Als Mechaniker ging ihm dabei der geschickte J. C. Landeck (a. a. O., S. 308) zur Hand. — Von drei anderen deutschen Globenverfertigern aus der ersten Hälfte des Jahrhunderts kennt man nur die Namen (E. Gerland, a. a. O., S. 71, 83): Kassel besitzt einen silbernen Himmelsglobus der Gebrüder Muth (1721) und Dresden einen gewöhnlichen Himmelsglobus von einem gewissen Puechner aus Nürnberg (1730).

5) Weiske, Artikel Globus in der Ersch-Gruberschen Enzyklopädie (1. Sektion, 70. Teil, Leipzig 1860, S. 50 ff.).

6) Über die Person Homanns und über dessen umfassende Wirksamkeit als Kartenzeichner gibt zuverlässigste Auskunft Sandler (Johann Baptista Homann; ein Beitrag zur Geschichte der Kartographie, Zeitschr. d. Gesellsch. f. Erdkunde zu Berlin, 21. Band, S. 328 ff.). Dort findet sich auch näheres über die Mitarbeiter-

Schon frühzeitig, nachdem der viel umhergeworfene Mann in
Nürnberg festen Fufs gefafst hatte, fing er an, den praktischen Eng-
ländern nachzueifern und mathematisch-geographische Apparate in den
Handel zu bringen, wobei ihn der gelehrte Doppelmayr mit Rat
und That unterstützte. Zumal die in einem Futterale steckenden
Taschengloben von Moll (s. o.) reizten zur Nachahmung und Ver-
vollkommnung an. „Diese Invention", so hören wir von Doppelmayr selber[1]), „hat vor kurzem Herr J. B. Homann allhier in Nürnberg verbessert, da er die Erdkugel von Holtz und inwendig hohl,
in diese Höhlung aber eine Sphaeram armillarem angeordnet, über
welcher die zwey Erd-Hemisphaeria bey dem Äquatore gar nett zusammen geschraubet werden, also dafs in einem kleinen Spatio so
wohl eine Erd- und Himmels-Kugel als eine Sphaera Armillaris nach
solcher Invention gar bequem angebracht worden ist." Der Begründer
der seinen Namen tragenden Anstalt schied 1724 aus diesem Leben,
und sein Sohn Johann Christoph folgte ihm 1730 nach, allein dann
ging jene an ein Konsortium über, welches den Namen „Homännische
Erben" führte und die darstellende Geographie in Deutschland nach
jeder Richtung mächtig förderte.

Johann Michael Franz, „der intellektuelle Leiter der Offizin
der Homännischen Erben" rief 1740 die „Kosmographische Gesellschaft" ins Leben, welche aber erst sechs Jahre darauf einen mehr
öffentlichen Charakter annahm.[2]) Um das Publikum für die neue
Gründung zu interessieren, gab Lowitz die schon früher (S. 99) erwähnte Ankündigung hinsichtlich der Herstellung von „Weltkugeln"
im grofsen in den Druck, welcher nachmals noch zwei weitere Veröffentlichungen dieser Art nachfolgten. Als gelernter Goldarbeiter[3])

schnitt Doppelmayrs (S. 341 ff.), der speziell zur Erläuterung der Homannschen
Karten seine „Einleitung zur Geographie" verfafste. Über die späteren Schicksale
des Homannschen Verlages und über dessen globographische Arbeiten ist eine
Abhandlung von S. Ruge zu rate zu ziehen (Aus der Sturm- und Drangperiode
der Geographie, Zeitschr. f. wissenschaftl. Geogr., 5. Band, S. 249 ff.; wieder abgedruckt in „Abhandl. u. Vortr. z. Gesch. d. Erdkunde", S. 115 ff., wonach wir im
folgenden zitieren werden). Hier sind es vorzugsweise die Personen von Franz,
Lowitz und dem älteren Tobias Mayer, welche unsere Aufmerksamkeit auf
sich ziehen; mit den beiden erstgenannten haben wir uns sogleich eingehender
zu beschäftigen, während der letzte der drei Männer in der Geschichte der Globen-
kunde seine eigene Stellung einnimmt. Diese zu charakterisieren, bleibt unserem
Schlufskapitel vorbehalten.

1) Bion-Doppelmayr, a. a. O., S. 15 ff.
2) Ruge, a. a. O., S. 123.
3) A. a. O., S. 139.

war **Lowitz**, dessen Spekulationen über die Natur der Globusstreifen
ihn uns auch als einen geschulten Mathematiker gezeigt haben, sehr
geeignet für die Aufgabe, welche ihm **Franz** übertragen hatte. Ersterer
sollte nämlich jene Globen liefern, durch deren kaufmännischen Betrieb
die Gesellschaft die Mittel für ihre Karten zu erzielen gedachte. Dieselben sollten die **Coronelli**schen (S. 76 ff.) an Genauigkeit übertreffen,
aber billiger zu stehen kommen.¹) Allein man hatte den Mund zu
voll genommen und konnte die gemachten Versprechungen nicht erfüllen, so daß die dritte jener drei Ankündigungen Entschuldigungen
von etwas zweifelhafter Güte vorzubringen gezwungen war. **Franz**
machte also der fortschrittsfreundlichen Regierung des Kurfürstentums
Hannover den Antrag, die „Weltkugelfabrik" sozusagen in Regie zu
nehmen, und wirklich wurden die drei Triebkräfte der Nürnberger
Gesellschaft, **Franz, Lowitz** und **Mayer**, nach Göttingen berufen,
wo **Lowitz**, nunmehr zugleich Professor der praktischen Mathematik,
sich weiterhin seinen Erdkugeln widmen sollte. Allein er kam auch
hier nicht vorwärts damit²); die Regierung forderte die gereichten

---

1) Coronelli hatte die für seine Argonautische Sozietät bestimmten Globen
mit 500 Thalern berechnet, wogegen die Nürnberger Gesellschaft für eines ihrer
eigenen Exemplare 200 bis 250 Thaler verlangte. Später wurde der Preis auf
500 Gulden festgesetzt, und wer subskribierte, der mußte sofort 180 Gulden im
voraus erlegen. Ein fein ausgeführtes Stück mit silbernem Meridian u. s. w.
sollte allerdings 2000 Thaler kosten (Ruge, a. a. O., S. 141 ff.). Der Erbstatthalter
der Niederlande bestellte ein solches, aber als es mit der Ablieferung gar nicht
vorwärts gehen wollte, forderte er den Pränumerationsbetrag zurück. Man glaubte
auch reichen Leuten etwas mehr zumuten zu können, denn dem spanischen Könige,
welcher auch auf ein Doppelexemplar abonnierte, rechnete man für jedes 2500
Gulden auf. Als nun, wie es scheint, Beschwerden laut wurden, erklärte Lowitz
in seiner dritten Schrift, die Gesellschaft arbeite mit Verlust und könne zu den
fixierten Preisen die Globen nicht mehr liefern, müsse vielmehr jetzt eine Sub-
skriptionszahlung von 500 Thalern zur Bedingung machen. Angesehene Männer,
wie Hofrat Scheidt in Hannover, suchten Subskribenten zusammenzubringen,
allein obwohl Lowitz unaufhörlich an den Bestandteilen der Globen arbeitete,
waren die aus dem Geldmangel entspringenden Schwierigkeiten doch nicht zu
besiegen, und auch ein letzter von Hannover aus ins Werk gesetzter Versuch zur
Sanierung des Unternehmens verlief erfolglos (Ruge, a. a. O., S. 146). Endlich
mußte die Regierung, da auch der dänische Minister namens seines Königs eine
Beschwerdenote einreichte, durchgreifen; sie ließ sich von Lowitz die vorge-
streckten 2000 Thaler zurückgeben und bewirkte so, daß dieser den von Rußland
aus an ihn ergangenen Ruf annahm. Direkt schuldig für den großen Mißerfolg
ist Lowitz nur bedingt zu sprechen; es wirkten eben gar zu viele ungünstige
Umstände zusammen.

2) Ein genauer Kenner der Verhältnisse, Kästner, sagt darüber (Deutsches

Vorschüsse zurück, und Lowitz ging tief verstimmt nach Rufsland
(s. S. 99). Dafs er es ernst mit dem Projekte genommen, unterliegt
gar keinem Zweifel, und es ist tief zu bedauern, dafs man den Plan
von Anfang an viel zu sehr ins abenteuerliche getrieben hatte. Von
den Lowitzschen Globusstreifen, welche der Vandenhoek-Rup-
rechtsche Verlag in Göttingen übernommen hatte, spricht schon
Küstner (s. o. S. 104), und noch 1805 wurden von dieser Buchhandlung fertige, gestochene Segmente verkauft.[1])
    Wenn wir uns nunmehr von den Deutschen zu den Engländern
wenden, so haftet unser Blick bei dem Engländer Adams. Dieser
treffliche Verfertiger mathematischer Instrumente hat seine Globen
und die von ihm bei ihrer Anfertigung zu grunde gelegten Prinzipien
in zwei selbständigen Schriften[2]) beschrieben. Ein schönes, mit Bussole
versehenes Exemplar der Adamsschen Werkstätte von 1750 verwahrt
das Kabinett der Universität Leyden.[3]) Die kosmographische Gesellschaft zu Upsala, um auch Schwedens zu gedenken, liefs durch den
oben (S. 106) erwähnten Åkerman, und nach dessen Ableben durch
Akrell fabrikmäfsig Erd- und Himmelsgloben anfertigen, welche bezüglich 2 Fufs und 1 Fufs 5 Zoll im Durchmesser gehabt haben sollen.[4])
    In Frankreich wurden, was die zweite Hälfte des XVIII. Jahr-
hunderts anlangt, Robert de Vaugondys Globen am meisten ge-
schätzt. Wir wissen nicht, welcher der beiden Männer, die sich in
diesen Familiennamen teilten, als Praktiker der hervorragendere gewesen ist, denn jeder von ihnen, sowohl der Vater Gilles (1688—1766)
wie auch der Sohn Didier (1723—1786) ist auch schriftstellerisch
für den Gegenstand thätig gewesen[5]); jeder von beiden führte auch

---

Museum, 1. Band, S. 260): „Dafs Lowitz so viel gearbeitet und so wenig vollendet hat, daran war zum Theil sein Bestreben nach der gröfsten Vollkommenheit schuld. Er warf bessere Dinge weg, als ein anderer ausgefertigt hatte. So
fing er freilich immer wieder von vorne an, und wenn Hindernisse, Überdrufs u. s. w.
dazu kamen, so war umsonst gethan, was manchen verewigt hätte."

    1) Ruge, a. a. O., S. 250.
    2) G. Adams, A Treatise descriving and explaining the Construction and
Use of new Celestial and Terrestrial Globes, designed to illustrate in the most
easy Manner the Phaenomena of the Earth and Heavens, London 1766; A Treatise on the Construction of Globes, ebenda 1769, 2. Aufl. 1785.
    3) E. Gerland, a. a. O., S. 96.
    4) Poppe, a. a. O., S. 70.
    5) G. Robert de Vaugondy, Usage des globes, Paris 1752; D. Robert
de Vaugondy, Description et usage de la sphère armillaire, ebenda 1771. Der
letztgenannte scheint (Poggendorff, Handwörterbuch etc., 2. Band, Sp. 663) der

den Titel eines königlichen Geographen. Auch der Umstand, dafs ein
Robert de Vaugondy (s. S. 95) für die Diderot-D'Alembertsche
„Encyklopädie" die Globen behandelte, ergibt keine volle Klarheit.
Lalande erzählt[1]), dafs ein Globenpaar dieser Provenienz mit Kupfer-
meridian und vergoldetem Gestelle, 17½ Zoll im Durchmesser haltend,
auf 480 Livres zu stehen kam.

Gleichfalls von Lalande erfahren wir, dafs neben dem Vorgenannten zumal Desnos sich als praktischer Globentechniker hervor-
that. Ein elegant ausgestatteter Erd- oder Himmelsglobus, mit Höhen-
kreis und Kompafs am Fufständer, kostete 150, ein gewöhnliches
Exemplar, mit Meridian aus Kartonpapier, kostete 50 Livres. Dem-
nächst thaten sich der Astronom Lalande und der Geograph Bonne,
bekannt durch die seinen Namen tragende, viel bestrittene Kartenprojektion, mit dem Kupferstecher Lattré zusammen, um Globen in
den Handel zu bringen.[2]) Bald nachher bemächtigte sich der bekannte
Mechaniker Fortin (1750—1831) des Geschäftes; er selbst erstellte,
mit Beachtung der neuesten Entdeckungen, den Erdglobus und liefs
durch Messier, den berühmten Kometenfinder, die Netze zum Himmelsglobus entwerfen.[3]) Die Globen hatten 1 Fufs Durchmesser. Auf

erste Kartograph gewesen zu sein, der die infolge der französischen Gradmessungen
akut gewordene Frage erörterte, ob wohl bei den gewöhnlichen Landkarten die
Abplattung der Erde von fühlbarem Einflusse sein könne.

1) Lalande, Astronomie, 1. Band, S. LII.

2) Folgendes ist Lalandes eigene Darlegung (s. a. O.). „M. Lattré, Graveur ordinaire de Mgr. le Dauphin et de M. le Duc d'Orleans, publiera vers la
fin de cette année 1771, deux globes d'un pied de diamètre, faits avec le plus grand
soin, et sur les observations les plus récentes, dessinés avec une nouvelle exactitude:
M. Bonne s'est chargé du globe terrestre, et je suis occupé actuellement du globe
céleste. Ces globes seront en même temps réduits à 8 pouces et à six; chaque assor-
tissement aura des sphères du même diamètre. Les prix seront annoncés dans les
journaux." Übrigens gaben die beiden wissenschaftlichen Unternehmer nachmals
noch eine besondere Schrift über ihr Werk in Druck (Lalande-Bonne, Nouveaux
globes, d'un pied de diamètre, avec l'explication en une brochure, Paris 1775).

3) Es wurde von Lalande insbesondere Gewicht darauf gelegt, dafs man
auf Messiers Globen auch alle die neuen Sternbilder auffinden konnte, mit welchen ersterer, grofsenteils recht überflüssigerweise, die Astrognosie bereichert
hatte, oder welche erst seit hundert Jahren, durch Hevel, Halley u. a. eingeführt worden waren (Mädler, Gesch. d. Himmelsk., 2. Band, S. 450 ff.). Weniger
freilich durch solche Äufserlichkeiten als durch Handlichkeit und guten Stich
scheinen die Bonne-Lalandeschen Globen beim grofsen Publikum Eingang gefunden zu haben, doch blieben sie wesentlich auf ihr Ursprungsland beschränkt,
und in Deutschland wenigstens dürften sie sehr selten sich finden. Wer sich für
das Äufsere und für die Art der Justierung gerade dieser Globen interessiert, der

Fortin folgte als Inhaber der Offizin Lamarche (Rue de Foin), der neben Globen auch künstliche Maschinerien[1]) zur Darstellung der wichtigeren Weltsysteme fabrizierte.

Zum Schlusse kehren wir nach Deutschland zurück. Über die Anfertigung von Globen, und zwar sowohl insofern es auf die Zeichnung und Begrenzung der Segmente, als auch insofern es auf die Herstellung des sphärischen Körpers selbst ankommt, haben Schröter[2]), Bode[3]) und Krünitz[4]) gehandelt, ohne jedoch zu dem, was bereits bekannt war, und was man in früheren Abschnitten dieser Schrift zusammengestellt findet, irgendwelche Beiträge von gröfserer Tragweite zu liefern. Auch die umfängliche, für den Lehrer der mathematischen Geographie heute noch Anregung und Förderung bietende Globuskunde von Scheibel[5]) gravitiert nach einem ganz anderen Gebiete hin, als nach dem von uns hier zu bearbeitenden. Als die Stadt, welche die besten Erd- und Himmelskugeln für Lehrzwecke lieferte, ist auch in den letzten Jahrzehnten des vergangenen Jahrhunderts noch Nürnberg zu nennen, dem allerdings gelegentlich Torgau einige Konkurrenz machte.[6])

---

wird so ausführlich, wie er will, belehrt bei Scheibel (Erläuterungen und Zusätze zu dem vollständigen Unterricht vom Gebrauch der künstlichen Himmels- und Erdkugel, Breslau 1785, S. 58 ff.). Scheibel hatte sich für die Vorlesungen, welche er an der schlesischen Hochschule zu halten hatte, ein Doppelexemplar zum Preise von 44 Reichsthalern in Gold aus Paris kommen lassen. Den Stich fand er „unnachahmlich schön und deutlich", und auch in der Auswahl der Namen schien ihm ganz das richtige Mafs gehalten zu sein; aber sonst war er mit der Sauberkeit der Arbeit nicht so recht zufrieden. Namentlich waren die Streifen schlecht aufgeleimt, so dafs da, wo selbe zusammenstiefsen, Längenverrückungen von 1° und mehr zu bemerken gewesen sein sollen. Der Äquator des Himmelsglobus erwies sich nicht als gröfster Kugelkreis; kurz, man hatte über dem Bestreben, ein hübsches künstlerisches Exterieur zu schaffen, andere und im Wesen wichtigere Dinge sehr gleichgiltig behandelt.

1) Les usages de la sphère et des globes céleste et terrestre, selon les hypothèses de Ptolémée et de Copernic, par M. Lamarche, successeur du Fortin pour la construction des sphères ..., Paris 1790.

2) Schröter, Anweisung zur richtigen Anfertigung einer Himmels- und Erdkugel, Bodes astronomisches Jahrbuch für 1786, Berlin 1783, S. 135 ff.

3) Bode, Anleitung zur physischen, mathematischen und astronomischen Kenntnis der Erdkugel, Berlin 1803, S. 331 ff.

4) Krünitz, Astronomisch-technologische Encyklopädie, 54. Band, Berlin 1791, S. 562 ff.

5) Scheibel, Unterricht zum Gebrauch der künstlichen Himmels- und Erdkugeln, 1. Teil, Breslau 1779, 2. Teil, ebenda 1785.

6) Poppe, a. a. O., S. 71. Zuerst ist von den Lalandeschen Globen (S. 111) die Sprache. „Diese wurden aber noch weit von denjenigen Kugeln übertroffen,

Kapitel XVI.

Die Globen und ihre Konstruktion in neuerer und neuester Zeit.

Nennenswerte Verbesserungen der Methoden, nach welchen die Globusstreifen angefertigt werden, hat unser Jahrhundert im allgemeinen nicht mehr gesehen. Perrot[1]), Weiske[2]), Steinhauser[3]) begnügen sich damit, in den alten Gleisen zu verharren oder doch nur in minder einschneidenden Einzelheiten über das schon Vorliegende

welche Prof. Bode zu Berlin seit dem Jahre 1792 durch die Weigel und Schneidersche Kunsthandlung zu Nürnberg bearbeiten liefs. Die Frauenholzsche Kunsthandlung zu Nürnberg verkauft ebenfalls Erd- und Himmelskugeln, deren Genauigkeit und Schönheit nicht zu verkennen ist; und Herr Magister F. G. Haan zu Torgau verfertigt seit dem Jahre 1800 künstliche Globen, die wegen ihrer Wohlfeilheit ganz vorzüglich zu empfehlen sind." Haan (1771—1827) lebte übrigens dauernd nicht in Torgau, sondern in Dresden; in ersterer Stadt ist aber allerdings eine auf seine Kunstarbeiten bezügliche Schrift erschienen (Unterricht vom Gebrauch der künstlichen Erdkugel, Torgau 1801). — Unser Haan ist nicht zu verwechseln mit dem berühmten Automatenverfertiger Hahn aus Württemberg (1739—1790). Eine sinnreiche astronomische Uhr von diesem ist im Germanischen Museum in Nürnberg zu sehen (Günther, a. a. O., S. 109), und bei ihr bildet eine Himmelskugel in ähnlicher Weise den Mittelpunkt des Ganzen, wie dies Dasypodius (s. S. 27) für die grofse Uhr des Strafsburger Münsters vorgesehen hatte.

1) Perrot, Nouveau Manuel etc., S. 180 ff. Derselbe adoptiert die Methode der Sinuslinien (S. 96), geht aber bei ihrer Begründung rein empirisch zu werke. Er zieht zuerst zwei willkürliche Grenzkurven eines Zweieckes, die sich nur zu den beiden im voraus gegebenen Durchmessern symmetrisch zu verhalten brauchen. Versuchsweise teilt er sowohl diese Kurven als auch den Hauptmeridian in eine entsprechende Anzahl gleicher Teile, legt durch je drei homologe Punkte einen Kreisbogen und trägt auf diesen Bogen, von der Symmetrieachse ausgehend, nach beiden Seiten hin die halbe Länge des zugehörigen Parallelkreisstückes ab. So erhält er links und rechts zwei neue Punktfolgen, die dann durch je einen Kurvenzug verbunden werden. Die Unzuverlässigkeit des Verfahrens braucht kaum besonders bewiesen zu werden, wie denn vorab beim Aufspannen der Streifen, weil der Mittelmeridian die richtige, jeder der einschliefsenden Linienzüge hingegen eine zu grofse Länge hat, starke Verzerrungen in meridionaler Richtung nicht ausbleiben können.

2) Weiske, a. a. O. (S. 107). Es wird hier geradezu als selbstverständlich angenommen, dafs die Begrenzungslinien Kreisbogen sein müssen.

3) Steinhauser, Grundzüge der mathematischen Geographie und Landkartenprojektion, Wien 1880, S. 131 ff. Analysiert man Steinhausers Regeln, so überzeugt man sich, dafs die Tabellen, aus welchen er im gegebenen Falle die Bestimmungsstücke nimmt, mit denen Smits resp. Kästners (s. o. S. 103 ff.) grundsätzlich übereinstimmen.

hinauszugehen, und nur bei Möllinger[1]) begegnen wir einem ernsten
Versuche, die Frage der Grenzkurven wieder wissenschaftlich anzu-
greifen. Wie er dies machte, das wird durch die nachfolgende Betrachtung klar werden.

$OP = a$ und $OQ = b$ (Fig. 8) haben die von früher her bekannte
Bedeutung, und auch das Koordinatensystem ist das gleiche geblieben.

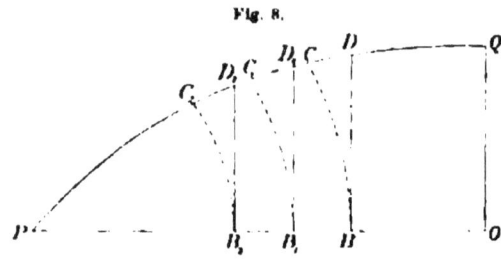

Fig. 8.

Unter ϱ wieder den Kugelhalbmesser, unter Φ und
λ die Koordinaten eines
Punktes B der Kugelfläche
verstanden, welcher dem
Meridiane OP angehört,
konstruieren wir einen
Hauptkreis, der in B senk-
recht auf OP steht, und bezeichnen das in das Halbsegment fallende
Stück BD dieses Hauptkreises mit η. Es kann dann $x = \varrho \Phi$, $y = \varrho \eta$
gesetzt werden, während η sich aus dem in B rechtwinkligen Kugel-
dreiecke BDP ergibt. Hierin ist außer dem rechten Winkel noch
Seite $BP = 90° - \Phi$ und $\angle BPD = b$ bekannt, also hat man

$$\operatorname{tang} \eta = \operatorname{tang} b \cos \Phi.$$

Weiterhin setzen wir $DQ = \vartheta$; im nämlichen rechtwinkligen Dreiecke, wie vorhin, kommen jetzt die Seiten $BP = 90° - \Phi$ und
$DP = 90° - \vartheta$ vor, und die nämliche Auflösungsformel liefert

$$\operatorname{tang} \vartheta = \operatorname{tang} \Phi \cos b.$$

Die Gleichung der Kurve PQ ist diese:

$$\operatorname{tang} \frac{y}{\varrho} = \operatorname{tang} b \cos \frac{x}{\varrho}.$$

In dem Maße, wie die Apertur b des Halbsegmentes kleiner wird,
rückt $\operatorname{tang} \frac{y}{\varrho}$ näher an das Argument $\frac{y}{\varrho}$ heran; für ein sehr kleines b
ist aber auch $\operatorname{tang} b$ durch b zu ersetzen, und damit ist die Kurven-
gleichung in

$$y = b\varrho \cos \frac{x}{\varrho} \quad \text{oder} \quad y = b\varrho \sin \left(90° - \frac{x}{\varrho}\right)$$

übergegangen, und das ist wiederum die Gleichung einer Sinuslinie.

1) Möllinger, Lehrbuch der wichtigsten Kartenprojektionen mit besonderer
Berücksichtigung der stereographischen, Bonneschen und Mercator-Projektion,
Zürich 1882, S. 138 ff.

Zu beliebigen Punkten B, B_1, B_2 ... können die Punkte D, D_1, D_2 ... der Grenzkurve erlangt werden, und damit ist die Verzeichnung des Streifens selbst ermöglicht. Durch B, B_1, B_2 ... kann man die Parallelkreise gelegt denken, welche die Grenzkurve resp. in C, C_1, C_2 ... schneiden. Um diese letzteren Punkte zu erhalten, beachte man, dafs, unter U den Bogen CD verstanden,

$$U = \varrho\,(\Phi - \vartheta)$$

ist, und da ϑ einer der oben stehenden Gleichungen entnommen werden kann, so ist auch U bekannt. Führt man die Konstruktion auf beiden Seiten des Mittelmeridianes gleichmäfsig durch, so liegen schliefslich für jeden Parallel drei Punkte vor, welche durch einen Kreisbogen mit einander in Verbindung gebracht werden müssen.

Wenn bei 30° Öffnung auch die um je 10° von einander abstehenden Meridiane in der Zeichnung erscheinen sollen, so hat man blos zu beachten, dafs jeder derselben von der Symmetrielinie um je 5° absteht. Für einen jeden Parallelkreis ergeben sich fünf einzelne Bestimmungspunkte, so dafs die Durchlegung des den Parallel repräsentierenden Linienzuges verhältnismäfsig leicht und sicher vor sich gehen kann.

Von den beiden hier abgedruckten Tabellen, denen eine Öffnung des Segmentes von 30° und eine konstante Veränderung der Breite um je 10 Grade zu grunde gelegt sind, giebt die erste der Gröfsen x, y und U in Äquatorgraden, die zweite eben diese Gröfsen in Teilen des Kugelhalbmessers wieder.

Φ	x	y	U	y	U
		Für die beiden Aufsenmeridiane		Für die beiden Mittelmeridiane	
0°	0° 00′ 00″	15° 00′ 00″	0° 00′ 00″	5° 00′ 00″	0° 00′ 00″
10	10 00 00	14 46 55	0 20 03	4 55 24	0 02 14
20	20 00 00	14 07 58	0 37 48	4 41 59	0 04 12
30	30 00 00	13 03 51	0 51 09	4 19 58	0 05 41
40	40 00 00	11 35 58	0 58 30	3 50 03	0 06 27
50	50 00 00	9 46 27	0 58 51	3 13 07	0 06 28
60	60 00 00	7 37 51	0 52 03	2 30 17	0 05 41
70	70 00 00	5 14 11	0 38 49	1 42 50	0 04 13
80	80 00 00	2 39 50	0 20 43	0 52 13	0 02 15
90	90 00 00	0 00 00	0 00 00	0 00 00	0 00 00

Φ	x	y	U	y	U
		Für die beiden Aufsenmeridiane		Für die beiden Mittelmeridiane	
0°	0,00000	0,26180	0,00000	0,08727	0,00000
10	0,17453	0,25800	0,00583	0,08593	0,00065
20	0,34907	0,24666	0,01100	0,08203	0,00122
30	0,52360	0,22801	0,01488	0,07562	0,00165
40	0,69813	0,20245	0,01702	0,06692	0,00188
50	0,87266	0,17056	0,01712	0,05618	0,00188
60	1,04720	0,13318	0,01514	0,04372	0,00165
70	1,22173	0,09139	0,01129	0,02991	0,00122
80	1,39626	0,04849	0,00603	0,01519	0,00065
90	1,57080	0,00000	0,00000	0,00000	0,00000

Das Verfahren Möllingers eignet sich ganz wohl dazu, eine in Streifen zerlegte Weltkarte, d. h. also eine Globuskarte (S. 52) herzustellen, aber die auf solche Weise gefertigten Segmente würden nicht ohne weiteres zur Auflegung auf eine Kugel taugen. Die Grenzkurven, um ein gutes Stück länger als der Hauptdurchmesser $2a$, würden sich nicht wirklich mit den Kugelmeridianen, die sie darstellen sollen, zur Deckung bringen lassen, und ebenso würde der Hauptdurchmesser selbst eine Dehnung erleiden, sobald erst die Unterfläche des Streifens die erforderliche Befeuchtung erfahren hätte. Man kann jedoch diese Mängel grofsenteils entfernen, sobald man die drei Gröfsen x, y, U (s. o.) resp. durch $\alpha\varrho\Phi$, $\beta\varrho\eta$, $\gamma\varrho(\Phi-\vartheta)$ ersetzt und die Koeffizienten α, β, γ analog der früher (S. 93 ff.) gekennzeichneten Weise gemäfs bestimmt. Auch die berechneten Zahlentafeln können dann noch im Gebrauche bleiben, indem sie bezüglich die Quotienten

$$x:\alpha, \quad y:\beta, \quad U:\gamma$$

zu entnehmen gestatten.

Die Beziehungen einer korrekten Verzeichnung der Globuszweiecke zur allgemeinen Kartenprojektionslehre hat Fiorini zum Gegenstande einer tiefer eindringenden Untersuchung gemacht, welcher wir nunmehr näher treten wollen. Unter den verschiedenen Netzentwürfen sind die zylindrischen[1]) von hoher Bedeutung, bei welchen die Meridiane durch gleichabständige parallele Grade, die Parallelkreise aber durch ebenfalls parallele Grade dargestellt werden, deren jeweiligen Abstand jedoch ein bestimmtes mathematisches Gesetz regelt. Statt der üblichen beiden sphärischen Koordinaten Φ und λ, welche den Ort eines Punktes

---

1) Fiorini, Le projezioni etc., cap. IV.

auf der Erdkugel festlegen, führt man, wenn man es mit diesen Abbildungen zu thun hat, besser zwei andere ein[1]), nämlich die sogenannten sphärisch-rechtwinkligen Koordinaten. M (Fig. 9) sei ein
Punkt der Sphäre, P der benach-
barte Pol, PP' der Nullmeridian,
$ML = \Phi$ die Breite, $OL = \lambda$ die
Länge von M. Wir legen durch M
einen grössten Kreis, der in N auf
PP' normal steht, und setzen

$$MN = \Lambda, \quad ON = \tau.$$

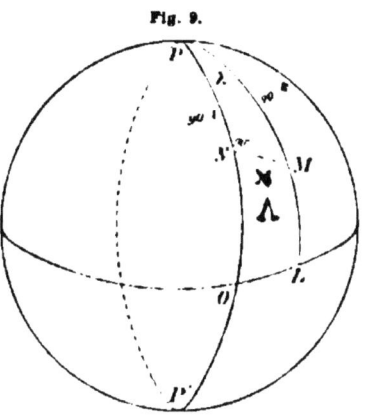

Fig. 9.

Dann sind offenbar die beiden Bogen
Λ und τ ebenso gut, wie λ und
Φ, zur eindeutigen Bestimmung des
Punktes M geeignet, aber man hat
zu gleicher Zeit den Vorteil gewonnen,
dass jetzt die Schaar der auf dem
Anfangskreise der Zählung senkrecht stehenden Meridiane in eine
Schaar äquidistanter paralleler Graden beim Übergange zur Ebene sich
verwandelt, während die zum Nullmeridiane parallelen Kugelkreise
ebenfalls ein System äquidistanter Parallellinien ergeben. Man hat also
die „invers-zylindrische" Projektion erhalten, für welche das entsprechende
Formelnsystem bereits aufgestellt ist, und zwar sind von den unendlich
vielen Fällen, welche sich hier einregistrieren lassen, drei von allge-
meinerem Interesse, wenn nämlich die Projektion distanztreu (äquidi-
stant), flächentreu (äquivalent) oder winkeltreu (konform, isogonisch)
sein soll.[2]) Ist es nun möglich, hiervon eine Anwendung auf die

---

1) Ebenda, cap. V, Art. 3.

2) Wir haben es hier offenbar mit einem Analogon jener rechtwinklig-sphäri-
schen Koordinaten zu thun, welche durch den bayerischen Astronomen v. Soldner
in die geodätische Praxis eingeführt worden sind (vgl. C. M. v. Bauernfeind,
Johann Georg v. Soldner und sein System der bayerischen Landesvermessung,
München 1885, S. 15 ff.; Jordan, Handbuch der Vermessungskunde, 3. Band,
Stuttgart 1890, S. 259 ff.). Die Soldnersche Kartenprojektion, welche auf diese
Koordinatenwahl sich gründet und für Länder von mässig grosser Ausdehnung
hohe Genauigkeit gewährleistet, diente u. a. für die bayerische Katastervermessung.
Für ganz andere Zwecke, nämlich hauptsächlich für die Untersuchung der ge-
staltlichen Verhältnisse höherer sphärischer Kurven, hat sich Gudermann (Grund-
riss der analytischen Sphärik, Köln a. Rh. 1830) ein im wesentlichen überein-
stimmendes Koordinatensystem auf der Kugel gebildet. S. auch Bohnenberger,
De computandis dimensionibus trigonometricis in superficie terrae sphaeroidicis
commentatio, Tübingen 1826; eine deutsche Bearbeitung dieser früher in ihrem

Konstruktion von Globussegmenten zu machen, unter der Voraus
setzung natürlich, daſs die Symmetricline eines solchen Segmentes
den Anfangsmeridian vertrete. Zunächst sei daran erinnert, daſs die
alten und die neuen Koordinaten des Punktes M, wie das in N rechtwinklige sphärische Dreieck MNP ausweist, durch die beiden Trans-
formationsgleichungen

$$\sin A = \sin \lambda \cos \Phi, \quad \operatorname{tang} \tau = \operatorname{tang} \Phi \sec \lambda$$

mit einander zusammenhängen. Eine leicht zu berechnende Tabelle
ermöglicht die Verwandlung der Koordinaten.[1])

Wollte man ohne Rücksicht auf die mehrfach geschilderten thatsäch-
lichen Verhältnisse die erwähnten generellen Formeln auf den uns hier
beschäftigenden Fall anwenden, so würden sich wieder Verzerrungen
jeder Art ergeben. Aus diesem Grunde führen wir wiederum in die
bestimmenden Relationen konstante, aber vorläufig noch unbekannte
Koeffizienten ein, welche den Umständen gemäſs zu bestimmen sind.
Indem wieder x die auf dem Hauptdurchmesser, y die auf dem Transversaldurchmesser des Zweieckes abgemessenen Orthogonalkoordinate
bedeutet, zur Einheit aber der Grad eines gröſsten Kugelkreises gewählt wird, sind die neuen Bestimmungsgleichungen diese:

(A) $x = \alpha \tau, \quad y = \beta A$ . . . . urspr. distanztreu;

(B) $x = \alpha' \tau, \quad y = \beta' \cdot \dfrac{180}{\pi} \sin A$ . . . . . . urspr. flächentreu;

(C) $x = \alpha'' \tau, \quad y = \beta'' \cdot \dfrac{180}{\pi} \log \operatorname{tang} \left(45^0 + \dfrac{1}{2} A\right)$ urspr. winkeltreu.

Nach den Tissotschen Vorschriften lieſsen sich in jedem der drei
Fälle die Werte für lineare, angulare und Areal-Verzerrung ableiten,
doch würde diese Rechnung uns hier zu weit von unserem Ziele
abführen.

Wenn wir A und τ sich je immer um einen Grad ändern lassen,
so werden für jede unserer drei Projektionsarten die gradlinigen Bilder
der auf dem Nullmeridian senkrecht stehenden Hauptkreise parallel
und gleichabständig. Ein gleiches gilt bei der ersten der drei Arten
auch für jene Graden, welche als Bilder der dem Anfangsmeridiane
parallelen Kugelkreise zu gelten haben; damit ist die Bezeichnung

---

Werte zu wenig erkannten Gelegenheitschrift hat Hammer (Stuttgart 1885)
herausgegeben.

1) Eine solche Tafel gibt Fiorini am Schluſse des ersten Kapitels seines
oben zitierten Werkes.

„distanztreu" vollkommen gerechtfertigt, auch nachdem die Einführung der Erfahrungsfaktoren erfolgt ist. Etwas anders gestaltet sich dies für die zweite Art, denn weil nunmehr die Flächen in dem konstanten Verhältnis ($\alpha'.\beta'$) vergrößert erscheinen, so ist der Entwurf zwar noch immer quantitativ (s. S. 90), nicht aber mehr eigentlich flächentreu zu nennen. Ebenso hört die dritte der drei Abbildungen, wenn α'' und β'' von der Einheit abweichen, im strengen Wortsinne konform zu sein auf.

Die Ermittlung der Faktoren kann sich erwähntermaßen nur auf dem Wege eines geregelten Probierens vollziehen; α, α' und α'' müssen < 1 sein, jedoch nicht um viel. Wahrscheinlich wird es ferner angezeigt erscheinen, $\beta = 1$, $\beta' = 1 + \delta$, $\beta'' = 1 - \varepsilon$ zu setzen, wo unter δ und ε sehr kleine Zahlwerte verstanden sein sollen. Nachdem man sich für einen der drei Entwürfe (A), (B) oder (C) entschieden hat, kann man beliebig viele Punkte der Außenmeridiane, der Mittel- oder Innenmeridiane und der Parallelen durch Kalkul bestimmen und durch diese Punkte hierauf die Kurven selber legen. Für die Bilder der Parallelkreise können auch ganz so, wie wir es früher hielten, Kreisbogen eintreten, auf denen drei homologe Teilungspunkte der beiden Außenmeridiane und der Symmetrieachse gelegen sind.

Wir geben wieder je eine Tabelle für jede unserer drei Abbildungsarten. Die Öffnung $2b$ soll jedesmal $= 20°$ sein; die Breiten Φ sollen von 10 zu 10 Grad fortschreiten. Als Einheit wurde der Grad eines Hauptkreises der Kugel genommen.

Entwurf (A).

Φ	$x : \alpha$	$y : \beta$	Φ	$x : \alpha$	$y : \beta$
0°	0,0000	10,0000	50°	50,4314	6,3953
10	10,1511	9,8467	60	60,3683	4,9746
20	20,2836	9,3914	70	70,2803	3,4029
30	30,3814	8,6492	80	80,1489	1,7277
40	40,4325	7,6442	90	90,0000	0,0000

Entwurf (B).

Φ	$x : \alpha'$	$y : \beta'$	Φ	$x : \alpha'$	$y : \beta'$
0°	0,0000	9,9493	50°	50,4314	6,3953
10	10,1511	9,7981	60	60,3683	4,9746
20	20,2836	9,3493	70	70,2803	3,4029
30	30,3814	8,6163	80	80,1489	1,7277
40	40,4325	7,6216	90	90,0000	0,0000

Entwurf (C).

Φ	$x : \alpha''$	$y : \beta''$	Φ	$x : \alpha''$	$y : \beta''$
$0''$	0,0000	10,0513	$50°$	50,4314	6,4220
10	10,1511	9,8995	60	60,3683	4,9871
20	20,2836	9,4837	70	70,2803	3,4070
30	30,3814	8,6822	80	80,1489	1,7283
40	40,4325	7,6670	90	90,0000	0,0000

Man kann aber fragen, welcher der drei Projektionen (A), (B), (C) man den Vorzug geben soll, wenn es sich nun wirklich darum handelt, Segmente zu zeichnen und mit diesen die Oberfläche einer gegebenen Kugel zu überkleiden.

Wie bekannt, geht für $\alpha = \alpha' = \alpha'' = \beta = \beta' = \beta'' = 1$ jede der drei Projektionen beziehungsweise in die ächt-distanztreue, ächt-flächentreue und ächt-winkeltreue Manier über. Drückt man nunmehr die lineare Gröfse y in Teilen des Kugelradius aus, kennzeichnet y durch den angehängten Index d, f, w als resp. zur Abbildungsart (A), (B) oder (C) gehörig und entwickelt y_d, sowie y_w in Reihen, die man mit dem zweiten Gliede abbrechen läfst, so gelangt man zu nachstehenden Relationen[1]):

---

[1] Für y_d und y_f ist die obige Darstellung unmittelbar einleuchtend; in minderem Grade ist sie es dagegen für y_w, und aus diesem Grunde sei davon die ausführlichere Herleitung mitgeteilt. Es ist, da $\beta'' = 1$, nach (C), weil ja auch $\frac{180}{\pi}$ bei unserer jetzigen Zählweise $= 1$ gesetzt werden mufs,

$$y = \log \tan\left(45° + \tfrac{1}{2}A\right) = \tfrac{1}{2} \log \tan^2\left(45° + \tfrac{1}{2}A\right)$$

$$= \tfrac{1}{2} \log \frac{\left(1 + \tan \tfrac{1}{2}A\right)^2}{\left(1 - \tan \tfrac{1}{2}A\right)^2} = \tfrac{1}{2} \log \frac{\left(\cos \tfrac{1}{2}A + \sin \tfrac{1}{2}A\right)^2}{\left(\cos \tfrac{1}{2}A - \sin \tfrac{1}{2}A\right)^2} = \tfrac{1}{2} \log \frac{1 + \sin A}{1 - \sin A}$$

$$= \tfrac{1}{2}\left[\log (1 + \sin A) - \log (1 - \sin A)\right].$$

Da $\sin A < 1$, so darf die bekannte logarithmische Reihe

$$\log (1 + \xi) = \xi - \tfrac{1}{2}\xi^2 + \tfrac{1}{3}\xi^3 - \tfrac{1}{4}\xi^4 + \cdots$$

in Kraft treten; setzen wir ein und brechen bei der dritten Potenz ab, so wird

$$y = \tfrac{1}{2}\left(\sin A - \tfrac{1}{2}\sin^2 A + \tfrac{1}{3}\sin^3 A + \sin A + \tfrac{1}{2}\sin^2 A + \tfrac{1}{3}\sin^3 A\right).$$

$$y = \sin A + \tfrac{1}{3}\sin^3 A.$$

Weiter oben war aber

$$\sin A = \cos \Phi \sin l$$

$$y_d = \cos \Phi \sin \lambda + \frac{1}{6} \cos^3 \Phi \sin^3 \lambda \,,$$

$$y_f = \cos \Phi \sin \lambda \,,$$

$$y_w = \cos \Phi \sin \lambda + \frac{1}{3} \cos^3 \Phi \sin^3 \lambda \,.$$

Indem man die beiden letzten Gleichungen addiert, findet man

$$y_d = \frac{1}{2} (y_f + y_w) \,,$$

in Worten: Die Ordinate der distanztreuen Abbildung ist das arithmetische Mittel aus den beiden Ordinaten der flächen- und winkeltreuen
Abbildung. Näherungsweise — und es handelt sich ja ausgesprochener-
maßen nur um Annäherungen — verifiziert sich dieser Satz numerisch,
sobald man irgendwelche drei zusammengehörige Worte von $(y : \beta)$,
$(y : \beta')$, $(y : \beta'')$ aus je einer der drei obigen Zahlentafeln herausgreift.
Die distanztreue Projektion ist es somit, welcher die Bedeutung eines
wirklichen Mittels zukommt. Die winkeltreue Manier tritt gegen jene
zurück wegen zu starker Veränderung der Flächenverhältnisse, und für
die flächentreue Manier gilt ein gleiches mit Rücksicht auf zu starke
Veränderung der Winkelgrößen. Was aber die linearen Verzerrungen
anlangt, so steht wieder die äquidistante Manier vorne an, weil erstere
bei ihr am geringsten ausfallen.

Freilich sollen die Erfahrungskoeffizienten nicht, wie hier vorübergehend vorausgesetzt wurde, der Einheit gleich sein, aber der Unterschied zwischen den ächten und den in bekanntem Sinne abgeänderten
Abbildungsarten ist doch nur ein ganz geringfügiger, da es sich ja
nur um jene nicht einschneidenden Modifikationen handelt, welche vorgenommen werden mußten, um die nach dem geometrischen Gesetze
gezeichneten Segmente für die wirkliche Aufziehung auf die Globusfläche geeignet zu machen. Die distanztreue Projektion behauptet
nach wie vor ihren Platz in der Mitte einer Linie, an deren Endpunkten
die beiden anderen Projektionen befindlich zu denken wären. Fiorinis

---

gefunden worden, so daß mithin eine weitere Substitution

$$y = \cos \Phi \sin \lambda + \frac{1}{3} \cos^3 \Phi \sin^3 \lambda$$

liefert, ganz so, wie es oben angegeben ist. Eine noch kürzere, wenn freilich auch
minder elementare Art der Ableitung würde sich aus der Lehre von den Hyperbel-
funktionen ergeben: wenn der hyperbolische Sektor $h = \log \tan \left(45^\circ + \frac{1}{2} \varLambda\right)$,
so ist auch $\mathfrak{Tang} \, \frac{1}{2} \, h = \tan \frac{1}{2} \varLambda$.

Verdienst ist somit die Erkenntnis der mit folgenden Worten auszusprechenden Thatsache:

Als der einen möglichsten Ausgleich der unvermeidlichen Fehler garantierende Netzentwurf für Globusstreifen
ist jene invers-zylindrische Abbildung anzuerkennen, welche
insoweit den Charakter der Distanztreue wahrt, als dies
mit der Anbringung gewisser, von der Einheit übrigens nur
unerheblich verschiedener, der praktischen Erfahrung zu
entnehmender Koeffizienten verträglich erscheint.

Mit diesem Lehrsatze dürfte der neueste und auch wichtigste Fortschritt jener Spezialdisziplin, welche wir als theoretische Globographie bezeichnen können, angebahnt sein. Die Globentechnik
wird von demselben Akt zu nehmen haben.

Für die globotechnische Praxis sind auch noch einige weitere Bemerkungen bestimmt. Von den Dehnungen und Kontraktionen, welche
das Papier mit den gedruckten oder gestochenen Segmenten durch die
Prozesse des Befeuchtens und Aufspannens erleiden muſs, ist vielfach
die Rede gewesen. Natürlich aber hängt die Art und Gröſse der Verzerrung, wie man sich zusammenfassend ausdrücken kann, auch ab
von der Beschaffenheit des Papieres, und deshalb läſst sich folgender
Rat erteilen. Man berechnet und zeichnet den Streifen gemäſs den
entwickelten Regeln und gemäſs der Gröſse des Kugelhalbmessers,
so daſs der Kupferstich vorgenommen werden kann; das gestochene
Exemplar sucht man der Kugel anzupassen, was natürlich fürs erste
nicht ganz vollkommen gelingt. Dann wird man also daran gehen,
die Ränder des Segmentes entsprechend abzuändern, und zwar wird
dies so lange geschehen, bis die modifizierten Zweiecke die Kugel
glatt, ohne Falten und Zerreiſsungen, umschlieſsen, während zugleich
die Randlinien lückenlos auf einander passen.

Sowohl für die Probe, wie auch für die Schluſs-Arbeit muſs natürlich das Papier von völlig übereinstimmender Beschaffenheit sein.
Auch sonst ist darauf bedacht zu nehmen, daſs man das Papier immer
ganz gleichmäſsig behandelt, vorab bei der dem Drucke voraufgehenden
Nässung, weil man sonst Gefahr läuft, daſs nach dem Abtrocknen das
Blatt sich stärker zusammenziehe und kleiner als der Kupferstich
werde. Das Papier darf nicht zu dick, muſs aber stark mit Leim
bestrichen sein, um auch Dehnungen ertragen zu können, ohne daſs
es wirklich Risse gibt. Sogenanntes Velinpapier ist das geeignetste,
weil es sich nach dem Drucke sehr regelmäſsig zusammenzieht, einen
hohen Grad von Biegsamkeit besitzt und demzufolge sich mit relativ

geringster Deformation dem Globus aufspannen läfst. Hat man den
Leim aufgestrichen, so wird man nicht sofort mit dem Aufziehen be-
ginnen, sondern man wird der Feuchtigkeit erst Zeit lassen, die ganze
Papiermasse zu durchdringen, und erst wenn dies als geschehen gelten
darf, nimmt der eigentliche Prozefs des Anpassens der Streifen an die
Kugelfläche seinen Anfang.

Wie vorsichtig man jedoch auch zu werke gehen mag, ganz wird
es sich in keinem Falle vermeiden lassen, dafs in der Nähe der Pole
sich Überschiebungen oder Lücken zeigen, wobei verschiedenartige
Ursachen mafsgebend sein können. Um diesem Mifsstande abzuhelfen,
schnitt schon G. Mercator die Spitzen der Zweiecke, vom 70. Breitengrade an gerechnet, ab und klebte dafür die beiden Polarkalotten in
äquidistanter Polarprojektion auf. Litterarisch scheint dieses einleuchtende Auskunftsmittel zuerst Bion[1]) angeraten zu haben. Aber freilich hatten die Globentechniker, welche bald durchweg diesem Beispiele
folgten, mit einem anderen Nachteile sich abzufinden, denn einmal
galt doch auch für jene Polarscheibe das Gesetz, dafs befeuchtetes
Papier sich nachträglich ausdehnt, und dann besteht auch rein geometrisch eine Differenz zwischen der Polarkugelhaube und ihrem planimetrischen Bilde. Die Praktiker verfielen also darauf, aus der Kreis-
scheibe ein kleines Stück auszuschneiden[2]), damit nach dem Dehnungsakte
die Polarscheibe und die abgekürzten Streifen zusammenschlossen.

Die hier angedeutete Frage gestattet eine mathematische Formu-
lierung. Von der Scheibe soll ein Sektor weggenommen werden, derart, dafs nach der Subtraktion Scheibe und Kalotte flächengleich
werden. Wenn ψ das Komplement der geographischen Breite — bei
Mercator (s. o.) 70° — ist, unter welcher die Segmente gekürzt wurden,
und wenn ρ den Kugelradius bedeutet, so haben wir für die Inhalte
K_1 und K_2 der Scheibe und der Kugelhaube diese Gleichungen:

$$K_1 = \rho^2 \psi^2 \pi, \quad K_2 = 2\rho^2 \pi (1 - \cos \psi) = 4\rho^2 \pi \sin^2 \tfrac{1}{2} \psi.$$

1) Bion-Doppelmayr, a. a. O., S. 8.

2) Aus den Streifen, welche die Seuttersche Landkartenhandlung in
Augsburg zur Überkleidung je einer Erd- und Himmelskugel von 202 mm
Durchmesser anfertigen liefs, läfst sich nachträglich folgern, dafs ein solcher
Kunstgriff in jenem Geschäfte angewandt wurde. Sandler (Allg. Deutsche Biographie, 34. Band, S. 70 ff.) weist, unter Berufung auf Hauber (Historie der Land-
karte von Schwaben, Ulm 1724, S. 33 ff.), darauf hin, dafs die Geographen Hase
und Rizzi-Zannoni, sowie der grofse Geometer Tob. Mayer (s. das nächste
Kapitel) vorübergehend bei Seutter, der 1730 „kayserlicher Geographus" wurde,
thätig gewesen sind. Von einem dieser Sachverständigen mag also wohl auch
das erwähnte Auskunftsmittel vorgeschlagen worden sein.

Der wegzunehmende Sektor habe den Zentriwinkel δ[1]); sein Flächeninhalt ist gleich $\frac{1}{2}\varrho^2\psi^2\delta$; somit gilt folgende Bedingungsgleichung:

$$\frac{1}{2}\varrho^2\psi^2(2\pi - \delta) = 4\varrho^2\pi \sin^2 \frac{1}{2}\psi.$$

Bestimmt man hieraus die unbekannte Größe δ, so wird

$$\delta = 2\pi\left(1 - \frac{4\sin^2\frac{1}{2}\psi}{\psi^2}\right).$$

Wenn der Bogenwert von ψ nur wenige Grade zählt, so vollzieht sich die Aufpassung der um einen Sektor verkleinerten Scheibe sehr leicht. Zwischen dem nach Wegnahme des Sektors verbleibenden Peripheriestücke des Grenzkreises und der Peripherie des zum Breitenkomplemente ψ gehörigen Parallelkreises besteht eine kleine Differenz, ausgedrückt durch den Wert

$$D = \varrho\psi(2\pi - \delta) - 2\varrho\pi \sin\psi.$$

Setzt man unser δ von oben ein, so wird[2])

$$D = 2\varrho\pi \sin\psi\left(\frac{\tan\frac{1}{2}\psi}{\frac{1}{2}\psi} - 1\right).$$

Substituieren wir folgeweise für ψ die Werte 10^0, 15^0, 20^0, so stellen sich für δ (in Bogenmaß) und für die Differenz nachstehende Wertepaare heraus:

$$\delta = 0^0 54' 46'', \quad D = 2\varrho\pi \sin 10^0 \cdot 0{,}00024;$$
$$\delta = 2^0 3' 6'', \quad D = 2\varrho\pi \sin 15^0 \cdot 0{,}00575;$$
$$\delta = 3^0 38' 26'', \quad D = 2\varrho\pi \sin 20^0 \cdot 0{,}01028.$$

Man erkennt, daß sogar für größere ψ der Betrag von D sich in sehr mäßigen Grenzen hält.

Für die Praxis könnte der Umstand ungünstig wirken, daß durch die Herausnahme eines Kreisausschnittes der Koeffizient der Ausdehnung nach verschiedenen Richtungen hin selbst verschieden ausfiele. Man schneidet deshalb besser zwei Scheitelwinkel-Sektoren aus, deren

---

1) Es versteht sich von selbst, daß hier δ nicht in Graden und Minuten, sondern in Teilen der Zahl π ausgedrückt zu denken ist.

2) Für ein gegen Null konvergierendes ψ wird der in der Klammer stehende Bruch der Einheit gleich; in diesem Falle wird also, wie ja auch aus der Bedeutung von D hervorgeht, dieses D selbst zu Null.

jedem man eine Öffnung gleich $\frac{1}{2} \delta$ erteilt, und wahrt auf diese Weise eine gewisse Symmetrie.

Die vorstehenden Darlegungen charakterisieren den neuesten Stand, welchen die theoretische Seite der Globographie erreicht hat. Andere ganz oder teilweise auch hier einschlägige Schriften unseres Jahrhunderts seien nur kurz erwähnt.[1]) Die globentechnische Praxis andererseits hat eine geradezu fundamentale und abschliefsende Bearbeitung erfahren durch den trefflichen Altmütter[2]), in dem man mit allem

<hr>

1) Giftschütz, Fafsliche Anweisung zur Kenntnis und zur leichten Selbstverfertigung des Erd- und Himmelsglobus, Wien 1823; Mollweide, Beschreibung der künstlichen Erd- und Himmelskugel, Leipzig 1830; Steinhauser, Erde und Mond und ihre Bewegungen im Weltenraume, Weimar 1877; Wollweber, Globuskunde, Freiburg i. B. 1885.

2) Altmütter, Anleitung zur Verfertigung von Erd- und Himmelsgloben, Jahrbücher des k. k. polytechnischen Institutes in Wien, 15. Band, S. 1 ff. Was dereinst der alte Leontius (s. S. 12) schon sich zum Ziele gesetzt hatte, nämlich dem Mechaniker alle bei solcher Arbeit erforderlichen Hand- und Kunstgriffe mitzuteilen, das führt der Wiener Technologe unter dem Gesichtspunkte der modernen Feinmechanik durch. Von der Netzkonstruktion, von der Herstellung der „Spalten" (Segmente) sieht er dabei gänzlich ab. Er lehrt zuerst die Kugel und die Ringe, in denen sie spielt, auf ihre vollkommene Rundung prüfen (S. 3 ff.), prüft die von Schröter (S. 112), von Giftschütz (s. o.) und anderen erteilten Regeln zur Zusammensetzung der Kugel selber (S. 7 ff.), gibt völlig neue, auf ausgedehnten Experimenten beruhende Vorschriften zur Bereitung der Pappkugel (S. 13 ff.), wobei gröfsere und kleinere „Formschalen" auch zur Abbildung gelangen, weist die Unmöglichkeit nach, die zubereitete Kugel durch einen einzigen Gips-Übergufs für das Aufziehen der Streifen zu aptieren (S. 29 ff.), beschreibt eine neue Überzug-Masse, welche bei gröfseren Globen die Stelle des Gipses zu vertreten hat (S. 41 ff.), spricht sich eingehend über die Verwendung von massiven Holzkugeln oder hölzernen Gerippen aus (S. 45 ff.), und zeigt überhaupt, wie solche Gerippe mit möglichster Wahrung der Stabilität und Dauerhaftigkeit zusammenzusetzen seien (S. 55 ff.). Man staunt über die Vielseitigkeit der Versuche, welche der Autor anzustellen für nötig hielt, um eine wirklich zuverlässige Regel zu erhalten. Das Überziehen der Pappkugel mit Masse wird als ein besonders mühsames Geschäft geschildert, welches es denn auch deshalb mit besonderer Gründlichkeit zu schildern gilt (S. 70 ff.). Zum Schlusse wird die Herstellung der Achsen erläutert (S. 93 ff.) und eine Methode zur Nachprüfung des in seinen wesentlichen Teilen fertig gewordenen Globus angegeben (S. 96 ff.). Übrigens gibt Altmütter auch noch Winke für die Bestimmung des „Umrisses der Spalten", und bei dieser Gelegenheit geschieht es auch (s. o. S. 122), dafs das Velinpapier als der in seiner Ausdehnung nach den verschiedenen Richtungen hin gleichförmigste Stoff zur Bereitung der Globushaut anempfohlen wird (S. 100). Die Abhandlung Altmütters der Vergessenheit entzogen zu haben, ist ein grofses Verdienst Fiorinis.

Rechte den eigentlichen Begründer des selbständigen Wissenszweiges
der mechanischen Technologie anzuerkennen hat. Mit seiner auf seltener
Sachkenntnis beruhenden, enzyklopädischen Darstellung war ebenfalls
ein Abschluß erzielt, und es ist seinen Ausführungen in den zwei
Dritteilen eines Jahrhunderts, welche seitdem verflossen sind, nichts
wirklich belangreiches mehr hinzugefügt worden.

In neuerer Zeit haben sich in Deutschland die Firmen Riedig
in Leipzig, Schröter ebenda, Bauer und Klinger (nunmehr Abel
& Klinger) in Nürnberg, vor allem aber Simon Schropp und Reimer in Berlin[1]) durch schöne, elegant ausgestattete und jeder Form
des Lehrzweckes angepaßte Globen vorteilhaft bekannt gemacht. Spe-
zialitäten sind mehrfach neu hinzugetreten, so die „Reliefgloben"[2]),
der von Brandegger in Ellwangen konstruierte „Induktionsglobus"[3]),
der „Pneumatische Globus" von J. L. Grimm[4]), der „Kosmoglobus"[5])
und das „Georama".[6]) Riesengloben, welche die Dimensionen der Co-

---

1) Von den für diese berühmte geographische Firma thätig gewesenen oder
noch thätigen Globographen sind insbesondere Kiepert und Adami zu nennen.

2) Die erste Andeutung eines Reliefglobus glauben wir in dem Briefwechsel
zwischen Mästlin und Kepler gefunden zu haben (s. des letzteren Opera Omnia,
herausgeg. von Frisch, 1. Band, S. 74 ff.). Kepler hegte die Absicht, seinem
Herzoge eine bildliche Darstellung des Sonnensystemes gemäß seiner Jugend-
hypothese (Mysterium Cosmographicum, Tübingen 1596) zu überreichen, und sein
Lehrer Mästlin, der die Anfertigung überwachen sollte, dachte an einen Globus
mit erhabener Arbeit. Daraufhin schreibt Kepler: „Globo vero quid sculpto opus
est? Pingatur, ut ille, quem Monachii vidi, Apiani opus . . ." Anläßlich seiner
Berufung nach Graz war der junge schwäbische Astronom 1596 durch München
gekommen und hatte dort die uns bekannten Kunstwerke Philipp Apians
(S. 60) kennen gelernt. — Der didaktische Nutzen der im Handel vielfach vor-
kommenden und in Lehrmittelsammlungen oft mit einer gewissen Ehrfurcht be-
trachteten Erdgloben mit Gebirgsrelief ist nur ein sehr bedingter, denn bei der
relativ minimalen Höhe der Gebirge, verglichen mit dem Erdhalbmesser, lassen
sich ungeheuerliche Überhöhungen nicht vermeiden.

3) Dies ist eine möglichst frei drehbar aufgestellte Kugel von schwarzer
Schiefermasse, auf welcher Zeichnungen mit Kreide bequem entworfen werden
können.

4) Die leere Gaze- oder Tafthülle eines solchen Globus kann durch Ein-
blasen von Luft in exakte sphärische Form gebracht werden. Von Grimm rührt
ein pneumatischer Globus her, der 3,75 m Hauptkreisumfang besitzt.

5) Vgl. Garthe, Beschreibung des Kosmoglobus, München 1830. Eine hölzerne
Erdkugel befindet sich im Innern einer aus zwei Hemisphären zusammengesetzten
hohlen Glaskugel, an deren innerer Fläche die Sternbilder abgebildet sind.

6) Das Georama soll einen ähnlichen Zweck erfüllen, wie dies für das
Himmelsgewölbe die Globen von Coronelli (S. 82) und Weigel (S. 84) anstrebten.
Im Innern einer Hohlkugel, welche die Erdoberfläche koloriert darstellt, sind

ronellischen Ungetüme (S. 81 ff.) noch übertreffen, sind neuerdings
mehrfach auf Weltausstellungen gesehen worden.[1]) Es kann unsere
Aufgabe nicht sein, diesen Neuerungen, welchen zum teile nur der
Charakter grofsartiger Spielwerke zuzuerkennen ist, hier näher zu
treten; vielmehr mufs es bei einfacher Erwähnung derselben sein Be-
wenden haben.

Kapitel XVII.

Mondgloben.

Die zunächst in der Natur der Dinge gelegene Beschränkung der
Globentechnik auf die Erstellung von Modellen der Erdoberfläche und
des gestirnten Himmels konnte mit der fortschreitenden Erstarkung
der topographischen Astronomie und ihrer Hilfsmittel nach und nach
fallen gelassen werden. Zwar ist die Aufsenseite der ungeheuren Mehrzahl aller Gestirne uns noch so gut wie gar nicht, diejenige der meisten
Mitglieder unseres Planetensystemes nur in sehr groben Zügen bekannt,
aber einzelne Ausnahmen lassen sich doch namhaft machen. So haben
wir von der Aufsenseite unseres Nachbarplaneten Mars durch Proctor
und Schiaparelli Generalkarten von grofser Treue und reichhaltigem
Detail erhalten[2]), aber der Plan zu einem Marsglobus scheint noch
niemals gefafst worden zu sein. Dafs derselbe aber in nicht sehr
ferner Zeit zu den Thatsachen gerechnet werden wird, dünkt uns sehr
wahrscheinlich. Jedenfalls ist für unseren Trabanten der analoge Versuch schon zum öfteren, und mit wirklich gutem Erfolge, unternommen
worden.

Gallerien angebracht, von denen aus man das Erdrelief überhöht und greifbar,
aber freilich als eine Art von verkleinertem Negativbilde der Wirklichkeit betrachten kann. Im Jahre 1851 ist zuerst Wyld mit einem solchen geoplastischen
Versuche hervorgetreten.

1) Im Gegensatze zum Georama wird ein derartiger Globus den auf Leitern
oder Umgängen sich bewegenden Betrachter die Konfiguration der Erdoberfläche
von aufsen her erkennen lassen. Villard und Codart hatten für die Pariser
Ausstellung von 1889 einen 40 m im Äquatorumfang haltenden, 10 Tons wiegenden
Reliefglobus geliefert, der einen Saal von mehreren Stockwerken für sich in Anspruch nahm (La Grande Encyclopédie, 18. Band, Paris s. a., S. 1083). Reelle Vorteile kann aber eine solche Veranstaltung kaum gewähren.

2) Vgl. Wolf, Handbuch der Astronomie, ihrer Geschichte und Litteratur,
4. Halbband, Zürich 1893, S. 451 ff.

Den noch rohen Kartenskizzen eines Langren, Fontana, Mellan[1]) u. a. folgte um die Mitte des XVII. Jahrhunderts die einen bedeutenden Fortschritt anzeigende Generalkarte des Mondes von dem Danziger Hevelius (Hevelke)[2]), und ebenderselbe läfst uns wissen, dafs er bereits Vorbereitungen zur Herstellung einer kleinen künstlichen Mondkugel getroffen gehabt habe.[3]) Verwirklicht wurde diese Absicht anscheinend nicht, und der Gedanke ruhte, bis ihn De la Hire von neuem aufnahm. Er kam zum Ziele, allein leider ist sein Mondglobus für die Nachwelt verloren gegangen, und nur eine unkontrollierbare Erzählung berichtet von demselben.[4]) Sehr nahe der Vollendung war auch eine weitere und zweifellos noch verdienstlichere Arbeit von gleicher Tendenz, allein es hat ein ungünstiges Schicksal es verhindert, dafs diese Frucht unermüdeten Fleifses zur richtigen Reife kam.

Der grofse Astronom Tobias Mayer (der ältere, s. S. 123) hatte früh begonnen, durch mikrometrische Messung der selenographischen Koordinaten einer Reihe merkwürdiger Mondpunkte sicher zu ermitteln, zunächst allerdings, um die damals noch immer strittige Frage zu entscheiden, ob der Mond eine wirkliche Achsendrehung besitze oder nicht.[5]) Gestützt auf diese Vorarbeit ging er dann in den Jahren 1748—50 daran, die Segmente zu einem Mondglobus zu zeichnen, welcher für das Homaunsche Geschäft (S. 108) einen zugkräftigen Verkaufsartikel bilden sollte.[6]) Wenn man sich die staunenswerte Genauigkeit ver-

---

1) S. hierzu Frobesius, Bibliographiae Selenographorum specimen, Helmstädt 1718.

2) Beziat, La vie et les travaux de Jean Hévelius, Rom 1876, S. 10 ff.

3) Hevelius, Selenographiae sive Lunae descriptio, Danzig 1647, S. 492 ff.

4) Dieselbe ist bei Lalande (L'Astronomie, 3. Band, Paris 1792, S. 310) nachzulesen, wo von dem De la Hireschen Mondglobus gesagt ist: „Il était entre les mains de M. de Fouchy qui le retira, lorsque les machines de l'académie furent transportées en 1745 de l'observatoire au jardin royal; M. Robert de Vaugondy en avait le creux." Da De la Hire (s. S. 62), ein in allen Teilen der reinen und angewandten Mathematik gleich beschlagener Mann, ursprünglich zum Berufe des Malers erzogen worden war und sehr geschickt zeichnete — man sagte ihm nach, er könne die eine Hand am Fernrohre halten und mit der anderen Hand das Gesehene sofort richtig wiedergeben —, so wird sein Globus die sichtbare Mondhälfte jedenfalls zu einer recht guten Anschauung gebracht haben.

5) Tob. Mayer, Abhandlung über die Umwälzung des Mondes um seine Achse und die scheinbare Bewegung der Mondflecke, Kosmographische Nachrichten und Sammlungen auf das Jahr 1748, Nürnberg 1750, S. 52 ff.

6) Ders., Bericht von den Mondskugeln, welche bei der kosmographischen Gesellschaft in Nürnberg aus neuen Beobachtungen verfertigt werden, Nürnberg 1750.

gegenwärtigt, mit welcher Mayer die sichtbare Mondoberfläche darstellte[1]), so wird man vermuten müssen, dafs auch die Mondkugeln
eine vortreffliche Leistung repräsentiert haben würden. Zustande gekommen sind diese niemals, und nach Lichtenbergs unverfänglichem
Zeugnisse hat sich Mayer späterhin niemals gerne an die ihm zu-
wider gewordene Angelegenheit erinnern lassen.[2]) Von den 12 kon-
gruenten Stücken, mit denen Mayer seine Halbkugel beziehen wollte[3]),
waren sechs für deren nördlichen, sechs für deren südlichen Teil bestimmt, so dafs, mit Lichtenberg zu reden, ein „globus circiter
15 pollium" herausgekommen wäre. Die meisten Segmente lagen, als
Mayer allzu frühe aus diesem Leben schied, im Stiche fertig vor,
und es hätte keiner ungewöhnlichen Bemühung mehr bedurft, um
nachträglich doch noch die Mondkugel zu verwirklichen.[4]) Leider fand

---

1) Eine Vollmondkarte hat Lichtenberg dem Aufsatze „Ad tabulam seleno-
graphicam animadversiones" beigegeben, welche in seiner Ausgabe der posthumen
Schriften Mayers erschien (Tob. Mayeri Opera inedita, 1. Band, ed. Lichtenberg, Göttingen 1775, S. 104 ff.). Nachträglich hat Klinkerfues aus den an der
Göttinger Sternwarte verwahrten Mayerschen Reliquien eine photolithographische
Nachbildung sowohl von jener Generalkarte als auch von 40 Regionalkärtchen
veröffentlicht (Göttingen 1881).

2) Lichtenberg erzählt dies in einer von ihm in den erwähnten „Animadversiones" enthaltenen Note. „Interim in hac dilatione" — dafs 1775 noch immer
keine Bestimmung betreffs der Verwertung von Mayers Nachlasse getroffen
worden war — „solatium est, satis miserum, hoc opus non Mayeri morte fuisse inter-
ruptum, sed rirum doctissimum, aliis incentis intentum, et ob causas, quas hic enar-
rare paucorum referret, illud longo ante obitum tempore de manibus posuisse, et
quidem ita, ut, sicut ab illius amicis mihi relatum est, aegre quodammodo ferre
rideretur, si quis ex illo de globis lunaribus quaereret." Vielleicht waren ihm, als
der Göttinger Ruf auf der Tagesordnung stand, Versprechungen gemacht worden,
deren Erfüllung nachher sich warten liefs.

3) Vgl. Lamberts Gelehrten Briefwechsel, herausgeg. von J. Bernoulli,
2. Band, Berlin 1771, S. 432 ff.; Pütter, Versuch einer akademischen Gelehrten-
geschichte von der Georgius-Augustus-Universität zu Göttingen, 1. Teil, Göttingen
1765, S. 241.

4) In seiner Korrespondenz mit Lambert (a. a. O.) hebt der jüngere Tob.
Mayer (a. S. 105) hervor, dafs von 14 Segmenten 9 gestochen vorhanden und also
nur noch 5 neu anzufertigen seien. Die Zahl 14 scheint, weil vorher nur die
Zahl 12 genannt wurde, einen Widerspruch anzuzeigen, doch ist derselbe nur ein
scheinbarer. Der Mond kehrt zwar der Erde stets nur die eine Seite zu, weil
für ihn Revolutions- und Rotationsdauer von gleicher Länge sind, aber durch die
zum einen Teile allerdings nur optische, zum anderen Teile aber thatsächliche
Schwankung der Drehungsachse des Mondes (s. J. Franz, Neue Berechnung von
Hartwigs Beobachtungen der physischen Libration des Mondes, Astron. Nachr.,
Nr. 2761) wird bewirkt, dafs doch auch die jenseitige Mondhalbkugel fragmenta-

sich niemand, der die letzte Hand angelegt hätte, und so blieb das verdienstliche Werk ein Torso.

Was Mayer vergeblich angestrebt hatte, gelang hingegen dem Engländer Russel. Im Jahre 1796 erließ derselbe eine Aufforderung zur Subskription auf einen von ihm für den Vertrieb hergestellten Mondglobus[1]), und eine gleich nachher erschienene Schrift[2]) sollte dazu dienen, die Einrichtung desselben weiteren Kreisen bekannt zu machen. Das Mayersche Prinzip der mikrometrischen Bestimmung zahlreicher Fixpunkte war festgehalten worden; durch verschiedenartige Schattierung[3]) sollte die ungleiche Höhe der einzelnen Mondberge ersichtlich gemacht werden. Die Kugel hatte einen Durchmesser von 12 engl. Zollen und kostete 12 Guineen, wozu noch ein zugleich für die Darstellung der Mondschwankungen aptiertes Gestell im Preise von einer und einer halben Guinee kam.[4]) Die Ausführung wird von Bernoulli als vorzüglich gelobt.[5]) Es hat den Anschein, daß das

---

risch gesehen wird. Und für diese nur gelegentlich sichtbar werdenden Flächenteile waren die beiden überschüssigen Segmente bestimmt.

1) Ein Foliobogen trug die nachstehende Aufschrift: „*Proposals for publishing by Subscription a Globe of the Moon.*" Den Inhalt dieser Ankündigung machte J. Bernoulli dem deutschen Publikum, nebst einigen Erläuterungen, bekannt (Hindenburgs Arch. d. reinen u. angew. Mathem., 2. Band, S. 112 ff.).

2) J. Russel, A Description of the Selenographia, an Apparatus for exhibiting the Phaenomena of the Moon; together with an Account of some of the Purposes which it may be applied, London 1797. Als Nullmeridian seines selenographischen Gradnetzes wählte Russel denjenigen, der 32°45' westlich von dem großen Krater Censorinus vorübergeht.

3) Mutmaßlich war hier ein Prinzip der „schiefen Beleuchtung" als normativ gedacht, ähnlich demjenigen, durch dessen Anwendung beim schweizerischen Dufour-Atlas so schöne plastische Wirkungen erzielt wurden (R. Wolf, Geschichte der Vermessungen in der Schweiz, Zürich 1880, S. 280).

4) „Eins dergleichen von Mahony-Holz, aber mit einer von Hrn. Russel erfundenen graduirten Scale, die libratorischen Bewegungen nach der Breite und Länge anzuzeigen, nebst der horizontalen Neigung, welche den Anblick des Mondes unter allen Umständen darstellt, jedoch so, daß der gemeinschaftliche Mittelpunkt allezeit dieselbe Lage behält: — ein solches Gestell wird nicht über Eine und eine halbe Guinee kosten."

5) Bernoulli beschreibt (a. a. O.) ein von Russel versendetes Musterblatt. „Man siehet darauf eine ungefähr 2 Zoll ins Quadrat haltende Figur, und am Rande die Namen der fünf vornehmsten darinn befindlichen Mondflecken: Ptolemaeus, Hipparchus, Alphonsus, Albategnius und Arzachel. Zeichnung und Stich sind vortrefflich. Auch in Kupfer gestochen ist dabei eine kurze Englische und Französische Anzeige, daß dieses ein Stück der Mondfläche mit den obbenannten Flecken nach des Riccioli Bezeichnung sey, welches dienen soll, von der Weise, wie die Flecken auf der von Joh. Russel angekündigten Mondkugel gezeichnet und gestochen worden, einen Begriff zu geben."

Subskriptionsunternehmen wirklich realisiert ward, denn dafs im Jahre 1811 sich ein Russelscher Globus im Besitze des bekannten astronomischen Dilettanten Grafen Hahn befand, wird ausdrücklich bezeugt.[1]) Wohl möglich, dafs noch das eine oder andere Exemplar in Sammlungen verstreut zu finden sein möchte.

Das gegenwärtige Jahrhundert hat nur einmal noch einen gewöhnlichen, d. h. aus vorher ausgeführten Segmenten zusammengesetzten Mondglobus entstehen sehen, nämlich denjenigen des Wiener Mathematikers Riedl v. Leuenstern, über den jedoch unseres Wissens nur ein einziger, ziemlich aphoristischer Bericht vorliegt.[2]) Dagegen sind zweimal selenische Reliefgloben von sehr lobenswerter Technik konstruiert worden, und diesen ist deshalb noch ein kurzes Schlufswort zu widmen.

Es kann nicht geleugnet werden, dafs für den Satelliten der Erde weit mehr als für diese selbst die Reliefdarstellung Vorteile bietet. Zwar kann auch diesmal von einem richtigen Verhältnis der Höhendimensionen zum Kugelradius nicht die Rede sein, allein erstens ist dieser Übelstand minder schlimm bei einem Weltkörper, der überhaupt kein Niveau, keine sich von selbst aufdrängende Nullfläche der Zählung aufzuweisen hat, und zweitens kommt es hier hauptsächlich darauf an, die Eigentümlichkeit der Bodengestalt, ohne besondere Rücksicht auf die wirklichen Gröfsenverhältnisse, zu einer klaren Anschauung zu bringen. Bis zu einem gewissen Grade leistet dies schon ein getreues körperliches Modell einzelner typischer Mondlandschaften, wie ein solches von Mognetti gefertigt worden ist[3]), aber eine reliefartige Mondkugel — oder richtiger Mondhalbkugel — ist natürlich doch noch

---

1) Wolf, Handbuch etc., 2. Halbband, Zürich 1891, S. 498.

2) Haidinger, Bericht über die Mitteilungen von Freunden der Naturwissenschaften in Wien, 6. Band, Wien 1874, S. 74. „Herr Riedl v. Leuenstern überreichte eine der von ihm angefertigten Mondkugeln. Er erwähnte, dafs die materielle Schwierigkeit besonders darin bestehe, dafs die Zeichnung selbst auf eine Kupferplatte, die Schrift aber auf eine sehr genau korrespondierende Steinplatte gestochen sein soll. Der Kupferdruck mufs daher in der Lithographie neuerdings gefeuchtet werden, wo dann durch die ungleiche Ausdehnung und Zusammenziehung der einzelnen Papierbogen die Schriftzeichen nicht ganz genau auf den Punkt kommen, den sie bezeichnen sollen, so dafs für jeden Abdruck eine sorgfältige Durchsicht und Verbesserung nötig wird."

3) Wolf, Handbuch etc., 2. Halbband, S. 500. „S. Mognetti in Genf führte 1859 nach einer Zeichnung von Secchi auf einer Quadrattafel von 90 cm Seite ein Relief des Ringgebirges Coppernicus in Gips aus." Auch Schröter hat bereits gelegentlich Mondgebirge nachgebildet.

vorzuziehen. Eine solche, von dem erfahrenen Modelleur Dickert unter Beirat des bewährten Mondkenners Jul. Schmidt ausgeführt, befindet sich im Schlosse Poppelsdorf bei Bonn.[1]) In kleineren Abmessungen zwar, aber mit virtuoser Gewandtheit muſs Wilhelmine Wittes Mondglobus gearbeitet gewesen sein[2]), von dem nur zu bedauern ist, daſs er blos sehr beschränkter Vervielfältigung unterlag. —

Damit ist denn auch dem jüngsten Sprossen der Globentechnik in unserer Schilderung sein Recht widerfahren. Hoffen wir, daſs ein künftiger Schriftsteller über diesen Gegenstand auch von figürlichen Nachbildungen der Mars-, der Venus-, der Juppiteroberfläche Mitteilung zu machen genötigt sein werde!

---

1) Ein Mondglobus, Unterhaltungen aus der Astronomie, Geographie und Witterungskunde, 1862, S. 75. Das Dickertsche Relief soll wesentlich die Beleuchtungsmodalitäten in ihrem Wechsel veranschaulichen; es hat einen Durchmesser von 18 rheinl. Fuſs.

2) Nachrichten darüber hat namentlich Mädler gegeben (Über die von Hofräthin Witte en relief ausgeführte sichtbare Mondkugel, Astron. Nachr., 17. Bd., S. 29; Astronominnen, Westermanns Jahrb. d. Illustr. Deutschen Monatshefte, 13. Band, S. 397 ff.). Das zierliche und doch mit zahllosen Einzelheiten bedeckte Kügelchen (13 par. Zoll Durchmesser) wurde auch von A. v. Humboldt und J. Herschel bewundert, welch letzterer der englischen Naturforscherversammlung einen sehr anerkennenden Bericht erstattete (On a Model of the Globe of the Moon in Relief, Rep. of the Brit. Association, 1845, II, S. 4). Mädler kennzeichnet die Treue der Abbildung in folgender Weise. „Ich nahm Veranlassung, den Globus so gegen die Sonne aufzustellen, wie eine gewisse sehr charakteristische Gebirgslandschaft des Mondes zu der Zeit gestanden hatte, da ich ihre Hauptumrisse zeichnete, und die ich später in öfterer Wiederholung in ähnlicher Lage betrachtet, ihre Höhen gemessen hatte und dadurch sehr bekannt mit ihren Einzelheiten geworden war ... Wie staunte ich, als der mir wohl bekannte Schattenwurf des Tycho, Clavius und anderer Hochwälle genau in denselben Formen vor mir stand, wie auf dem wirklichen Monde, wie jede kleine Einbuchtung, jeder Vorsprung des Schattenprofiles in klaren und scharfen Umrissen sich projizierte." Als Material hatte Frau Witte Wachs mit einem Beisatze von Mastix-Harz gewählt; die sonderbaren, von den „Rillen" wohl zu unterscheidenden Lichtstreifen, welche bei hohem Sonnenstande in die Erscheinung treten, wurden durch sehr feine Asbestfäden, die bei niedriger Bestrahlung keinen Schimmer geben, nachgeahmt.

Namen-Index.

Abel 126.
Abulfeda 20.
Adam (von Bremen) 5.
Adami (Globen) 126.
Adami(Projektionsglobus)7.
Adams 110.
Agathemerus 2. 4.
Agricola 48.
Agrippa 3.
Ahmed (Hadschi) 90.
Akerman 106. 110.
Akrell 110.
Albrecht (V., von Bayern) 60. 61.
Alcuin 18.
Alexander (der Grofse) 2.
Alexander (V., Papst) 61.
Alfons (von Kastilien) 18.21.
Alfons (von Portugal) 29.
Allman 1.
Altmütter 125.
Amerbach 50.
Ampelius 5.
Anaxagoras 1.
Anaximander 1. 3.
Andrae 106.
Andreae 107.
Andreoli 120.
Apian (Peter) 36. 38. 48. 49. 64. 60. 90.
Apian (Philipp) 48. 49. 60. 61. 85. 126.
Aratus 8. 11. 12.
Archimedes 8. 9. 12.
Aristoteles 3.
v. Arx 19.
v. Aschbach 31.
Assemani 15.
Atlas 7.
August (von Sachsen) 15.

Bacon (Roger) 44.
Baedeker 35.
Bainridge 10.
Bandini 82.
Baradelle 100.

Barbaro 75. 76.
Bartholomaei 83.
Bartsch (G.) 81.
Bartsch (J.) 81. 84.
Bussus 68.
Bauer 126.
v. Bauernfeind 117.
Bayer 106.
Beatus 5.
Beda (Venerabilis) 18.
Behaim (Martin) 23. 24. 25. 26. 27 28. 34. 35. 37. 38. 63.
Beigel 15.
Belli 53.
Berger L. 2. 4. 5.
Bernoulli (Johann, III.) 129. 130.
Beyer 106.
Beziat 128.
Bianchini 8.
Bion 84. 85. 87. 93. 94. 98. 107. 108. 123.
Birardo 29.
Blaeu (Janssonius) 80. 81. 82.
Blau 41.
Bode 15. 71. 112. 113.
Bohnenberger 117.
Bonifacius (Natalis) 68.
Bonne 95. 111. 114.
Bontius 68.
Boulenger 49. 52. 54. 75. 79. 89. 90.
Brahe (Tycho) 59. 65. 66. 67. 81.
Brandegger 126.
Brandes 2.
Breusing 58. 59. 61. 63. 64. 89. 90.
Brevoort 62.
Brion 106.
Buch (B.) 68.
Buch (H.) 68.
Büdinger 19.
v. Bünau 28. 47.
Bürgi 67.
Buhle 19.
Busch 83.

Cabot 30. 32. 63.
Camerarius 63.
Camera 19.
Campanus 21. 22.
Canerio 52. 53.
Cantino 53.
Cantor 1. 10. 19. 25. 71.
Corandolet 43.
Cardella 43.
Cassini (Dominic) 85.
Castellani 87.
Castelmaine (Earl of) 85.
Cavendish 62.
Celtes 30. 31.
Ceradini 62. 87.
Cheyneius 76.
Chilmead 70.
Christian (II., von Sachsen) 67.
Christian (V., von Dänemark) 84.
Cicero 8.
Cimerlino 90.
Claudianus 8.
Clavius 221.
Cleomedes 5.
Cochlaeus 48.
Codard 127.
Columbus (B.) 30.
Columbus (C.) 24. 29. 34. 37. 41. 60. 63.
Constans (II., Kaiser) 12. 19.
Constantinus (von Rheims) 19.
Coote 56.
Coppernicus 112.
Cornelio 82.
Coronelli 76. 77. 81. 82. 85. 109. 126.
Cortambert 68.
Cortereal 35. 38. 53. 63.
Cortez 38.
Cozta 21.

Dahlgren 87.
D'Ailly 44.

v. Dalberg 31.
D'Alembert 111.
Dasypodius 27. 65. 113.
D'Avezac 2. 27. 28. 29. 47.
  48. 49. 71. 76. 89. 92.
Davis 70.
Dawson 70.
De Bure 42.
Dechales 78. 79.
De Costa 35.
De Guignes 80.
De la Hire 82. 128.
Delambre 9. 13.
De la Place 51.
Del Cano 32. 33. 40.
Delisle 107.
Delphinus 75.
Democritus 2.
De l'arcieux 95. 96.
De Simoni 30. 33.
Desnos 111.
Destrées 82.
Diaz 23.
Dicaearchus 2.
Dickert 132.
Diderot 111.
Didot 4.
Diels 1. 3.
Dinse 61.
Diodorus 7.
Diogenes Laertius 3.
Dionysodorus 6.
Doppelmayr 23. 65. 66. 84.
  85. 87. 93. 107. 108. 123.
Dorn 14. 15. 16. 17.
v. Drach 67.
Drake 69.
Drechsler 15. 66.
Dryander 76.
Dürer 71. 72. 73.
Dufour 130.
Dupré 95. 96.

Edrisi 13. 14.
Einmart 107.
Elisabeth (Königin) 89.
Elpidius 12.
Empedocles 3.
Endersch 107.
Eratosthenes 2. 6.
Erhard 31.
Ersch 107.
Ethé 13.
Euclides 1. 22. 84.
Eudoxus 2. 7. 8. 12.
Eutocius 12.

Fanning 106.
Faujas de la Fond 95. 96.
Fellner 18.

Ferguson 95.
Finaeus (Orontius) 40. 41.
  43. 44. 90.
Fiorini 2. 3. 26. 25. 40. 51.
  53. 61. 62. 69. 71. 72. 86.
  89. 90. 94. 100. 109. 116.
  118. 121. 125.
Fischer 64.
Flamsteed 92.
Floriani (A.) 86. 87. 88. 89.
Floriani (F.) 86.
Floriani (G.) 86.
Floriani (P.) 86.
Florianus Unglerius 87.
Fontana 128.
Foppens 43.
Fortin 111. 112.
Fouchy 128.
Franciscus (von Mecheln)
  42. 41.
Franz (L., von Frankreich) 33.
Franz (J.) 129.
Franz (J. M.) 108. 109.
Frauenholz 113.
Friederichsen 59.
Friedlein 9.
Friedrich 4.
Friedrich (II., Kaiser) 20.
Friedrich (von Holstein) 83.
Frisch 1. 126.
Fritzsche 74.
Frobesius 128.
Frobisher 70.
Fuensanta de la Valle (Mar-
  quis) 29.
Funk 106.

Gädechens 11.
Gagenhart 21.
Gallo 30.
Gallois 25. 36. 37. 40. 43. 44.
  49. 51. 53. 54. 56. 57.
Galluccius 76.
Gamaches 100.
Garcaeus 76.
Garthe 126.
Gassendi 2.
Gustaldi 41.
Gaufs 45. 46.
Gebler 96.
Gelcich 30.
Geminus 2. 4. 6.
Gomma Frisius 58.
Georg (von Lüttich) 64.
Gérard 80.
Gerbert (Papst Sylvester)
  19. 20.
Gerhardt 9.
Gerland 66. 67. 80. 81. 107.
  110.

Ghillany 23. 26. 37. 34.
Giftschütz 125.
Glareanus 74. 75. 76. 77. 78.
  86.
Glockenthou 21.
Gmelin 61.
Gori 8.
Graf 29.
Granvella 62.
Gravier 35.
Gretschel 74. 92.
Greuter 83.
Grimm 126.
Groland 24.
Grofs 25.
Gruber 187.
Gröninger 48. 49.
Grunert 71.
Gudermann 117.
Günther 5. 13. 18. 22. 23. 36.
  37. 48. 49. 60. 64. 68. 69. 113.
Guidobald (von Urbino) 62.

Haan 113.
Haas 8.
Habrecht 65.
Hahn (Graf F.) 131.
Hahn (F. G.) 89.
Hahn (P. M.) 113.
Haidinger 131.
Hainzel 65.
Hakluyt 33.
Hall 62.
Halley 111.
Hammer 90. 92. 118.
Hankel 23.
v. Haradauer 14.
Harriot 70. 71.
Harrisse 27. 28. 29. 33. 34.
  36. 37. 39. 40. 42. 43. 44. 45.
  49. 51. 53. 55. 56. 57. 60.
Harsdörfer 84.
Hartmann 56. 67.
Hartwig 129.
Hase 123.
Hauber 123.
v. Hauslab 14. 35. 36. 49. 132.
Havemann 80.
Huvet 20.
Hayden 66.
Hecataeus 1.
Heeren 87.
Heiberg 12. 22.
Heis 8.
Herkules (von Modena) 53.
Heron 9.
Herodotus 2.
Herrera 25.
Herschel 132.
Hevelius 107. 111. 128.

Heynfogel 22.
Hindenburg 105. 130.
Hipparchus 2. 4. 10. 12.
Hippolytus 3.
Hock 12.
Hocker 106.
Hoching·Tien 13.
Höfler 27.
Homann (J. B.) 92. 107. 108. 128.
Homann (J. C.) 108.
Hondius 67. 69.
Honter 58. 59.
Hood 70.
Hortensius 81.
Hrabarus Maurus 18.
Hues 67. 69. 70.
Hugues 48. 60.
Hulagu Khan 14. 16.
Hultsch 9.
v. Humboldt 13. 29. 37. 49. 132.
Hunt 35.
v. Hutten 53.
Hylacomylus (Waldsee-müller) 28. 36. 47. 48. 49. 50. 51. 52. 54. 74.

Ja'kub an Nadim 14.
Ideler 10. 11.
Jennings 106.
Johannes (Presbyter) 43.
Jomard 16. 26.
Joppi 86.
Jordan 117.
Jourdain 14.
Junte 22.
Justinianus (Kaiser) 11. 12.

Kästner 16. 27. 40. 58. 65. 66. 71. 72. 74. 81. 100. 101. 102. 103 104. 105. 106. 109. 110. 113.
Kalbfleisch 56.
Kalperger 24. 26. 27.
Karl der Grosse 18.
Karl IV. (von Lothringen) 41.
Karl V. (Kaiser) 43. 63. 87.
Kazwini 13.
Kepler 1. 70. 81. 126.
Kiepert 126.
Klamroth 22.
Klinger 107. 126.
Klinkerfues 129.
Klügel 105.
Kohl 38.
Kosmas Indikopleustes 17.
Kraft 106.
Kramp 95. 96.
Krates 4. 5. 6.

Kretschmer 26. 27. 29. 30. 32. 33. 38. 40. 41. 42. 48. 49. 50. 51. 52. 53. 57. 60. 64.
Krünitz 112.
Krumbacher 12.
Künsberg 2.

Lacaille 106.
Lach 15.
Lalande 75. 76. 94. 95. 107. 111. 112. 128.
Lamarche 112.
Lambert (Kartenzeichner) 5.
Lambert (Mathematiker) 124.
Lambert de St. Bris 48.
Landeck 107.
van Langren 63. 66. 67. 68. 80. 128.
Las Casas 29. 30. 32. 33.
Lattré 111.
Laurenberg 80.
Lelewel 14. 20. 21. 25. 36. 44.
Lenox 35.
Leontius 11. 12. 125.
Leroux 28.
Lichtenberg 129.
Liebknecht 77. 78.
Liechtenstein (Fürst) 36. 52.
Lionardo da Vinci 25. 48.
Loaisa 33.
Lobris 87.
Longomontanus 66.
Lorenzo (von Medici) 33.
Lotti 32.
Lowitz 99. 104. 108. 109. 110.
Ludwig (XIV., von Frank-reich) 82.
Ludd 18.
Lukach 36.

Mabillon 12.
Macrobius 5.
Mädler 10. 21. 83. 111. 132.
Möstlin 126.
Maffei 8.
Magalhaês (Magellan) 25. 32. 33. 39. 40. 41. 55. 56.
Majocchi 78. 79.
Malte Brun 96.
Marcel 23. 26. 37. 42. 51.
Marcellus (II., Papst) 59.
Marcianus Capella 5. 6. 8.
Marcou 48.
Marinelli 87.
Marinus 2.
Markham 70.
Martin 106.
Martinez 99.
Maulana Hassan 16.

Maurolycus 68.
Maximilian I. (Kaiser) 30. 31. 49.
Maximilian II. (Kaiser) 66. 87.
Mayer (Tob., d. Ält.) 108. 109. 123. 128. 129. 130.
Mayer (Tob., d. Jüng.) 105. 106.
Melanchthon 22. 37.
Mellan 128.
Menelaus 10.
Mercator (B.) 64.
Mercator (G.) 27. 42. 61. 62. 63. 64. 69. 76. 79. 84. 92. 114. 123.
Messier 111.
Metius 80.
Meucci 15.
Michow 58.
Miller 5.
Möllinger 114. 116.
Mognetti 131.
Mohammed Ben Mowayad Alaradhi 15. 16.
Moleto 78.
Moll 31. 107. 108.
Mollweide 2. 125.
Molyneux 69. 70.
Mongolfier 95.
Montgenet 68.
More 106.
Moxon 80.
Müelich 61.
Müllenhoff 4.
Müller 87.
Muncke 96.
Murphy 80.
v. Murr 22. 38.
Musaeus 1.
Muth 107.
Myritius 75. 76. 77.
Mytton·Maury 25.

Napoli 68.
Nasr-Eddin 14. 15.
Navarrete 42.
Nettin 106.
Newton (J. und W.) 69.
Newton (Isaak) 89. 95.
Nicolosi 77.
Niebuhr 14.
Nigidius Figulus 11.
Nonius 65. 71.
Nonnus 5.
v. Nordenskiöld 5. 23. 24. 25. 27. 34. 35. 36. 38. 40. 41. 42. 44. 48. 51. 52. 53. 54. 56. 59. 68. 75. 77. 87. 89. 90.

Notker Labeo 19.
Nützel 24.

Oberhummer 74.
Olearius 83.
Ortelius 49. 87.
van Ortroy 62.
Ovidius 8.

Pappus 9.
Parmenides 3.
Parmentier 32. 34.
Passeri 8.
Pauly 9.
Pentius de Leuco 53.
Peragallo 30.
Perrot 96. 113.
Peschel 13. 29.
Petavius 4.
Petermann 23. 89.
Petrus 76.
Petz 25.
Peutinger 3.
Philipp (II., von Spanien) 63.
Philolaus 3.
Pigafetta 26.
Pilinski 51.
Pinder 11.
Pirckheymer 37.
Pirro 43.
Pizarro 42.
Plato 3. 8. 43.
Plinius 6.
Plutarchus 4.
Poggendorff 63. 110.
Polo 29. 41. 63. 68.
Pomponius Mela 5.
Poppe 1. 83. 110. 112.
Porcellaga 62.
Porena 3. 43.
Praetorius 66.
Proclus 9.
Proctor 127.
Ptolemaeus 2. 6. 7. 10. 11.
    12. 30. 31. 41. 48. 49. 50.
    52. 53. 63. 74. 76. 87. 112.
Pütter 129.
Pugatschew 99.
Puschner 107.
Pythagoras 3.

Quad 23. 59.
Quirini 56.

van Raemdonck 27. 42. 61.
    63. 64.
v. Raumer 20.
Raynaud 64.
Rayon 29.

Regiomontanus 23. 24. 31.
Reimer 126.
Reinel 42.
Reinganum 9.
Remigius 19. 20.
Renatus (von Lothringen) 49.
Reymarus Ursus 67.
Reysch 40. 49.
Riccioli 130.
Rico y Sinobas 21.
Ridhwan 16.
v. Riedesel 77.
Riedig 126.
Riedl v. Leuenstern 131.
Riese 9.
Ringmann (Philesius) 50.
Ritter 13.
Rizzi-Zannoni 121.
Robert de Vaugondy 95.
    106. 110. 111. 128.
Robertet 64.
Rödiger 4.
Roger (II., von Sizilien) 13.
Roll 80.
Rommerick 106,
Rosenthal 65. 56. 57. 87.
Rothman 16.
Rothmann 67.
Ruchamer 37,
Rudolf (II., Kaiser) 65.
Ruge 57. 64. 68. 108. 109.
    110.
Ruprecht 110.
Ruscelli 62. 75. 76.
Russel 130. 131.
Ruysch 53.

Sacro Bosco 22.
Sanderson 67. 69. 70.
Sandler 68. 107. 123.
Sanson 92.
Sta. Cruce 87.
Santarem 38.
Sartorius 3.
Savérien 100. 106.
Schanz 11.
Schefer 34.
Scheibel 112.
Scheidt 109.
Scheiner 66.
Schiaparelli 127.
Schick 8. 9.
Schickard 84. 106.
Schier 15.
Schiller 84.
Schmidt (C.) 50.
Schmidt (J.) 132.
Schmidt (M. C. P.) 1. 4.
Schneider 113.
Schnitzler 80.

Schöll 11.
Schöner 23. 25. 36. 37. 38.
    39. 40. 41. 43. 49. 55. 56.
    57. 75.
Schott (Kartenzeichner) 49.
    50.
Schott (Mathematiker) 77.
Schreiber 74.
Schröter 112. 125. 131.
Schropp 126.
Scultetus 65.
Secchi 131.
Sédillot 16.
v. Segner 105.
Senex 107.
Servet 50.
Seutter 123.
Silvano 59.
Simoneau 107.
Smit 100. 101. 102. 104. 105.
    113.
Smith (Buckingham) 59.
v. Soldner 117.
Solinus 6.
Soncino 30.
Specht 18.
Sporus 12.
Sprenger 80.
Stanley (of Alderley) 41.
Steinhauser 63. 113. 125
Stevens 30. 56. 57.
Stobnicza 48. 74. 87.
Stößler 31. 76.
Strabo 5. 6.
v. Streitberg (v. Streyt-
    pergk) 39. 55. 56.
Suidas 1.
Sulpicius Gallus 8.
Susemihl 12.
Suter 14.

Tabit Ben Kurra 11.
Tannery 3. 9.
Tarducci 30.
Tartsch 59.
Thales 1. 3. 8.
Theodorus 11.
Theophrastus 3.
Tikozzi 87.
Tiraboschi 22.
Tissot 90. 92.
Tollin 50.
Toscanelli 26. 29.
Transsylvanus 40. 55. 56.
Treffler 81.
Trithemius 28. 51.

Ukert 2.
Ulpius 59.
Ulrich (von Dänemark) 66.

Ulug Beigh 16.
Urban (IV., Papst) 22.

Vaccheria 68.
Vadianus 48.
Valck (G.) 83. 107.
Valck (L.) 107.
Vandenboek 104. 110.
Varenius 89.
Varnhagen 32. 36. 38. 39.
Vasari 87.
Vasco de Gama 31.
Veldicus Monapius 28.
Verrazzano 32. 33. 60.
Vespucci 28. 32. 33. 34. 37.
48. 50. 51. 63.
Villard 127.
Vivien de St. Martin 25.
Visconti 11.
Volckamer 24.

Vopellius 41. 58. 59.
Vossius 81.

Wachsmuth 4.
Wagner 26. 60. 87. 90.
Weidler 11. 75.
Weigel (Buchhändler) 113.
Weigel (Mathematiker) 81.
83. 84. 85. 126.
Weiske 107. 113.
Weissenborn 22.
Werner (J.) 26. 29.
Werner (K.) 19.
Westermann 132.
v. Wieser 23. 24. 25. 36. 37.
38. 39. 40. 41. 54. 55. 56.
57. 63. 68.
Wilhelm (IV., von Hessen)
87.
Winsor 35. 41. 60.

Wissowa 9.
Witte 132.
Wittstein 13.
v. Wolf (C.) 77.
Wolf (R.) 7. 31. 60. 65. 67.
74. 84. 127. 130. 131.
Wollweber 26.
Wright 106.
Wyld 127.

Y-hang 13.

v. Zach 2. 10. 13. 14.
Zamberti 22.
Zassenus 58.
Zedler 107.
Ziegler (A.) 23.
Ziegler (J.) 34.
Zimmermann (J.) 106.
Zimmermann (M.) 61.
Zöckler 17.

Verbesserungen.

S. 91, Z. 4 v. u. l. $\alpha\varrho$ statt σr.
S. 103 und 104 in der Überschrift der Tabelle l. ϱ' statt ϱ.
S. 117, Fig. 9 l. A statt A.

Grassmann's, Hermann, gesammelte mathematische und physikalische Werke. Auf Veranlassung der mathematisch-physikalischen Klasse der Kgl. Sächsischen Gesellschaft der Wissenschaften und unter Mitwirkung der Herren: JAKOB LÜROTH, EDUARD STUDY, JUSTUS GRASSMANN, HERMANN GRASSMANN D. J., GEORG SCHEFFERS herausgegeben von Friedrich Engel. In drei Bänden. Ersten Bandes erster Theil: Die Ausdehnungslehre von 1844 und die geometrische Analyse. Mit einem Bilde Grassmann's in Holzschnitt und 35 Figuren im Text. [XII u. 435 S.] gr. 8. 1894. geh. n. ℳ 12.— (I, 2 folgt im Juli 1895.)

Gundelfinger, Dr. **Sigmund,** Prof. an der technischen Hochschule zu Darmstadt, Vorlesungen aus der analytischen Geometrie der Kegelschnitte, herausgegeben von Dr. FRIEDRICH DINGELDEY, Privatdocent ebendaselbst. Mit in den Text gedruckten Figuren und einem Anhange, enthaltend Aufgaben und weitere Ausführungen. [VIII u. 434 S.] gr. 8. 1895. geh. n. ℳ 12.—

Heffter, Dr. **Lothar,** a. o. Prof. a. d. Universität Giessen, Einleitung in die Theorie der linearen Differentialgleichungen mit einer unabhängigen Variablen. [XIV u. 258 S.] gr. 8. 1894. geh. n. ℳ 6.—

Henke, Prof. Dr. **Richard,** Oberl. a. Annen-Gymnasium zu Dresden, über die Methode der kleinsten Quadrate. Zweite, unveränderte Auflage. Nebst Zusätzen. [V u. 77 S.] gr. 8. 1894. geh. n. ℳ 2.—

Hers, Dr. **Norbert,** Geschichte der Bahnbestimmung von Planeten und Kometen. In 3 Theilen. II. Theil: die empirischen Methoden. [VIII u. 246 S. mit 2 Tafeln.] gr. 8. 1894. geh. n. ℳ 10.—

Hochheim, Dr. **Adolf,** Professor, Aufgaben aus der analytischen Geometrie der Ebene. 3 Hefte, in je 2 Teilen. gr. 8. 1894. geh.
Heft I. Die gerade Linie, der Punkt, der Kreis. 2. Aufl.
A. Aufgaben. [IV u. 86 S.] n. ℳ 1.60.   B. Auflösungen. [106 S.] n. ℳ 1.60.

Holzmüller, Dr. **Gustav,** Direktor der Gewerbeschule (Realschule mit Fachklassen) zu Hagen i. W., Mitglied der Kais. Leop. Carol. Akad. der Naturforscher, methodisches Lehrbuch der Elementar-Mathematik. (Im engsten Anschluß an die Neuen Lehrpläne.) In drei Teilen. gr. 8. In Leinw. geb.
I. Teil, nach Jahrgängen geordnet und bis zur Abschlußprüfung der Vollanstalten reichend. Mit 142 Figuren im Text. 2. Aufl. [VIII u. 312 S.] 1895. n. ℳ 2.40.
II. Teil, für die drei Oberklassen der höheren Lehranstalten bestimmt. Mit 210 Figuren im Text. [VII u. 273 S.] 1894. n. ℳ 3.—
III. Teil. Lehr- und Übungsstoff zur freien Auswahl für die Prima realistischer Vollanstalten und höherer Fachschulen, nebst Vorbereitungen auf die Hochschul-Mathematik. Mit 160 Figuren im Text. [VIII u. 221 S.] 1895. n. ℳ 2.50.

Hrabák, Josef, k. k. Oberbergrath u. Prof., practische Hilfstabellen für logarithmische und andere Zahlenrechnungen. Dritte, abgekürzte Ausg. [V u. 253 S.] gr. 8. 1895. Geb. n. ℳ 3.—

Huebner, Dr. **L.,** Professor am Gymnasium zu Schweidnitz, ebene und räumliche Geometrie des Maßes in organischer Verbindung mit der Lehre von den Kreis- und Hyperbelfunktionen neu dargestellt. 2., wohlfeile Ausgabe. [XVI u. 340 S.] gr. 8. 1895. geh. n. ℳ 4.—

Kirchhoff, Gustav, Vorlesungen über mathematische Physik. In vier Bänden. Vierter Band. Vorlesungen über die Theorie der Wärme. Herausgegeben von Dr. MAX PLANCK, Professor der theoretischen Physik an der Universität Berlin. Mit 17 Figuren im Text. [X u. 210 S.] gr. 8. 1894. geb. n. ℳ 8.—

Klein, F., Vorträge über ausgewählte Fragen der Elementargeometrie. Ausgearbeitet von F. Tägert. Mit 10 in den Text gedruckten Figuren und 2 lithogr. Tafeln. [V u. 66 S.] gr. 8. 1895. geb. n. ℳ 2.—

Kronecker, Leopold, Vorlesungen über Mathematik. Herausgegeben unter Mitwirkung einer von der Königlich preussischen Akademie der Wissenschaften eingesetzten Commission. In vier Bänden. Erster Band. Vorlesungen über die Theorie der einfachen und der vielfachen Integrale. Herausgegeben von Dr. Eugen Netto, Professor der Mathematik an der Universität Giessen. [X u. 346 S.] gr. 8. 1894. geb. n. ℳ 12.—

Muth, Dr. P., Grundlagen für die geometrische Anwendung der Invariantentheorie. Mit einem Begleitworte von M. Pasch. [VI u. 132 S.] gr. 8. 1895. geb. n. ℳ 3.—

Neumann, Franz, Vorlesungen über mathematische Physik, gehalten an der Universität Königsberg. Herausgegeben von seinen Schülern in zwanglosen Heften. VII. Heft: Vorlesungen über die Theorie der Capillarität. Herausgegeben von Dr. A. Wangerin, Professor der Mathematik an der Universität Halle. Mit Figuren im Text. [X u. 284 S.] gr. 8. 1894. geb. n. ℳ 8.—

Plücker's, Julius, gesammelte wissenschaftliche Abhandlungen. Im Auftrag der Kgl. Gesellschaft der Wissenschaften zu Göttingen herausgeg. von A. Schoenflies u. Fr. Pockels. In 2 Bänden. Erster Band: Mathematische Abhandlungen. Herausgegeben von A. Schoenflies. Mit einem Bildniss Plückers und 73 in den Text gedruckten Figuren. [XXXVI u. 620 S.] gr. 8. 1895. geb. n. ℳ 20.—

Reidt, Dr. Friedrich, Professor am Gymnasium und dem Realprogymnasium in Hamm, Sammlung von Aufgaben und Beispielen aus der Trigonometrie und Stereometrie. 2 Teile. I. Teil. Trigonometrie. Vierte Auflage. Neubearbeitet von A. Much, Professor am Gymnasium in Kreuznach. [X u. 250 S.] gr. 8. 1894. geb. n. ℳ 4.—

— —— Auflösungen hierzu. 4. Aufl. [88 S.] 1894. n. ℳ 1.80.

Schlesinger, Prof. Dr. Ludwig, Privatdoz. a. d. Univers. Berlin, Handbuch der Theorie der linearen Differentialgleichungen. [XX u. 486 S.] In 2 Bänden. I. Band. gr. 8. 1895. geh. n. ℳ 16.—

Schröder, Dr. Ernst, o. Prof. an der technischen Hochschule zu Karlsruhe, Algebra und Logik der Relative. A. u. d. T.: Vorlesungen über die Algebra der Logik. III. Band. Mit vielen Textfiguren. gr. 8. 1895. geb. (Erscheint im Juli d. J.)

Stäckel, Dr. Paul, Privatdocent an der Universität Halle, und Dr. Friedrich Engel, a. o. Professor an der Universität Leipzig, die Theorie der Parallellinien von Euklid bis auf Gauss, eine Urkundensammlung. Mit zahlreichen Textfiguren. gr. 8. 1895. geb. (Erscheint im Juli d. J.)

Schülke, Dr A., vierstellige Logarithmen-Tafeln nebst mathematischen, physikalischen und astronomischen Tabellen. Für den Schulgebrauch zusammengestellt. [18 S.] gr. 8. 1895. Steif geb. n. ℳ —.60.

Veronese, Giuseppe, Professor an der Königl. Universität zu Padua, Grundzüge der Geometrie von mehreren Dimensionen und mehreren Arten geradliniger Einheiten in elementarer Form entwickelt. Mit Genehmigung des Verfassers nach einer neuen Bearbeitung des Originals übersetzt von Adolf Schepp, Premierlieutenant a. D. zu Wiesbaden. (Mit zahlreichen Figuren im Text.) [XLVII u. 710 S.] gr. 8. 1894. geb. n. ℳ 20.—

Wislicenus, Dr. Walter F., a. o. Professor an der Universität Strafsburg, astronomische Chronologie. Ein Hülfsbuch für Historiker, Archäologen und Astronomen. [X u. 163 S.] gr. 8. 1895. In Lnw. geb. n. ℳ 5.—

Wüllner, Adolph, Lehrbuch der Experimentalphysik. 4 Bände. Erster Band. Allgemeine Physik und Akustik. Fünfte, vielfach umgearbeitete und verbesserte Aufl. Mit 321 in den Text gedruckten Abbildungen u. Figuren. [X u. 1000 S.] gr. 8. 1895. geb. n. ℳ 12.—